Der Beruf des Wirtschaftsprüfers

Tätigkeit, Bewerbung und Berufseinstieg

Von

Dr. Harald Helmschrott
Dr. Claus Buhleier

R. Oldenbourg Verlag München Wien

Unseren Freunden, Lehrern, Kollegen und Schülern

Die Deutsche Bibliothek - CIP-Einheitsaufnahme

Helmschrott, Harald:
Der Beruf des Wirtschaftsprüfers : Tätigkeit, Bewerbung und Berufseinstieg / von Harald Helmschrott ; Claus Buhleier. - München ; Wien : Oldenbourg, 1998
ISBN 3-486-24743-3

Rosenheimer Straße 145, D-81671 München
Telefon: (089) 45051-0, Internet: http://www.oldenbourg.de

Gedruckt auf säure- und chlorfreiem Papier
Gesamtherstellung: MB Verlagsdruck, Schrobenhausen

ISBN 3-486-24743-3

Vorwort

Über Wirtschaftsprüfer und Wirtschaftsprüfung wird viel geschrieben, wobei in der aktuellen Diskussion (vermeintliche) Fehlleistungen im Vordergrund stehen. Nicht selten kommen dabei Erwartungen in die Tätigkeit des Wirtschaftsprüfers zum Ausdruck, die sich nicht mit seinem gesetzlichen Auftrag und seinen Möglichkeiten decken.

Mit dem vorliegenden Buch soll der gegenwärtige Stand des Prüferberufs und mögliche Entwicklungen aufgezeigt werden. Dabei stehen nicht allein theoretische Aspekte im Blickpunkt, sondern auch die tatsächliche praktische Wirklichkeit, so wie sie die Mitarbeiter eines Wirtschaftsprüfers erleben. Damit erhalten die Mitarbeiter in der Buchführung das notwendige Verständnis für die Arbeit und Vorgehensweise des Prüfers und der Berufsnachwuchs bekommt Informationen über die Praxis des Berufs sowie das notwendige Rüstzeug für seinen ersten Einsatz. Die interessierte Öffentlichkeit gewinnt einen Einblick in die Arbeit des Wirtschaftsprüfers, so daß ggf. unzutreffende Vorstellungen überdacht werden können.

Die Autoren möchten mit dem vorliegenden Buch einen Beitrag zum besseren Verständnis der Grundlagen des Prüferberufes leisten und einen lebendigen Eindruck vom Beruf des Wirtschaftsprüfers vermitteln. Um dies zu erreichen, haben wir uns zugleich um eine gute Lesbarkeit und um eine plastische Darstellung bemüht. Soweit sich Änderungen der bestehenden Rechtslage durch das Gesetz zur Kontrolle und Transparenz im Unternehmensbereich abzeichneten, haben wir auf diese hingewiesen.

Frankfurt am Main und Mannheim

Dr. Harald Helmschrott — Dr. Claus Buhleier

Für kritische Durchsicht und wertvolle fachliche Anregungen danken wir

Herrn Dr. Joachim Englert
Herrn WP/StB Dr. Werner Kamm
Herrn WP/StB Heiner Kompenhans
Herrn StB Martin Schmitt
Herrn Dipl.-Kfm. Stephan Waßmer und
Herrn Dr. Christian Weizmann

Statement

Engagement gefragt:

> „Der Job des Prüfers oder Beraters ist kein Job für jedermann bzw. jedefrau. Kein Tag ist wie der andere. Mit jeder neuen Aufgabe stellt sich zugleich eine persönliche und fachliche Herausforderung. Als Lohn winkt eine anspruchsvolle, vielseitige und eigenverantwortliche Tätigkeit mit vielen Perspektiven."[1]

---

[1] Aussage eines unbenannten Wirtschaftsprüfers

Inhaltsverzeichnis

Abbildungsverzeichnis

Abkürzungsverzeichnis

AA	Arthur Andersen & Co.; bzw. der internationale Verbund der Mitgliedsunternehmen
Abs.	Absatz
AfA	Absetzung für Abnutzung (steuerrechtliches Synonym für Abschreibung)
AktG	Die Aktiengesellschaft
AO	Abgabenordnung
Aufl.	Auflage
BB	Betriebs-Berater
BFuP	Betriebswirtschaftliche Forschung und Praxis
BGB	Bürgerliches Gesetzbuch
BPG	Buchprüfungsgesellschaft
BS	Berufssatzung
bspw.	beispielsweise
C&L	C&L Deutsche Revision AG; bzw. der internationale Verbund der Mitgliedsunternehmen
DB	Der Betrieb
DStR	Deutsches Steuerrecht
DTT	Deloitte Touche Tohmatsu, der internationale Verbund von Mitgliedsunternehmen; deutsches Mitglied s. WEDIT
DVFA	Deutsche Vereinigung für Finanzanalyse und Anlageberatung
DVStB	Verordnung zur Durchführung der Vorschriften über Steuerberater, Steuerbevollmächtigte und Steuerberatungsgesellschaften
E&Y	Ernst & Young; bzw. der internationale Verbund von bestimmten Mitgliedsunternehmen; deutsches Mitglied s. Schitag
EBS	European Business School
EStDV	Einkommensteuerdurchführungsverordnung
FG	Fachgutachten
FU	Freie Universität
GH	Gesamthochschule

GmbHG	Gesetz betreffend die Gesellschaften mit beschränkter Haftung
GoB	Grundsätze ordnungsmäßiger Buchführung
HFA	Hauptfachausschuß [des IDW]
HGB	Handelsgesetzbuch
i.d.R.	in der Regel
i.d.F.	in der Fassung
IDW	Institut der Wirtschaftsprüfer in Deutschland e.V.
i.S.	im Sinne
IAS	International Accounting Standards
IASC	International Accounting Standards Committee
IFAC	International Federation of Accountants
IHK	Industrie- und Handelskammer
KonTraG	Entwurf eines Gesetzes zur Kontrolle und Transparenz im Unternehmensbereich (abgedruckt in: ZIP 1996, S. 2129-2139 und 2193-2198)
KPMG	KPMG Deutsche Allgemeine Treuhand Gesellschaft AG; bzw. der internationale Verbund der Mitgliedsunternehmen
KStG	Körperschaftsteuergesetz
o.ä.	oder ähnliches
PC	Personal Computer
PO	Prüfungsordnung (für Wirtschaftsprüfer)
PW	Price Waterhouse GmbH; bzw. der internationale Verbund der Mitgliedsunternehmen
RA	Rechtsanwalt
RBerG	Rechtsberatungsgesetz
Rn.	Randnummer
S.	Seite
Schitag	Schitag Ernst & Young Deutsche Allgemeine Treuhand AG
sog.	sogenannte(r)
Sp.	Spalte
StB	Steuerberater/Steuerberaterin
StBG	Steuerberatungsgesellschaft
Tz.	Textziffer
TU	Technische Universität

U	Universität
u.a.	unter anderem
UEC	Union Européenne des Experts Comptables Economiques et Financiers
u.U.	unter Umständen
usw.	und so weiter
u.v.m.	und vieles mehr
vBP	vereidigter Buchprüfer/ vereidigte Buchprüferin
WEDIT	Wollert Elmendorff Deutsche Industrie-Treuhand GmbH
WiSt	Wirtschaftswissenschaftliches Studium
WISU	Das Wirtschaftsstudium
WP	Wirtschaftsprüfer/Wirtschaftsprüferin
WPG	Wirtschaftsprüfungsgesellschaft
WPG	Die Wirtschaftsprüfung
WPK	Wirtschaftsprüferkammer
WPO	Wirtschaftsprüferordnung
ZfB	Zeitschrift für Betriebswirtschaft
ZfbF	Zeitschrift für betriebswirtschaftliche Forschung
ZIP	Zeitschrift für Wirtschaftsrecht
ZIR	Zeitschrift für Interne Revision

A. Die Berufe des Wirtschaftsprüfungswesens

1. Die historische Entwicklung

1.1. Die Geschichte der Wirtschaftsprüfung

„Wer ein Gebilde, ein Werk, einen Beruf liebt, dem wird es nicht genügen, diese in ihrem gegenwärtigen Zustande zu sehen. Man will auch wissen, wie ein solcher Beruf gewachsen, geworden ist“.[2]

Den historischen Wurzeln des Prüferberufs nachzuspüren fällt nicht leicht. Dies beruht darauf, daß der Wirtschaftsprüferberuf bzw. berufsmäßig ausgeübte prüferische Tätigkeit zu den ältesten Berufen der Welt zählen und über die Jahrtausende und Kontinente hinweg sich in entsprechend vielfältigen Formen entwickelt haben.[3] Wissenschaftlichen Erkenntnissen zufolge soll die Technik der Buchführung den bedeutenden Impuls für die Entwicklung der Rechenkunst wie auch der Schreibkunst gegeben haben und damit älter als diese beiden grundlegenden Fähigkeiten sein.[4] Techniken der Versiegelung von Verträgen und damit der Möglichkeit, Richtigkeit und Vollständigkeit zu prüfen, lassen sich ab dem Jahr 3.250 vor Christus nachweisen.[5] Der Prüferberuf ist zu jeder Zeit aufs engste mit den wirtschaftlichen

---

2 Koch: Der Beruf des Wirtschaftsprüfers, Berlin 1957, S. 55; zur Entwicklung des US-amerikanischen Berufsstandes vgl. Flesher/Miranti/Previts: The First Century of the CPA, in: Journal of Accountancy, Oktober 1996, S. 51-57.

3 Zu den Zusammenhängen zwischen Rechnungslegung, wirtschaftlicher Entwicklung und Philosophie: vgl. Bhimani: Accounting enlightenment in the age of reason, in: European Accounting Review 1994, S. 399-442.

4 Vgl. Mattesich: Accounting as a cultural force: past, present and future, in: European Accounting Review 1994, S. 354-356. Älteste Zeugnisse fanden sich bei den Sumerern aus der Zeit ca. 8.000 Jahre vor Christus. Vgl. auch Barth: Das Rechnungswesen im vorbabylonischen Sumer Mesopotamiens vor viertausend Jahren, insbesondere die perfekte Fabrikbuchhaltung eines großen Textilbetriebs, in: WPg 1993, S. 428-437. Auch Vorläufer komplexer rechtlicher Verträge, wie z.B. Vorläufer des Leasinggeschäfts lassen sich bis in die Zeit ca. 3.000 vor Christus zurückverfolgen: vgl. Livijn: 5000 years of Leasing, Stockholm, S. 2.

5 Zugleich wird darin bei bestimmten Techniken (ab 3.200 vor Christus) teilweise der Beginn der doppelten Buchführung gesehen. Vgl. zu Einzelheiten: Mattesich: Ac-

und gesellschaftlichen Rahmenbedingungen verbunden.[6] Ein Abriß der Geschichte des Prüferberufs ist damit zugleich ein Abriß der wirtschaftlichen Entwicklung.

Als Ursachen der Entstehung des Prüferberufes und von Prüfungsgesellschaften sind insbesondere zu nennen:[7]

- die Schaffung eines Finanzwesens, bei dem sowohl die Aufbringung der Mittel durch Abgaben wie auch die Verwendung der Mittel einer Kontrolle unterliegen,
- die zunehmende Trennung von Eigentum an Unternehmen und der Geschäftsführung, die mit einer Rechenschaftsverpflichtung des Geschäftsführers verbunden ist, da er mit ihm anvertrauten Vermögen arbeitet,
- der Ausweitung von Handel und Industrie, die z.B. zur Gründung von weiteren Niederlassungen - ggf. auch im Ausland - führte. Damit ergab sich zugleich die Notwendigkeit einer Kontrolle deren Tätigkeiten,
- die Übernahme von Treuhandtätigkeiten,

---

counting as a cultural force: past, present and future, in: European Accounting Review 1994, S. 355.

6 Siehe hierzu z.B. Hax: Wirtschaftsprüfung und Wirtschaftsberatung im Ablauf der wirtschaftlichen Entwicklung, in: 75 Jahre Deutsche Treuhand-Gesellschaft, hrsg. von Muthesius, Frankfurt 1965, S. 99-127; Markus: Der Wirtschaftsprüfer, München 1996; Meisel: Geschichte der deutschen Wirtschaftsprüfer, Düsseldorf 1992 sowie z.B. das Sonderheft 4/1995 der European Accounting Review zur Rechnungslegung in Polen, in der Tschechischen Republik, im Baltikum, in Ungarn, in Rumänien, Slowenien, UdSSR, Jugoslawien und Rußland.

7 Vgl. Brönner: Geschichte der Revision, in: Handwörterbuch der Revision, hrsg. von Coenenberg/v. Wysocki, 2. Aufl. Stuttgart 1992, Sp. 664; Ludewig: Revisions- und Treuhandwesen, in: Handwörterbuch der Betriebswirtschaft, hrsg. von Wittmann u.a., Band 3, 5. Aufl. Stuttgart 1993, Sp. 3787; Meisel: Geschichte der deutschen Wirtschaftsprüfer, Düsseldorf 1992 S. 287f.

- der Bedarf an Sachverständigen auf dem Gebiet des Rechnungswesens,
- die nie zuvor dagewesene Fülle von Bestimmungen und Änderungen von Vorschriften im Zusammenhang mit dem Steuer- und Wirtschaftsrecht verlangen nach einer zunehmenden Spezialisierung auf bestimmte Tätigkeitsbereiche und einer intensiven Zusammenarbeit innerhalb einer Prüfungsgesellschaft bzw. übergreifend mit anderen Berufskollegen sowie
- die zunehmende Globalisierung der Tätigkeiten der Mandanten bedingt eine damit einhergehende Globalisierung der Aufgaben des Wirtschaftsprüfers, die einen weltweiten Verbund von Prüfungsgesellschaften voraussetzt, die sich intensiv mit den Besonderheiten des jeweiligen Landes auskennen.

Die Schaffung einer Berufsorganisation der Prüfer läßt sich erstmals in Genua im Jahre 1330 nachweisen.[8] Die sogenannten „Visitatoren" prüften die Bücher der Kaufleute. Mit dem „Collegio dei Ragionati" wurde die erste berufsständische Organisation von Revisoren gegründet. Voraussetzung für die Aufnahme in den Verband war die erfolgreiche Ablegung einer Fachprüfung.[9]

Eine weitere Wurzel des Berufsstands besteht in der internen Revision. Mit der Gründung entfernter Niederlassungen wurde eine Prüfung der Bücher dieser Niederlassungen notwendig. Solche Prüfungen, die sich jedoch auf

---

8 Vgl. WPK: Organisation der beruflichen Selbstverwaltung der Wirtschaftsprüfer und vereidigten Buchprüfer, Düsseldorf 1997, S. 28.

9 Vgl. WPK: Organisation der beruflichen Selbstverwaltung der Wirtschaftsprüfer und vereidigten Buchprüfer, Düsseldorf 1997, S. 28. Nach Karoli kann jedoch zu diesem Zeitpunkt noch nicht von einer Berufsorganisation ausgegangen werden, da die Berufsangehörigen eher als „Revisionsb e a m t e" (sic) anzusehen waren. Eine Vereinigung hauptberuflicher und freier Revisoren, die eigene Gebührensatzungen

die Übereinstimmung der Aufzeichnungen der Zentrale mit denen der Niederlassung beschränkten, sind z.B. aus dem Handelshaus der Fugger bekannt und datieren zurück auf das sechzehnte Jahrhundert.[10]

Eine verpflichtende Prüfung der Bücher[11] von Aktiengesellschaften durch Externe wurde in Deutschland jedoch erst nach spektakulären Unternehmenszusammenbrüchen im Jahre 1931 eingeführt.[12] Für die Personengruppe der Prüfer setzte sich nach langen Diskussionen schließlich die Bezeichnung „Wirtschaftsprüfer" durch, da die Prüfung als Hauptaufgabe angesehen wurde. Die alternativen Bezeichnungen „Wirtschaftsanwalt", „Wirtschaftsberater" oder „Wirtschaftstreuhänder" nahmen zwar alle auf seine Tätigkeit Bezug, gaben aber nur Teilaspekte seiner Tätigkeit wieder.[13] Die Folgezeit brachte die Gründung eines Berufsverbandes, des Instituts der Wirtschaftsprüfer (1932), die Unterstellung unter die Dienstaufsicht des Reichsministers (1934), die Eingliederung in andere Organisationen und schließlich die faktische Funktionsunfähigkeit (1945).[14]

Mit dem Erlaß eines Gesetzes über die Berufsordnung der Wirtschaftsprüfer und die Einrichtung der Wirtschaftsprüferkammer im Jahr 1961 besteht

---

erließ, wurde in Mailand im Jahr 1739 gegründet. Vgl. Karoli: Bilanzprüfung und Prüfungsergebnis, Leipzig 1934, S. 13, Fußnote 14 m.w.N.

10 Vgl. Brönner: Geschichte der Revision, in: Handwörterbuch der Revision, hrsg. von Coenenberg/v. Wysocki, 2. Aufl. Stuttgart 1992, Sp. 667.

11 Im übrigen sei noch auf einige parallele Entwicklungen hingewiesen. So erfolgte die Rechnungslegung seit Anbeginn innerhalb eines Kontenplans. Seit dem Ende des neunzehnten Jahrhunderts läßt sich die Entwicklung von Kontenrahmen beobachten. Dies erfolgte teils aus dem Bedürfnis, die Ergebnisse einzelner Unternehmen besser vergleichen zu können, teils aus Wachstums- und Konzentrationsprozessen der Unternehmen heraus und teils aus dem Wunsch nach einer stärkeren Standardisierung der Rechnungslegung. Vgl. Richard: The evolution of accounting chart models in Europe from 1900 to 1945, some historical elements, in: European Accounting Review 1995, S. 87.

12 Vgl. Buchner: Rechnungslegung und Prüfung der Kapitalgesellschaft, 3. Aufl. Stuttgart 1996, S. 2.

13 Vgl. WPK: Organisation der beruflichen Selbstverwaltung der Wirtschaftsprüfer und vereidigten Buchprüfer, Düsseldorf 1997, S. 31.

14 Vgl. WPK: Organisation der beruflichen Selbstverwaltung der Wirtschaftsprüfer und vereidigten Buchprüfer, Düsseldorf 1997, S. 32.

wieder eine einheitliche Berufsrechtsordnung in der Bundesrepublik Deutschland.[15]

Für die Gegenwart und noch viel mehr für die Zukunft dürften die Bestrebungen der Europäischen Gemeinschaften/Europäischen Union von Bedeutung sein, die Rechnungslegung und deren Prüfung zu harmonisieren. In einem ersten Schritt ist dies durch die sog. 4. EG-Richtlinie (zum Einzelabschluß), die 7. EG-Richtlinie (zum Konzernabschluß) und durch die 8. EG-Richtlinie (zu Fragen der Prüfung von Abschlüssen) erfolgt. Seit dem 1. Januar 1986 sind die Richtlinien, nach langer Diskussion, in deutsches Recht umgesetzt.[16] Die Umsetzung der EG-Hochschuldiplomrichtlinie in nationales Recht (1991) eröffnete Abschlußprüfern aus anderen EG-Mitgliedstaaten die Möglichkeit, sich nach Ablegung einer Eignungsprüfung als Wirtschaftsprüfer bestellen zu lassen. Eine Verbesserung der Rechtssicherheit brachte der Erlaß einer Berufssatzung, der die vorhandenen Bestimmungen zur Prüfung in den verschiedenen Gesetzen (z.B. HGB und WPO) ergänzt (1996).[17]

An **aktuellen Gesetzesvorhaben und Initiativen** ist u.a. der Entwurf eines Gesetzes zur Kontrolle und Transparenz im Unternehmensbereich zu nennen.[18] Der Entwurf bezieht sich auf zahlreiche Aspekte der Berufstätigkeit (Wahl des Abschlußprüfers, Prüfungsauftrag, Prüfungsdurchführung und -

---

15 Vgl. WPK: Organisation der beruflichen Selbstverwaltung der Wirtschaftsprüfer und vereidigten Buchprüfer, Düsseldorf 1997, S. 33.

16 Vgl. van Hulle: Wirtschaftsprüfung, EG, in: Handwörterbuch der Revision, hrsg. von Coenenberg/v. Wysocki, 2. Aufl. Stuttgart 1992, Sp. 2232.

17 Ein weiterer Begleitumstand der allgemein zunehmenden Bedeutung der Rechnungslegung und Prüfung läßt sich aus der wachsenden Zahl an Kongressen erkennen. Die erste Konferenz zu Fragen der Rechnungslegung fand wohl auf italienischem Boden statt (Rom, im Jahre 1879). Auf US-amerikanischem Boden läßt sich der erste Kongress in der Stadt St. Louis nachweisen und zählte 81 Teilnehmer. Die Agenda der Kongresse geben wertvolle und informative Einblicke in die Bilanzierungsprobleme und wirtschaftliche Situation der jeweiligen Zeit. Zu Einzelheiten vgl. Forrester: European congresses of accounting: a review of their history, in: European Accounting Review 1996, S. 91-104.

18 Abgedruckt in: ZIP 1996, S. 2129-2139 und 2193-2198.

berichterstattung).[19] Fragen der Abschlußprüfung werden auch in der Europäischen Kommission diskutiert. Die Europäische Kommission stellte fest, daß die Abschlußprüfung in den einzelnen Mitgliedstaaten unvollkommen und unbefriedigend geregelt ist, da in den EG-Richtlinien bislang nur festgeschrieben wurde, daß in bestimmten Fällen eine Prüfung durch Wirtschaftsprüfer zu erfolgen hat. Nicht geregelt wurde jedoch, wie diese Prüfung durchzuführen ist und welche Angaben der Prüfungsbericht enthalten muß. Damit ergeben sich Unterschiede in den einzelnen Mitgliedstaaten. Sollte die eingeleitete Diskussion nicht zum erhofften Ergebnis führen, ist eine Regelung z.B. in Form einer neuen EG-Richtlinie nicht auszuschließen.[20]

Während die Entwicklung des Prüferberufes im allgemeinen oben aufgezeigt wurde, sollen nachstehend allein die Besonderheiten in der Entwicklung der größten Prüfungsgesellschaften diskutiert werden, da die Berufsausübung in der Prüfungsgesellschaft neben der klassischen Berufsausübung als Einzelwirtschaftsprüfer heute als Regelfall angesehen werden kann. Die Entwicklung wird anhand markanter Punkte und Persönlichkeiten aus der Geschichte der Prüfungsgesellschaften und deren gegenwärtige Einbindung in internationale Vereinigungen untersucht.

---

19 Zu Einzelheiten vgl. Gelhausen: Reform der externen Rechnungslegung und ihrer Prüfung durch den Wirtschaftsprüfer, hrsg. von C&L Deutsche Revision, Frankfurt 1997.

20 Vgl. zum Stand der Diskussion: Van Hulle: Grünbuch der Europäischen Kommission: Rolle, Stellung und Haftung des Abschlußprüfers in der Europäischen Union, in: WPK-Mitteilungen 1996, S. 279-296; WPK: Stellungnahme der Wirtschaftsprüferkammer zum Grünbuch der Europäischen Kommission, in: WPK-Mitteilungen 1996, S. 296-299.

1.2. Die Entstehung der Wirtschaftsprüfungsgesellschaften in Deutschland

Prüfungsgesellschaften gehen auf Gründungen durch Kreditinstitute, Wirtschaftsgruppen, den Staat oder einzelne Wirtschaftsprüfer zurück.[21]

Treuhandgesellschaften wurden z.B. von **Kreditinstituten** gegründet, um Wertpapiere bis zu ihrer weiteren Verwendung in Verwahrung und Verwaltung zu nehmen.[22] Daneben übertrugen die Kreditinstitute den Treuhandgesellschaften die Aufgabe, vor Gewährung von Krediten und der Vornahme von Emissionen, Prüfungen der Unternehmenskundschaft vorzunehmen.

KPMG Deutsche Treuhand-Gesellschaft AG

So wurde im Jahre 1890 die „**Deutsch-Amerikanische Treuhand-Gesellschaft**" von der Deutschen Bank AG und dem Bankhaus Jacob S.H. Stern u.a. mit dem Zweck gegründet, mit nordamerikanischen Wertpapieren zu handeln.[23] Nach drei Jahren wurde die Gesellschaft in Deutsche Treuhand-Gesellschaft umbenannt und konzentrierte sich auf treuhänderische Tätigkeiten im Ausland. Ab dem Jahr 1900 nahm die Gesellschaft die Prüfungstätigkeit auf und betreute 1907 bereits 400 Mandanten.[24] Die Gesellschaft firmiert heute als **KPMG Deutsche Treuhand-Gesellschaft AG** und ist (Stand 1996) die umsatzstärkste der in Deutschland tätigen Prüfungsgesellschaften. Die Gesellschaft hat 1972 mit weiteren Gesellschaften den Verbund Klynveld Main Goerdeler gegründet. Der Name läßt sich auf die Ge-

---

21 Vgl. Koch: Der Beruf des Wirtschaftsprüfers, Berlin 1957, S. 176.

22 Vgl. Meisel: Geschichte der deutschen Wirtschaftsprüfer, Düsseldorf 1992, S. 115-119.

23 Siehe hierzu im einzelnen Auszüge aus der Satzung bei: Schuld: Geschichte der Deutschen Treuhand-Gesellschaft 1890 bis 1965, in: 75 Jahre Deutsche Treuhand-Gesellschaft, hrsg. von Muthesius, S. 16f.

24 Vgl. Schuld, aaO, S. 34.

sellschaften Klynveld Kraayenhof & Co. aus den Niederlanden, Main Lafrentz aus den USA und den Namen des langjährigen Vorstandsvorsitzenden der Deutschen Treuhand-Gesellschaft (*Goerdeler*) zurückführen. 1987 führte die Verbindung mit Peat Marwick Mitchell zur Firmierung als Klynveld Peat Marwick Goerdeler (KPMG).[25] In 1997 haben der KPMG-Verbund und der Verbund von Ernst & Young erklärt, fusionieren zu wollen.[26]

Zur Gruppe KPMG Deutsche Treuhand-Gesellschaft sind zu zählen:[27]
ATB Allgemeine Treuhand und Beratungs GmbH, Wiesbaden
ATH Allgemeine Treuhandgesellschaft mbH, Hamburg
Audit Treuhand GmbH, Köln
Bayerische Treuhandgesellschaft AG, München
Dr. Rätsch & Co. GmbH, Düsseldorf
Dr. Schneider Wirtschaftsprüfungsgesellschaft, Braunschweig
DTG Treuhand GmbH, Frankfurt
Eurevisio RmbH, Eschborn
Gothentreuhand GmbH
Hübner & Co. GmbH, Wiesbaden
Klynveld Main Goerdeler GmbH, Frankfurt
KPMG Deutsche Treuhand-Gesellschaft
KPMG Deutsche Treuhandgesellschaft AG, Berlin/Frankfurt
KPMG Gellert Wirtschaftsprüfung GmbH
KPMG Hartkopf + Rentrop Treuhand KG, Köln
KPMG Klynveld Peat Marwick Goerdeler GmbH, Frankfurt
KPMG Nordtreu GmbH, Hannover

---

25 Vgl. Markus: Geschichte der deutschen Wirtschaftsprüfer, Düsseldorf 1992, S. 206-210.

26 Vgl. O.V.: KPMG und Ernst & Young wollen fusionieren, in: Frankfurter Allgemeine Zeitung vom 20.10.1997; o.V.: Die Wirtschaftsprüfer KPMG und Ernst & Young prüfen Fusion, in: Handelsblatt vom 18./19.10.1997.

27 Die Angaben sind jeweils im wesentlichen dem Werk von Markus, aaO, entnommen.

KPMG Rheinische Treuhand-Gesellschaft mbH, Mannheim
KPMG Rheinische Treuhand-Union GmbH, Mainz
KPMG Süddeutsche Revisions- und Treuhand-GmbH, Freiburg
KPMG Treuverkehr AG, Frankfurt
Rhein-Main GmbH, Frankfurt
RTG Revisions- und Treuhand GmbH, München
Schweickert Treuhand GmbH, Mannheim
Streckmann & Partner Steuerberatungsgesellschaft mbH
Westdeutsche Industrie-Treuhand GmbH, Mühlheim.

C&L Deutsche Revision Gruppe

Eine weitere Gesellschaft, die auf eine Bankengründung (hier Dresdner Bank und A. Schaffhausener Bankverein) zurückgeht, ist die **Treuhand-Vereinigung AG**. Ihre Gründung erfolgte im Jahre 1905. Damit ist sie die zweitälteste Treuhandgesellschaft in Deutschland. Ziel der Gründerbanken war es u.a., eine unabhängige Prüfungsgesellschaft zu schaffen, die ausgeliehene Kredite überwachen sollte.[28] In der Satzung der Gesellschaft wird dies wie folgt beschrieben:

28 Vgl. Geller: Geschichte der Treuhand-Vereinigung AG, in: Wirtschaftsprüfung und Wirtschaftsrecht, Beiträge zum 75 jährigen Bestehen der Treuhand-Vereinigung, hrsg. von Treuhand-Vereinigung AG u.a., Stuttgart 1980, Beilage, S. 2.

„Gegenstand des Unternehmens ist die Übernahme aller Arten von Treuhandgeschäften, insbesondere

1. die Vertretung von Besitzern von Wertpapieren ...;
2. die Errichtung von Schutzvereinigungen beziehungsweise die Teilnahme an solchen;
3. die Übernahme von Aktien-Registrierungen beziehungsweise Umschreibungen für in- und ausländische Aktiengesellschaften;
4. die Übernahme von Rechnungsprüfungen aller Art, insbesondere von Bilanzprüfungen, sowie anderer Arten von Revisionen;
5. die Übernahme des Amtes als Testamentsvollstrecker, sowie die Verwaltung von mobilem und immobilem Vermögen auf Grund testamentarischer Bestimmung beziehungsweise besonderer Verträge;
6. die Übernahme von Reorganisation oder Liquidation von Gesellschaften;
7. die Ausübung der Funktionen einer Hinterlegungsstelle für Aktien und Obligationen, sowie die Ausstellung von Certifikaten oder Quittungen an Stelle hinterlegter Wertpapiere, allein oder in Gemeinschaft mit anderen;
8. die Übernahme von Pfandhalterschaften;
9. die Übernahme der Vertretung ausländischer Staaten, Corporationen und Gesellschaften.“ [29]

Im Jahr 1957 trat die Treuhand-Vereinigung AG der Coopers & Lybrand Organisation bei. Dieser Organisation trat 1989 auch die Treuarbeit AG bei. Die C&L Treuhand-Vereinigung AG arbeitet seit dem Jahr 1995 mit der C&L Treuarbeit AG unter der Firma **C&L Deutsche Revision AG** zu-

---

[29] Nach Geller, aaO, Beilage, S. 4f.

sammen.[30] Ab dem Jahr 1998 ist eine Zusammenarbeit der Verbünde von Coopers & Lybrand und Price Waterhouse vorgesehen.[31]

Der internationale Verbund **Coopers & Lybrand** basiert im wesentlichen auf der im Jahr 1957 begründeten Zusammenarbeit von zwei Prüfungsgesellschaften. Die ältere wurde im Jahr 1854 durch *William Cooper* in London gegründet (**Cooper Brothers & Co.**). In Philadelphia eröffneten im Jahr 1898 *William M. Lybrand, T. Edward Ross, Adam A. Ross* und *Robert H. Montgomery* die Praxis **Lybrand, Ross Bros. & Montgomery**. *Robert H. Montgomery* war insbesondere im Ausbildungswesen engagiert und wurde Professor an der Columbia Universität. Er wurde als Verfasser eines weit verbreiteten Fachbuches zum Prüfungswesen bekannt, das zugleich den Beginn des Schrifttums zum Prüfungswesen in den USA darstellt.[32]

Zur Gruppe C&L Deutsche Revision zählen:
C&L Treuarbeit Deutsche Revision AG, Frankfurt[33]
C&L Treuhand-Vereinigung AG, Frankfurt
C&L Westdeutschland AG, Essen
Coopers & Lybrand GmbH, Frankfurt
Dinter & Partner GmbH, Frankfurt
dpt Deutsche Prüfungs- und Treuhand GmbH, Frankfurt
Dr. Erich Frisch GmbH, Stuttgart
Dr. Hogaust & Partner GmbH, Siegen
Dr. Lipfert GmbH, Stuttgart
Hanse Treuhand GmbH, Lübeck
Interfides GmbH, Frankfurt

---

30 Vgl. C&L Deutsche Revision AG: The Company, Frankfurt 1994, S. 21.

31 Vgl. O.V.: Accountants aim to usher in the age of the giants, in: Financial Times vom 19.9.1997.

32 Vgl. Markus, aaO, S. 200-203.

33 Siehe hierzu auch die Ausführungen weiter unten zur Deutschen Revisions- und Treuhand AG.

Karoli Wirtschaftsprüfung GmbH, Essen
Kebschull-Puls GmbH, Bielefeld
Kerkermeier & Partner GmbH, Freiburg
Mittel-Nassauische Treuhand GmbH, Limburg
Ruhr-Revisions GmbH, Essen
Treuko Revisions- und Treuhand GmbH, Berlin
Vestische Treuhand GmbH, Recklinghausen
Wibera Wirtschaftsberatung AG, Düsseldorf[34]
Winterhager Heintges Stützel Laubach GmbH, Düsseldorf.

Schitag Ernst & Young Deutsche Allgemeine Treuhand AG

Auch die Gründung der **Schwäbischen Treuhand-Aktiengesellschaft** im Jahre 1919 ist auf den Einfluß von Kreditinstituten, hier den Mitgliedern der Vereinigung Württembergischer Banken und Bankiers zurückzuführen. Die Gesellschaft ist vor allem unter ihrer Kurzbezeichnung '**Schitag**' bekannt. Seit 1970 ist die Kurzbezeichnung, die ursprünglich die Telegrammadresse der Gesellschaft war, Bestandteil des Firmennamens.[35] Die Gesellschaft hat sich dem Verbund **Ernst & Young** angeschlossen. Dieser basiert auf der Zusammenarbeit der im Jahr 1903 in Cleveland von *Allan C. Ernst* und *Theodore Ernst* gegründeten Gesellschaft Ernst & Ernst, der englischen Gesellschaft *Whinney, Murray & Co.* (deren Ursprung in das Jahr 1848 zurückreicht) und der US-amerikanischen Gesellschaft Arthur Young & Co. (deren Mitgründer *Arthur Young* 1863 in Schottland geboren wurde.)[36] In 1997 haben die Verbünde Ernst & Young und KPMG erklärt, fusionieren zu wollen.

---

34 Siehe hierzu die Ausführungen weiter unten.

35 Vgl. Schitag Schwäbische Treuhand Aktiengesellschaft AG (Hrsg.): Der Wirtschaft verpflichtet, Stuttgart 1979, S. 267.

36 Vgl. Markus, aaO, S. 203-206.

Zur Gruppe der Schitag Ernst & Young Deutsche Allgemeine Treuhand zählen:

Curator International Revisions- und Treuhand AG, Frankfurt
Datag Deutsche Allgemeine Treuhand AG, München
Dr. Böhme - Dr. Phillipiak GmbH, Düsseldorf
Dr. Diez - Dr. Pfleiderer GmbH, Stuttgart
Ernst & Young GmbH, Frankfurt
EY Revision und Treuhand GmbH, Frankfurt
H.T. Unternehmensberatung Heilbronner Treuhand GmbH, Heilbronn
Heilbronner Treuhand GmbH, Heilbronn
Helios GmbH, Düsseldorf
Hohentwiel Treuhand GmbH, Singen
Industrie-Treuhand GmbH, Mannheim
Intrarevisio Beratungs- und Treuhand GmbH, München
ITV Industrie-Treuhand-Vereinigung GmbH, Mannheim
Klameth, Groß & Schitag GmbH, Köln
Oberrheinische Revisions- und Treuhand AG, Freiburg
Pilscheur & Schitag GmbH, Wuppertal
RTS Revision und Treuhand GmbH, Frankfurt
Schitag Schwäbische Treuhand AG, Stuttgart
Schitag Wirtschaftsberatung GmbH, Stuttgart
Siefert, Sättele & Partner AG, Kelkheim
Telos Treuhand GmbH, Ulm
Treuhand Schrade GmbH, Schwenningen
Treuhand-Süd GmbH, Stuttgart
Westeg Westfälische Treuhand AG, Essen
WTU Westdeutsche Treuhand Union GmbH, Essen.

Als Gründer von weiteren Prüfungsgesellschaften wirkten ferner **Wirtschaftsgruppen** (z.B. Ruhrbergbau, Bauwirtschaft oder Brauereien).[37]

Neben Kreditinstituten und Verbänden gründete auch der **Staat** Gesellschaften. So wurde im Jahre 1930 die Wirtschaftsberatungs-Aktiengesellschaft (heute besser bekannt unter dem Namen **WIBERA**) gegründet, deren Hauptaufgabe die Wirtschaftsberatung deutscher Städte, Versorgungs- und Verkehrsunternehmen war.[38] Die Gesellschaft betätigt sich heute gleichgewichtig sowohl mit der Beratung als auch der Prüfung von privaten und öffentlichen Unternehmen und sonstigen Einrichtungen. Sie ist Mitglied des Verbundes **Coopers & Lybrand**.

Im Jahre 1922 wurde die **Deutsche Revisions- und Treuhand AG** durch staatliche Stellen errichtet.[39] Sie nahm die vielfältigen wirtschaftlichen Interessen des Bundes und der Länder wahr. Sie war die einzige der 18 Treuhandgesellschaften, die sich im Reichsbund deutscher Treuhand-Aktiengesellschaften zusammengeschlossen hatten, die nicht im Einflußbereich von Kreditinstituten stand.[40] Die besonderen Aufgaben führten zu besonderem Ansehen der Mitglieder,[41] aber auch zu Konflikten mit konkurrierenden Treuhandgesellschaften.[42] Die Gesellschaft ist heute unter dem Namen **Treuarbeit AG** bekannt und hat im Jahr 1995 ihr operatives Geschäft mit dem der C&L Treuhand-Vereinigung AG unter der Firma

---

37 Vgl. Koch: Wirtschaftsprüfungsgesellschaften in der englischen Zone, in: Der Wirtschaftsprüfer 1948, S. 99f.

38 Vgl. Koch: Der Beruf des Wirtschaftsprüfers, Berlin 1957, S. 182-183.

39 Vgl. C&L Deutsche Revision AG (Hrsg.): The Company, Frankfurt 1996, S. 5; Koch, aaO, S. 182.

40 Vgl. Markus, aaO, S. 6.

41 Nahezu euphorisch in dieser Frage äußert sich: Goetze: Der Beruf des Wirtschaftsprüfers, Berlin 1968, S. 71f.

42 So z.B. mit ihrem späteren Partner, der Treuhand-Vereinigung AG. Im Jahr 1932 gingen die Aktien der Treuhand-Vereinigung AG vorübergehend auf den Staat über, so daß sie damit faktisch Schwestergesellschaft zur Treuarbeit war, deren Aktien über die VIAG gleichfalls dem Staat gehörten. Vgl. Markus, aaO, S. 41.

C&L Deutsche Revision AG zusammengeführt und ist Mitglied im Verbund **Coopers & Lybrand**.

Wollert-Elmendorff Deutsche Industrie-Treuhand (WEDIT)

Zu den Prüfungsgesellschaften, die von einem oder wenigen **Einzelprüfern** gegründet wurden, zählt u.a. die **Wollert-Elmendorff Deutsche Industrie-Treuhand GmbH.**[43] Die Gesellschaft hat ihren Ursprung in der **Süddeutschen Treuhand-Gesellschaft AG**, die im Jahre 1907 unter der Federführung der Bayerischen Hypotheken- und Wechselbank gegründet wurde.[44] Die **Dr. Wollert-Dr. Elmendorff KG** (gegründet 1948) erwarb sämtliche Anteile an der Gesellschaft. *Dr. Wilhelm Elmendorff* ist u.a. bekannt durch die Übernahme des Vorsitzes der Kommission zur Umsetzung der 4. EG-Richtlinie, deren Arbeitsergebnis bis in die Gegenwart hinein unser Bilanzrecht bestimmt. Weniger bekannt ist, daß *Dr. Heinrich Wollert* das Preisausschreiben der Zeitschrift „Der Wirtschaftsprüfer" im Jahre 1948 zum Thema „Die zweckmäßige Rechtsform der Wirtschaftsprüfer-Gemeinschaften" gewonnen hat.[45] Im Jahr 1988 wurden die Dr. Wollert-Dr. Elmendorff KG, die Deutsche Industrie-Treuhandgesellschaft mbH und die Süddeutsche Treuhand-Gesellschaft AG in der Wollert-Elmendorff Deutsche Industrie-Treuhand GmbH zusammengeführt.

Die Gesellschaft hat sich dem Verbund **Deloitte Touche Tohmatsu** (vormals Deloitte Touche Tohmatsu International) angeschlossen. Dieser Verbund basiert zum einen auf der Gesellschaft Touche Ross & Co. Deren Vorläufer waren die George A. Touche & Co in England und Kanada

---

43 Die Aussage bezieht sich auf die Dr. Wollert-Dr. Elmendorff KG, siehe Koch: Der Beruf des Wirtschaftsprüfers, Berlin 1957, S. 177.

44 Vgl. Steichele: Geschichte der Süddeutschen Treuhand-Gesellschaft AG, in: 75 Jahre Süddeutsche Treuhand-Gesellschaft AG, hrsg. von Süddeutsche Treuhand AG, München 1982, S. 192f.

45 „Der Wirtschaftsprüfer" 1949, S. 66-68.

(1898) sowie die Touche, Niven & Co in den USA (1900), die von *George Alexander Touche* aus Schottland gegründet wurden. Seit 1969 firmieren die Gesellschaften als Touche Ross & Co.

Der zweite Teil des Verbundes ist die Gesellschaft Deloitte Haskins & Sells, die aus einer 1925 begründeten Zusammenarbeit der Prüfungsgesellschaften Deloitte mit Haskins & Sells entstand. Die Prüfungsfirma Deloitte wurde 1845 durch *William Welch Deloitte* in England gegründet, während die Praxis Haskins & Sells durch *Charles Waldo Haskins* und *Elijah Watt Sells* im Jahr 1895 in New York ins Leben gerufen wurde. 1989 schloß sich der englische Teil dem Verbund Coopers & Lybrand an, während der amerikanische Teil von Deloitte Haskins & Sells mit Touche, Ross & Co. zusammenging und man international unter Deloitte Touche Tohmatsu (letzterer war der Name des japanischen Partners der Touche Ross-Organisation) firmierte.

Zur Wollert-Elmendorff Deutsche Industrie-Treuhand (WEDIT) Gruppe zählen:
Deloitte & Touche GmbH, Düsseldorf
Deloitte Haskins & Sells GmbH, Düsseldorf
Deutsche Baurevision AG, Berlin
Deutsche Industrie-Treuhand GmbH, Hannover
Dr. Wollert - Dr. Elmendorff KG, Düsseldorf
Landestreuhand Weihenstephan GmbH
Mannheimer Treuhand GmbH, Mannheim
Süddeutsche Baurevision GmbH, München
Südtreu Süddeutsche Treuhand AG, München
Wollert-Elmendorf Deutsche Industrie-Treuhand GmbH, München.

Arthur Andersen

Die Prüfungsgesellschaft **Arthur Andersen & Co.** besteht in Deutschland seit dem Jahr 1960, während das Stammhaus im Jahr 1913 in den USA (Chicago) gegründet wurde. Der Gründer der Gesellschaft war ein Sohn norwegischer Einwanderer mit Namen *Arthur Andersen,* der 1885 in Illinois geboren wurde. Er erlernte das Prüferhandwerk bei Price Waterhouse, bestand nach einem Jahr das Berufsexamen zum Certified Public Accountant und war der jüngste examinierte Prüfer (CPA) in Illinois. Zudem hielt er Vorlesungen an der Handelsschule der North Western University und wurde dort Associate Professor. 1911 verließ er Price Waterhouse, um eine Stelle als Leiter des Rechnungswesen bei der Schlitz Brauerei anzunehmen. Er verließ dieses Unternehmen wieder, um gemeinsam mit *D.M. Delany* im Jahr 1913 eine Praxis zu übernehmen, deren Inhaber gestorben war. Diese Gesellschaft wurde in **Andersen, Delany & Co**. umbenannt und wuchs von Jahr zu Jahr. Andersen verstarb im Jahr 1947, die von ihm begründete Praxis gewann jedoch weiter an Bedeutung.[46]

Zur Arthur Andersen Gruppe zählen:
Arthur Andersen & Co. GmbH, Frankfurt
AW Treuhand Andersen & Wipfler GmbH, Walldorf.

Price Waterhouse

Price Waterhouse war bereits seit 1924 in Deutschland vertreten. Im Jahr 1931 war die Gesellschaft hinter der Deutschen Treuhand-Gesellschaft und der Deutschen Revisions- und Treuhandgesellschaft (später: Treuarbeit) die drittgrößte Gesellschaft. Der Name Price Waterhouse geht auf *Samuel Lowell Price* (geboren 1821 in Bristol) zurück, der im Jahre 1865 *William*

---

46 Vgl. Markus, aaO, S. 199f.

Hopkins Holyhead und *Edwin Waterhouse* als Partner in seine Praxis aufnahm. Daraufhin firmierte die Praxis als Price, Holyhead & Waterhouse. Seit 1874 heißt die Firma Price, Waterhouse & Co. und seit 1981 Price Waterhouse.[47] Ab dem Jahr 1998 soll eine Zusammenarbeit mit der Coopers & Lybrand Organisation erfolgen.[48]

Zur Price Waterhouse Gruppe zählen:
DPW Unternehmens Revision GmbH, Frankfurt
Dr. Köcke & Partner GmbH, Düsseldorf
FMP Gesellschaft für Revision und Treuhand GmbH, Düsseldorf
Price Waterhouse GmbH, Frankfurt
PW Prüfungs- und Wirtschaftsprüfungsgesellschaft GmbH, Wiesbaden.

2. Das Berufsbild

2.1. Der Wirtschaftsprüfer

2.1.1. Aufgaben

Dem Wirtschaftsprüfer (bzw. der Wirtschaftsprüferin)[49] sind in § 2 der Wirtschaftsprüferordnung (WPO) vom Gesetzgeber bestimmte Aufgaben zugewiesen. Die Bestimmung sieht als deren Hauptaufgabe vor, die **gesetzlich vorgeschriebenen Prüfungen des Jahresabschlusses und Konzernabschlusses von Unternehmen** vorzunehmen. Zu diesen Unternehmen, die ihre Abschlüsse jährlich prüfen lassen müssen, zählen grundsätzlich alle Kapitalgesellschaften, Unternehmen ab einer bestimmten Größe sowie Unternehmen bestimmter Wirtschaftszweige (z.B. Kreditinstitute, Versicherungen, Betriebe der öffentlichen Hand). Die Prüfung erfolgt durch Einsichtnahme in das

---

47 Vgl. Markus, aaO, S. 210-214.

48 Vgl. O.V.: Accountants aim to usher in the age of the giants, in: Financial Times vom 19.9.1997.

49 Nach § 18 Satz 2 WPO können Frauen die Berufsbezeichnung „Wirtschaftsprüferin“ führen.

Rechnungswesen und den Schriftverkehr des Unternehmens. Mit diesen Handlungen verschafft sich der Prüfer Gewißheit, daß die Buchführung und der Jahresabschluß in Form und Inhalt den gesetzlichen Vorschriften entsprechen. Das Ergebnis der Prüfung hat er in Form eines ausführlichen (und vertraulichen) Prüfungsberichtes der Geschäftsführung des Unternehmens zu berichten. Ferner hat er auf dem geprüften Jahresabschluß sein Dienstsiegel nebst einem formelhaften Vermerk über die Durchführung der Prüfung und deren Ergebnis anzubringen (Bestätigungsvermerk, § 322 HGB). Je nach Größe und Rechtsform des Unternehmens werden der Jahresabschluß und der Lagebericht zusammen mit dem Bestätigungsvermerk veröffentlicht.

Neben diesen Prüfungen sind Prüfungen besonderer Vorgänge, z.B. die Prüfung von Unternehmensverträgen, der Gründung von Aktiengesellschaften oder die Depotprüfung bei Kreditinstituten vorzunehmen.[50]

Zahlreiche Unternehmen lassen ihren Abschluß - auch wenn sie keiner Prüfungspflicht unterliegen - **freiwillig** prüfen, da dies von Kreditgebern, Gesellschaftern oder der Geschäftsführung gewünscht wird. Oftmals stellen börsennotierte Unternehmen weitere Unterlagen wie z.B. Quartalsabschlüsse, Halbjahresabschlüsse und/oder zusätzliche Abschlüsse nach ausländischen Rechnungslegungsgrundsätzen auf. Der Wirtschaftsprüfer kann diese Unterlagen prüfen oder durchsehen und entsprechende Prüfungsberichte und Bestätigungen bzw. Bescheinigungen über sein Prüfungsergebnis erteilen. Zu den weder vorgesehenen noch vorgeschriebenen Prüfungen zählen auch die isolierte Prüfung von Kontrollsystemen, von Planungsrechnungen, Rentabilitätsuntersuchungen sowie Unterschlagungsprüfungen.

Eine weitere Aufgabe ist die **Beratung in steuerlichen Angelegenheiten**[51], Unterstützung im Besteuerungsverfahren und Vertretung vor Finanzämtern

---

[50] Siehe hierzu die Aufstellung in: IDW: Wirtschaftsprüferhandbuch 1996, Band II, Düsseldorf 1996, S. 139-147.

und -gerichten.[52] Dieses Aufgabengebiet überschneidet sich mit der Tätigkeit eines Steuerberaters. Anspruchsvolle Beratungsaufgaben ergeben sich aus dem aktuellen Tagesgeschäft heraus, aber auch im Zusammenhang mit dem Erwerb, Veräußerung und Umwandlung von Unternehmen.

Zudem sind zulässige Tätigkeiten:

- die **Beratung in wirtschaftlichen Angelegenheiten** (- auch Wirtschafts- und Unternehmensberatung genannt - in Bereichen z.B. der Existenzgründung, dem Auf- und Ausbau der Berichts- und Informationssysteme (Reportingsysteme), der wertorientierten Unternehmensführung (Shareholder Value Konzepte) oder der Beratung der Geschäftsführung in Fragen der wirtschaftlichen Betriebsführung im allgemeinen,

- im Bundesland Hessen z.B. die **Prüfung, ob die Kommunalverwaltung sachgerecht und wirtschaftlich geführt wird**,[53]

- die **Rechtsberatung und -besorgung**, soweit diese in unmittelbarem Zusammenhang mit seinen beruflichen Aufgaben steht (Art. 1 § 5 Nr. 2 RBerG; eine allgemeine und umfassende Rechtsberatung und -besorgung ist allein den Rechtsanwälten erlaubt (Art. 1 § 1 RBerG)),

---

51 Die steuerliche Beratung ist jedoch nur grundsätzlich mit einer gleichzeitigen Prüfung des Abschlusses vereinbar. Im Einzelfall kann die Beratung in steuerlichen oder wirtschaftlichen Angelegenheiten zum Ausschluß als Abschlußprüfer führen. Siehe hierzu unter Vereinbarkeit von Prüfungstätigkeit und Gutachtertätigkeit mit Beratung sowie WPK-Mitteilungen 1996, S. 56-57, 122-124; BGH: Urteil II ZR 317/95 vom 21.4.1997 in: DStR-Entscheidungen 1997, S. 574-576; WPK-Mitteilungen 1997, S. 240-244. Siehe hierzu auch: Heni: Zur Risikolage des Abschlußprüfers bei Mißachtung des Selbstprüfungsverbots, in: DStR 1997, S. 1210-1215.

52 Vgl. Beisse: Wirtschaftsprüfer und vereidigte Buchprüfer als Vertreter vor Steuergerichten, WPK-Mitteilungen, Sonderheft Dezember 1995.

53 Dieses junge Betätigungsfeld hat sich für Wirtschaftsprüfer am 1. Januar 1994 mit dem Gesetz zur Regelung der überörtlichen Prüfung kommunaler Körperschaften in Hessen eröffnet. Siehe hierzu auch: Bräunig/Eichhorn: Konzeption und Kriterien der überörtlichen Prüfung kommunaler Körperschaften in Hessen, in: WPg 1995, S. 7-13, 42-50.

- die **treuhänderische Tätigkeit** z.B. als Testamentsvollstrecker, Betreuer, Konkurs- und Vergleichsverwalter,

- die Erstellung von **Gutachten** auf den Gebieten der wirtschaftlichen Betriebsführung. Unter diese Aufgaben fallen z.B. die Bestimmung von Unternehmenswerten, Beteiligungwerten, Abfindungs- und Ausgleichsansprüchen usw. Insbesondere die Unternehmensanalyse im Rahmen eines beabsichtigten Unternehmenskaufs (due diligence) nimmt eine immer bedeutendere Stellung ein. Als kompetenter und unabhängiger Berater, dessen Vergütung z.B. nicht von der tatsächlichen Durchführung des Unternehmenskaufs abhängt, ist er in besonderem Maße geeignet, der Geschäftsleitung in schwierigen Fragen zur Seite zu stehen.

Dem Wirtschaftsprüfer sind alle Tätigkeiten verboten, die nicht mit seinem Beruf oder dem Ansehen eines freien Berufs vereinbar sind, so z.B. eine unternehmerische Tätigkeit oder eine Tätigkeit als Angestellter in einem gewerblichen Unternehmen (§§ 1 Abs. 2, 43a WPO).[54]

Nachstehend werden die wichtigsten Tätigkeitsfelder des Wirtschaftsprüfers in einer Abbildung dargestellt.

54 Zeitlich befristete Ausnahmen in Form einer Beurlaubung kann in bestimmten Fällen die Wirtschaftsprüferkammer erteilen (§ 46 WPO).

* Eine gleichzeitige Prüfung und Beratung unterliegt den Beschränkungen des Berufsrechts

Abbildung 1: Die Tätigkeiten des Wirtschaftsprüfers

2.1.2. Die Berufsgrundsätze des Wirtschaftsprüfers

Der Wirtschaftsprüfer übt einen **freien Beruf** aus, wie beispielsweise auch Ärzte oder Rechtsanwälte. Die besondere Eigenart eines freien Berufes liegt in dem Berufsverständnis, die Ausübung des Berufs als **Dienst an der Allgemeinheit** anzusehen. Unterscheidungsmerkmal zu anderen, nicht-freien Berufen ist weiter

- die Bindung an berufsethische Regeln,
- der hohe Grad an abstraktem Wissen, der zur Ausübung des Berufs notwendig ist,
- die Auslese der Berufsangehörigen durch Beschränkung des Berufszugangs durch Eignungsprüfungen und Zulassungsverfahren,
- die Bildung eines Berufsverbandes mit Disziplinargewalt sowie
- der Verzicht auf vorrangiges Streben nach maximalem Einkommen.

Die in der Wirtschaftsprüferordnung sowie in der Berufssatzung der Wirtschaftsprüferkammer[55] niedergelegten berufsethischen Regeln und einzelne Vorschriften aus dem Handelsgesetzbuch bilden die Berufsgrundsätze und -pflichten des Wirtschaftsprüfers. An diese ist er bei der Ausübung seiner Arbeit gebunden. Eine Nichtbeachtung der Berufsgrundsätze kann berufsrechtliche Sanktionen nach sich ziehen, die bis zum Berufsausschluß durch das zuständige Oberlandesgericht oder den Bundesgerichtshof führen können. In Ergänzung zu diesen Bestimmungen sind auch die Verlautbarungen des Instituts der Wirtschaftsprüfer eine wichtige Erkenntnisquelle für den Prüfer.[56] Sie haben jedoch grundsätzlich keine unmittelbare Wirkung - außer für IDW-Mitglieder, die sich zur Einhaltung dieser Grundsätze verpflichtet haben- ; eine Nichtbeachtung dieser Grundsätze dürfte jedoch nur schwer begründbar sein und im Rechtsstreit zu Rechtfertigungsproblemen führen.

---

55 Die Wirtschaftsprüferkammer ist das staatliche Aufsichtsorgan für den Beruf des Wirtschaftsprüfers. Die Kammer hat durch § 57 Abs. 4 WPO vom Gesetzgeber das Recht erhalten, einzelne Bestimmungen des Gesetzgebers durch Erlaß einer Berufssatzung zu konkretisieren. Zu Einzelheiten siehe Abschnitt 3.4.2. Die Berufssatzung der Wirtschaftsprüferkammer vom 11. Juni 1996 nimmt Stellung zu Fragen der Berufsausübung; daneben gibt es eine Satzung über die Organisation und Verwaltung der Wirtschaftsprüferkammer (Fassung vom 12. Juni 1996).

56 Vgl. Ruhnke: Internationale Normen der Abschlußprüfung, in: WPK-Mitteilungen 1997, S. 83.

Zur Beachtung der Berufspflichten

> Der Wirtschaftsprüfer „hat sich der besonderen **Berufspflichten** bewußt zu sein, die ihm aus der Befugnis erwachsen, gesetzlich vorgeschriebene Bestätigungsvermerke zu erteilen." § 43 Abs. 2 S. 2 WPO.[57]

In Ergänzung hierzu verpflichtet die Berufssatzung den Wirtschaftsprüfer/vereidigten Buchprüfer, die Einhaltung der Berufspflichten in seiner Praxis in angemessenen Zeitabständen zu überprüfen und Mängel abzustellen (§ 7 Berufssatzung).

Die einzelnen Berufsgrundsätze
⇒ Der Grundsatz der Objektivität

Der Grundsatz der Objektivität ist der fundamentale Berufsgrundsatz. Ohne Objektivität ist sowohl die Qualität des Arbeitsergebnisses als auch das Vertrauen der Öffentlichkeit in die Arbeit des Wirtschaftsprüfers gefährdet. Als problematisch werden angesehen: personelle Verflechtungen (Mehrfachfunktionen), finanzielle Interessen, persönliche Beziehungen sowie die Verbindung von Prüfungs- und Sachverständigentätigkeit. In Gesetz und Satzung sind folgende Sachverhalte geregelt:

---

57 Zu einzelnen Fällen siehe: WPK (Hrsg.): Berufsgerichtliche Entscheidungen sowie Rügen in Wirtschaftsprüfersachen, Band I und II, Düsseldorf 1978 bzw. 1993. Die dort im Detail erläuterten Fälle zeigen, daß die Berufsgrundsätze keine Leerformeln, sondern Lehrformeln sind.

- **Besorgnis der Befangenheit**

> „Besorgnis der Befangenheit liegt insbesondere vor, wenn nahe Beziehungen des WP/vBP zu einem Beteiligten oder zum Gegenstand der Beurteilung bestehen, die geeignet sein könnten, die Urteilsbildung zu beeinflussen." § 21 Berufssatzung.

Der Wirtschaftsprüfer darf einen Prüfungsauftrag nicht annehmen, wenn er sich befangen fühlt. Darüber hinaus verlangen § 21 Berufssatzung und § 318 Abs. 3 HGB, daß allein bei Vorliegen sachlich vernünftiger Gründe für eine Befangenheit das Mandat abgelehnt werden muß. Nahe Beziehungen bestehen nach der Berufssatzung insbesondere bei finanzieller oder kapitalmäßiger Bindung, bei Gefahr einer Interessenkollision sowie bei verwandtschaftlichen Beziehungen i.S. des § 15 AO. Diese Bestimmung nennt beispielsweise den Verlobten, den Ehegatten, Verwandte und Verschwägerte in gerader Linie, Geschwister und deren Ehegatten bzw. Kinder, Geschwister der Eltern oder Pflegekinder.

- **Ausschluß als Prüfer**

Der Gesetzgeber hat in § 319 Abs. 2 HGB die Situationen, in denen der Wirtschaftsprüfer als Prüfer ausgeschlossen ist und daher einen Auftrag ablehnen muß, festgelegt. Ähnlich hierzu sind die Bestimmungen in § 319 Abs. 3 HGB für Wirtschaftsprüfungs- und Buchprüfungsgesellschaften. Wirtschaftsprüfer dürfen z.B. nicht Abschlußprüfer sein, wenn sie

- Anteile an der zu prüfenden Kapitalgesellschaft besitzen,
- gesetzlicher Vertreter, Aufsichtsratsmitglied oder Arbeitnehmer der zu prüfenden Kapitalgesellschaft sind oder in den letzten drei Jahren waren,

- gesetzlicher Vertreter, Aufsichtsratsmitglied, Gesellschafter einer Personengesellschaft oder Inhaber eines Einzelunternehmens sind, das mit der zu prüfenden Kapitalgesellschaft verbunden ist oder mehr als 20 % der Anteile hält,
- Arbeitnehmer eines Unternehmens sind, das mit der zu prüfenden Kapitalgesellschaft verbunden ist oder mehr als 20 % der Anteile an der zu prüfenden Kapitalgesellschaft besitzt,
- bei der Führung der Bücher oder der Aufstellung des Jahresabschlusses über die Prüfungstätigkeit hinaus mitgewirkt haben,
- gesetzlicher Vertreter, Arbeitnehmer, Aufsichtsratsmitglied, Gesellschafter oder Unternehmensinhaber einer Gesellschaft sind, die den Jahresabschluß erstellt oder die Bücher geführt hat,
- bei der Prüfung eine Person beschäftigen, die nach den bisher dargestellten Bestimmungen nicht Abschlußprüfer sein darf,
- in den letzten fünf Jahren jeweils mehr als die Hälfte der Gesamteinnahmen aus ihrer beruflichen Tätigkeit aus der Prüfung und Beratung der zu prüfenden Kapitalgesellschaft und von Unternehmen, an denen die zu prüfende Kapitalgesellschaft mehr als 20 % der Anteile besitzt, bezogen hat und dies auch im laufenden Geschäftsjahr zu erwarten ist. Nach dem Gesetzentwurf KonTraG soll die Grenze für die Höhe der Umsätze auf mehr als 30 % abgesenkt werden.[58]

Ein Ausschlußgrund liegt gleichfalls vor, wenn nicht der Wirtschaftsprüfer selbst, sondern eine Person, mit der er seinen Beruf gemeinsam ausübt, diese Ausschlußgründe erfüllt.

Wirtschaftsprüfungsgesellschaften oder Buchprüfungsgesellschaften dürfen nicht als Abschlußprüfer tätig werden, wenn sie

---

58 Zur Diskussion siehe: Gelhausen: Reform der externen Rechnungslegung und ihrer Prüfung durch den Wirtschaftsprüfer, hrsg. von C&L Deutsche Revision, Frankfurt 1997, S. 14f.

- Anteile an der zu prüfenden Gesellschaft besitzen, mit ihr verbunden sind oder ein mit der Prüfungsgesellschaft verbundenes Unternehmen mit der zu prüfenden Gesellschaft verbunden ist oder mehr als 20 % der Anteile besitzt,
- Gesellschafter einer Gesellschaft sind, die die Bücher des zu prüfenden Unternehmens geführt hat oder Personen beschäftigt, die von der Prüfung ausgeschlossen sind oder aufgrund der Umsatzstruktur nicht prüfen darf,
- gesetzliche Vertreter oder Gesellschafter besitzen, die an der Buchführung des zu prüfenden Unternehmens mitgewirkt haben oder
- Aufsichtsratsmitglieder haben, die zugleich Aufsichtsrat, gesetzlicher Vertreter oder Arbeitnehmer bei der zu prüfenden Gesellschaft sind oder in den letzten drei Jahren waren.

Nach § 318 Abs. 4 HGB gelten diese Grundsätze ebenfalls für die Prüfung des Konzernabschlusses. Beispielsweise wäre ein Ausschlußgrund gegeben, wenn eine Steuerberatungsgesellschaft den Jahresabschluß erstellt und dieser Jahresabschluß von einer Wirtschaftsprüfungsgesellschaft, die an der Steuerberatungsgesellschaft kapitalmäßig beteiligt ist, geprüft werden soll.

Nach dem KonTraG ist ein Wechsel des Wirtschaftsprüfers bei Gesellschaften, die im Amtlichen Handel börsennotiert werden, erforderlich, wenn dieser in den vorhergehenden 10 Jahren in mehr als sechs Fällen den Bestätigungsvermerk unterzeichnet hat. Ein Prüferwechsel ist jedoch lediglich auf Basis des verantwortlichen Prüfers gefordert. Ein Wechsel der Prüfungsgesellschaft ist nicht vorgesehen, da dies aufgrund der erforderlichen Einarbeitungszeit zu einer Verringerung der Qualität der Prüfung führen könnte.[59] Die Bestimmung ist auch auf Einzelprüfer anzuwenden, die mit angestellten Wirtschaftsprüfern wechseln. Die Möglichkeit, daß im Amtlichen Handel notierte

[59] Vgl. die Begründungen zu § 319 HGB in: ZIP 1996, S. 2194.

Gesellschaften von einem in einer Einzelpraxis tätigen Einzelprüfer geprüft werden, wird in der Gesetzesbegründung als unwahrscheinlich angesehen.[60]

- **Vereinbarkeit von Prüfungstätigkeit und Gutachtertägigkeit mit Beratung**

Nach § 22 Berufssatzung ist die Beratung eines Auftraggebers mit einer Tätigkeit als Prüfer oder Gutachter vereinbar, wenn nicht Besorgnis der Befangenheit besteht (siehe oben).[61] Die Abgrenzung zwischen der zulässigen Beratung und der Mitwirkung bei der Buchführung und dem Jahresabschluß, die mit einer Prüfungstätigkeit unvereinbar ist, ist schwierig. Die Rechtsprechung hat hierzu das Kriterium der „funktionalen Entscheidungszuständigkeit" erarbeitet.[62] Solange die unternehmerische Entscheidung über die Bilanzposten des Jahresabschlusses von den Mitarbeitern des Unternehmens getroffen werden, ist die Beratung unschädlich. Zulässig sind daher die Darstellung von möglichen Alternativen, die den Mitarbeitern des Unternehmens die Entscheidung belassen. Die funktionale Entscheidungszuständigkeit ist auch noch im Fall einer alternativlosen Beratung gegeben, da das Unternehmen dem Rat des Prüfers folgen kann oder nicht. Für den Fall, daß nur eine Lösung zulässig ist, könnte zwar keine Entscheidungsmöglichkeit des Unternehmens gegeben sein, dennoch wird ein Rat des Prüfers bei solchen Sachverhalten nicht zum Ausschluß als Prüfer führen, da der Rat in diesem speziellen Fall als Teil der Jahresabschlußprüfung anzusehen ist.[63]

---

60 Vgl. ZIP 1996, S. 2194.

61 Siehe hierzu auch WPK-Mitteilungen 1996, S. 56-57, 122-124.

62 Vgl. BGH: Urteil II ZR 317/95 vom 21.4.1997, in: DStRE 1997, S. 574-576.

63 Vgl. BGH. Urteil II ZR 317/95 vom 21.4.1997, in: DStRE 1997, S. 575.

- **Unvereinbarkeit von Prüfungstätigkeit und Gutachtertätigkeit mit Erstellung**

Erhält der Wirtschaftsprüfer den Auftrag, als Prüfer oder Gutachter einen Tatbestand zu beurteilen, an dem er selbst maßgeblich mitgewirkt hat, so muß er diesen Auftrag ablehnen (§ 23 Berufssatzung).

⇒ Der Grundsatz der Eigenverantwortlichkeit

Die Wirtschaftsprüfer „haben ... ihr Handeln in **eigener Verantwortung** zu bestimmen, ihr Urteil selbst zu bilden und ihre Entscheidungen selbst zu treffen." § 11 Abs. 1 Berufssatzung.

Der Grundsatz der Eigenverantwortlichkeit regelt, was als eigenverantwortliche Berufstätigkeit anzusehen ist. Er bestimmt, daß der Wirtschaftsprüfer nach pflichtgemäßem Ermessen seine Entscheidungen selbst zu treffen hat und nicht nach Weisungen Dritter handeln darf. Damit sind Weisungen unzulässig, die den Wirtschaftsprüfer dazu verpflichten, Prüfungsberichte oder Gutachten zu unterzeichnen, wenn sich ihr Inhalt nicht mit seiner fachlichen Auffassung deckt. Diese Schutzvorschrift ist besonders für die Wirtschaftsprüfer bedeutsam, die bei einer Wirtschaftsprüfungsgesellschaft angestellt sind. Nach dieser Schutzregelung gelten Wirtschaftsprüfer stets als leitende Angestellte im Sinne des Betriebsverfassungsgesetzes, auch wenn sie die dafür erforderliche Arbeitgeberfunktion nicht selbst wahrnehmen. Zur Stärkung der eigenverantwortlichen Tätigkeit des Wirtschaftsprüfers ist es der Geschäftsführung und den Aufsichtsgremien ausdrücklich untersagt, auf die Durchführung von Abschlußprüfungen Einfluß zu nehmen, welche die Unabhängigkeit des verantwortlichen Wirtschaftsprüfers beeinträchtigen.[64]

---

[64] Vgl. § 44 Abs. 1 WPO.

Nach dem Grundsatz der Eigenverantwortlichkeit muß der Wirtschaftsprüfer die Tätigkeit seiner Mitarbeiter derart überblicken und beurteilen können, daß er sich eine eigene Meinung bilden kann. In den berufsständischen Regelungen wird nicht explizit die Höchstzahl der zu überwachenden Mitarbeiter festgelegt. In der Berufspraxis hat sich die Ansicht entwickelt, daß grundsätzlich für jeden Wirtschaftsprüfer maximal fünf Prüfer ohne Berufsexamen tätig sein dürfen (= maximale Leitungsspanne).

Im weiteren Sinne bestimmt der Grundsatz der Eigenverantwortlichkeit die Form einer eigenverantwortlichen Berufsausübung. Grundsätzlich kann ein Wirtschaftsprüfer tätig werden als:

- selbständiger Wirtschaftsprüfer oder als Mitglied in einer Sozietät,
- Vorstandsmitglied, Geschäftsführer oder persönlich haftender Gesellschafter einer Wirtschaftsprüfungsgesellschaft oder
- zeichnungsberechtigter Angestellter bei einem Wirtschaftsprüfer, einer Wirtschaftsprüfungsgesellschaft, einem Prüfungsverband oder einer anderen anerkannten Prüfungseinrichtung.[65]

Wie die Stellung der angestellten Wirtschaftsprüfer ausgestaltet sein soll, zeigt die Regelung, daß bei Wirtschaftsprüfungsgesellschaften angestellte Wirtschaftsprüfer die Rechtsstellung von Prokuristen haben sollen.[66]

Unzulässig wäre es beispielsweise, den Bestätigungsvermerk einer Wirtschaftsprüfungsgesellschaft nicht ausschließlich von Wirtschaftsprüfern unterzeichnen zu lassen.

---

65 Vgl. § 43a WPO.

66 Vgl. § 45 WPO.

⇒ Der Grundsatz der Sorgfalt, Gewissenhaftigkeit und Sachkenntnis

> Die Eidesformel des Wirtschaftsprüfers lautet: „Ich schwöre ..., daß ich die Pflichten ... **sorgfältig** erfüllen ... und Prüfungsberichte ... **gewissenhaft** erstatten werde.“ § 17 Abs. 1 WPO.
> Wirtschaftsprüfer „dürfen Aufträge nur übernehmen, wenn sie über die dafür notwendige **Sachkunde** ... verfügen.“ § 4 Abs. 2 Berufssatzung.

Der **Grundsatz der Sorgfalt** fordert vom Wirtschaftsprüfer die übernommenen Aufgaben mit **Gewissenhaftigkeit** und **Sachkenntnis** zu erledigen. Gewissenhaftigkeit bedeutet, daß er sich vor Auftragsübernahme davon überzeugt, daß er für die Aufgabe über die erforderlichen Kapazitäten und Mitarbeiter verfügt sowie die notwendigen Kenntnisse und Erfahrungen für eine sachgerechte Auftragsdurchführung besitzt. Treten nach Auftragsübernahme Umstände ein, die zur Ablehnung des Auftrages hätten führen müssen, so ist das Auftragsverhältnis zu beenden. Zum Grundsatz der Gewissenhaftigkeit zählt auch die Verpflichtung des Wirtschaftsprüfers, nicht ohne gewichtigen Grund von den Fachgutachten[67] und fachlichen Stellungnahmen der Berufsorganisation abzuweichen. Er führt dazu, daß alle wesentlichen, im Rahmen seiner Tätigkeit getroffenen Feststellungen zu dokumentieren und bei der Urteilsbildung zu berücksichtigen sind. Bei der Abgabe von Berichten oder bei Gutachtenerstellungen dürfen Schlußfolgerungen nur aus festgestellten Sachverhalten abgeleitet werden.

Sachkenntnis des Wirtschaftsprüfers bedeutet erstens den Besitz umfassender Fachkenntnisse, die in dem Berufsexamen nachgewiesenen werden und welche die Grundlage für eine sachgerechte Berufsausübung bilden. Der Grundsatz der Sachkenntnis bedeutet weiter für den Wirtschaftsprüfer die

[67] In den sog. Fachgutachten ist die Berufsauffassung von besonders erfahrenen Wirtschaftsprüfern niedergelegt. Der Berufsangehörige hat diese grundsätzlich zu beachten. Zu weiteren Einzelheiten siehe Abschnitt 2.1.2.

Pflicht zur permanenten Weiterbildung, um die fachliche Kompetenz zu erhalten, damit er den an seine Tätigkeit gestellten Qualitätsanforderungen gerecht wird. Wirtschaftsprüfer müssen den neuesten Stand sowohl der betriebswirtschaftlichen Forschung als auch der höchstrichterlichen Entscheidungen in Rechts- und Steuersachen kennen und für eine angemessene Aus- und Fortbildung ihrer Mitarbeiter sorgen.

Beispielsweise ist es unzulässig, die Prüfung des Jahresabschlusses einem unerfahrenen Mitarbeiter anzuvertrauen und sich ausschließlich auf eine telefonische Anleitung zu beschränken.

⇒ Der Grundsatz der Verschwiegenheit

> Die Eidesformel des Wirtschaftsprüfers lautet: „Ich schwöre ... **Verschwiegenheit** [zu] bewahren ... so wahr mir Gott helfe." § 17 Abs. 1 WPO.
> „Der Wirtschaftsprüfer hat seine ... Mitarbeiter ... zur **Verschwiegenheit** zu verpflichten." § 50 WPO.

Die Verschwiegenheitspflicht des Wirtschaftsprüfers und seiner Mitarbeiter erstreckt sich sachlich auf alle Sachverhalte, die ihnen im Rahmen ihrer Tätigkeit anvertraut wurden. Sie gilt zeitlich unbegrenzt, d.h. auch über die Beendigung des Auftragsverhältnisses hinaus. Die Verschwiegenheitspflicht ist personell grundsätzlich gegenüber jedermann zu wahren, gilt im privaten und im geschäftlichen Bereich sowie gegenüber Kollegen.

Der Grundsatz ist durch den Gesetzgeber so ausgestaltet, daß der Wirtschaftsprüfer und seine Mitarbeiter im Zivil- und im Strafprozeß ein Aussageverweigerungsrecht besitzen. Daher darf der Wirtschaftsprüfer nur aussagen, wenn er von seinem Mandanten von der Verschwiegenheitspflicht entbunden wurde. In diesen Fällen besteht dann eine Zeugnispflicht.

Der Grundsatz der Verschwiegenheit bedeutet zudem, daß der Wirtschaftsprüfer angemessene Vorkehrungen zur Sicherung seiner Unterlagen zu treffen hat.

⇒ Der Grundsatz der Unparteilichkeit

> Der Wirtschaftsprüfer schwört, daß er „Prüfungsberichte[n] und Gutachten ... **unparteiisch** erstatten" wird. § 17 Abs. 1 WPO.

Die Unparteilichkeit fordert vom Wirtschaftsprüfer die Berücksichtigung aller wichtigen Tatbestände. Er hat diese in Prüfungsberichten nach sachlichen Gesichtspunkten zu beurteilen und in Gutachten nicht nur die Meinungen einer Richtung, sondern auch gegensätzliche Auffassungen darzustellen. Der Grundsatz der Unparteilichkeit verbietet bei prüferischer oder gutachterlicher Tätigkeit die Rücksichtnahme auf eigene und fremde Interessen. Jedoch gilt er nicht bei Beratung und Interessenwahrung des Mandanten in steuerlichen oder wirtschaftlichen Angelegenheiten. Bei dieser Beratungstätigkeit ist der Wirtschaftsprüfer aber u.a. durch die Grundsätze der Gewissenhaftigkeit und der Treue gebunden.

⇒ Der Grundsatz der Treue

Unter dem Grundsatz der Treue versteht man die Verpflichtung zur redlichen Auftragserfüllung zum alleinigen Wohl und Nutzen des Mandanten unter Zurückstellung eigener Interessen. Mit der Treuepflicht ist die Beratung und

Vertretung der Gegenpartei unvereinbar, da dann die Situation einer Doppelvertretung eintreten würde.

⇒ Grundsatz des berufswürdigen Verhaltens

> Der Wirtschaftsprüfer hat sich „des Vertrauens und der Achtung **würdig** zu erweisen, die der **Beruf** erfordert". § 43 Abs. 2, S. 3 WPO.

Der Wirtschaftsprüfer hat sich als Angehöriger eines staatlich geregelten freien Berufes, dem wichtige Aufgaben im Bereich der Prüfung und der Steuerberatung vorbehalten sind, gegenüber Mandanten, Kollegen, Mitarbeitern, Dritten und der Berufsorganisation untadelig zu verhalten.

Der Wirtschaftsprüfer hat seine Tätigkeit zu versagen, wenn sie für pflichtwidriges Handeln in Anspruch genommen werden soll.[68] Denkbare Sachverhalte wären hier Steuerhinterziehung, unzulässige Verkürzung von Gewinn- oder Ausgleichsansprüchen, Täuschung durch unzutreffende Bestätigungen oder Gutachten o.ä. In diesen Fällen verletzt der Wirtschaftsprüfer nicht nur berufsständische Regelungen, sondern macht sich auch als Helfer möglicherweise selbst strafbar. Ferner ist der Wirtschaftsprüfer verpflichtet, den Mandanten auf gesetzwidrige Handlungen aufmerksam zu machen, die er im Rahmen seiner Tätigkeit festgestellt hat.[69]

Unzulässig ist es z.B., einem Angehörigen des eigenen oder eines anderen freien Berufs Unkenntnis vorzuwerfen, ihn zu beleidigen oder mit Spitznamen zu betiteln. Gleichfalls unzulässig ist es, Äußerungen Dritter unsachlich zu kommentieren („Mäuseaufstand"). Gegenüber der Kammer gilt es, die zu

---

68 Vgl. § 49 WPO.
69 Vgl. § 13 Abs. 2 WPO.

zahlenden Beiträge pünktlich zu entrichten und z.B. auf ein Anschreiben der Kammer innerhalb einer angemessenen Zeit in einer angemessenen Weise zu antworten.

Als Bestandteile des Grundsatzes des berufswürdigen Verhaltens werden im folgenden die wichtigen Teilbereiche die Hauptberuflichkeit, die Honorarregelungen und das Werbeverbot des Wirtschaftsprüfers näher betrachtet.

Hauptberuflichkeit

Zum Grundsatz des berufswürdigen Verhaltens zählt, daß der Wirtschaftsprüfer sich jeder Tätigkeit zu enthalten hat, die mit seinem Beruf oder dessen Ansehen nicht zu vereinbaren sind.[70] Daraus und aus dem Grundsatz der Eigenverantwortlichkeit ergibt sich das Gebot der Hauptberuflichkeit des Wirtschaftsprüfers, mit dem neben einer Schädigung des Ansehens des Berufsstandes auch Interessenkollisionen vermieden werden. Der Grundsatz der Hauptberuflichkeit gebietet, nur berufsspezifische Tätigkeiten und solche, die damit vereinbar sind, auszuüben, während mit der Schutz- und Ordnungsfunktion des Wirtschaftsprüfers nicht zu vereinbarende Tätigkeiten zu unterlassen sind. Als **vereinbar** mit dem Beruf des Wirtschaftsprüfers gem. § 43 a Abs. 4 WPO gelten:

- **Die Ausübung eines freien Berufes auf dem Gebiet der Technik und des Rechtswesens sowie eines anderen sozietätsfähigen Berufes.** Für Wirtschaftsprüfer ist die Tätigkeit als Patentantwalt, als Steuerberater, als Rechtsanwalt und als Sachverständiger auf dem Gebiet der wirtschaftlichen Betriebsführung uneingeschränkt zulässig. Gleichfalls erlaubt dürften

70 Vgl. § 43 Abs. 2 S. 1 WPO.

die Tätigkeiten als Anwaltsnotar, als Architekt, beratender Ingenieur oder als öffentlich bestellter Sachverständiger sein.[71]

- **Die Lehr- und Vortragstätigkeit.** Berufsrechtlich erlaubt ist Wirtschaftsprüfern die Funktionen eines Hochschullehrers, die Vortragstätigkeit bei Veranstaltungen, die der allgemeinen Fortbildung (z.B. öffentliche Tagungen zu neuen Gesetzesentwicklungen) oder der Examensvorbereitung des eigenen Berufsnachwuchses dienen.

- **Anstellung bei berufsrechtlichen Vereinigungen.** Mit dieser Regelung wird die Tätigkeit bei der Wirtschaftsprüferkammer oder anderen, nicht gewerblichen Personenvereinigungen, welche ausschließlich die Belange der Berufe des wirtschaftlichen Prüfungswesens vertreten, zulässig. Somit ist die Selbstverwaltung des Berufsstandes und die Vertretung seiner Interessen durch Berufsangehörige möglich.

- **Die schriftstellerische, wissenschaftliche und künstlerische Tätigkeit.** Aufgrund dieser Regelungen darf ein Wirtschaftsprüfer Fachliteratur oder Belletristik verfassen und veröffentlichen. Ferner ist ihm die Tätigkeit an wissenschaftlichen Instituten erlaubt. Er darf selbst gefertigte Kunstwerke oder selbst gemalte Bilder verkaufen, soweit dies nicht gewerblich betrieben wird.

Mit dem Beruf des Wirtschaftsprüfers **nicht vereinbare** Betätigungen sind nach § 43 a Abs. 3 WPO:

- **Eine gewerbliche Tätigkeit.** Jede gewerbliche Tätigkeit ist untersagt: Selbst wenn zum eigenen Vermögen ein gewerblicher Betrieb gehört, den der Berufsangehörige beispielsweise geerbt hat, ist eine unternehmerische

---

[71] Vgl. dazu näher IDW: Wirtschaftsprüferhandbuch 1996, Band I, 11. Aufl. Düsseldorf 1996, S. 8.

Tätigkeit in diesem Unternehmen verboten. Eine lediglich kapitalmäßige Beteiligung, z.B. als Aktionär oder GmbH-Gesellschafter, ist unschädlich, da sie als Anlage des eigenen Vermögens angesehen wird. Verboten ist weiter die geschäftsmäßige Vermittlung oder das geschäftsmäßige Betreiben von Finanzgeschäften. Die gelegentliche Vermittlung von Arbeitnehmern für Mandanten ist erlaubt, wenn sie unentgeltlich im Rahmen der üblichen Beratertätigkeit geschieht.

- **Eine berufsfremde Angestelltentätigkeit.** Wirtschaftsprüfer dürfen nicht in einem gewerblichen Unternehmen arbeiten. Dies ist unabhängig davon, ob es sich um die Stellung als gesetzlicher oder gewillkürter Vertreter (Vorstand oder Geschäftsführer bzw. Prokurist oder Handlungsbevollmächtigter), handelt oder eine fachverwandte Tätigkeit, z.B. als Leiter Rechnungswesen, ausgeübt wird. Grundsätzlich nicht erlaubt ist eine Anstellung bei Genossenschaften und gemeinnützigen Organisationen.

- **Ein Beamtenverhältnis.** Für den Wirtschaftsprüfer unvereinbar sind die Tätigkeiten als Wahlbeamter, Minister oder hauptamtlicher Richter, da diesen Tätigkeiten stets ein öffentlich-rechtliches Dienst- oder Amtsverhältnis zugrunde liegt. Für derartige Fälle kann die Wirtschaftsprüferkammer Ausnahmen gestatten, wenn die Wahrnehmung der Berufspflichten nicht beeinträchtigt wird, oder den Wirtschaftsprüfer beurlauben, wenn die mit dem Beruf nicht vereinbare Tätigkeit von vorübergehender Dauer ist.[72]

---

[72] Zu den Bestimmungen, unter denen ein Wirtschaftsprüfer beurlaubt werden kann, vgl. § 46 WPO.

Honorarvereinbarung

Im Gegensatz zu anderen freien Berufen, wie z.B. Rechtsanwälte, Steuerberater, Ärzte, gibt es für Wirtschaftsprüfer keine gültige spezielle Honorarordnung. In einer Honorarordnung wird üblicherweise genau geregelt, wie hoch das Entgelt ist, das der Berufsangehörige dem Mandanten in Rechnung stellt. Die Vorschriften differenzieren üblicherweise nach Art und Schwierigkeit der jeweiligen Tätigkeit. Aufgrund der fehlenden Regelung müssen sich die Wirtschaftsprüfer bei der Festlegung ihrer Honorare auf die Berufsgrundsätze und die wirtschaftliche Übung stützen.[73]

Das Gebot des berufswürdigen Verhaltens beeinflußt die Honorarvereinbarung des Wirtschaftsprüfers. Grundsätzlich können Zeithonorare, Pauschalhonorare und Erfolgshonorare unterschieden werden. Bei Zeithonoraren wird i.d.R. die für die Prüfung oder Beratung aufgewendete Arbeitszeit als Berechnungsgrundlage gewählt, wobei nach Qualifikationsgruppe unterschiedliche Gebührensätze verwendet werden. Bei einem Pauschalhonorar ist die Honorarhöhe unabhängig von der für die Auftragsdurchführung notwendigen Zeit. Das Honorar kann in dem nach der § 27 der Berufssatzung zulässigen Rahmen z.B. frei ausgehandelt werden oder sich an Größenmerkmalen des zu betreuenden Unternehmens orientieren. Im letzteren Falle spricht man von einem Werthonorar. Ein Erfolgshonorar liegt vor, wenn die Honorarentstehung vom Eintritt eines bestimmten Erfolges abhängt oder als Honorar ein bestimmter Teil des Erfolges vereinbart wird.

Zeithonorare haben aus Sicht des Prüfungsunternehmens den Vorteil, daß sie in der Regel die Deckung der zeitabhängigen Aufwendungen sicherstellen, auch wenn aufgrund unvorhergesehener Sachverhalte eine Ausweitung der

---

73 In einer Entgeltregelung aus dem 15. Jahrhundert ist eine feste Vergütung je geprüften Band sowie eine erfolgsabhängige Vergütung in Abhängigkeit der aufgedeckten Fehler vorgesehen. Vgl. Karoli: Bilanzprüfung und Prüfungsergebnis, Leipzig 1934, S. 13, Fußnote 11.

Prüfungshandlungen erforderlich ist. Damit wird für die Prüfungsdurchführung potentieller Kostendruck vermieden. Nachteilig könnten Zeithonorare für den Mandanten sein, wenn der Prüfer aufgrund neuerer Erkenntnisse aus der Prüfung seinen Umfang der Prüfungstätigkeit ausdehnen muß.

Pauschalhonorare haben den Vorteil, daß sie dem Mandanten im vorhinein bekannt und damit für ihn eindeutig planbar sind. Allerdings trägt jede feste Honorarvereinbarung die Gefahr, daß sie nicht 'leistungsgerecht' ist, d.h. sie kann gemessen am Leistungsumfang zu hoch oder zu niedrig angesetzt sein. Aus diesem Grund bestimmt die Berufssatzung in § 27, daß ein Pauschalhonorar für einen Prüfungsauftrag grundsätzlich nur vereinbart werden darf, „wenn es angemessen ist und wenn festgelegt wird, daß bei Eintritt für den Prüfer nicht vorhersehbarer Umstände im Bereich des Auftraggebers, die zu einer erheblichen Erhöhung des Prüfungsaufwandes führen, das Honorar entsprechend zu erhöhen ist."

Ein Erfolgshonorar für den Wirtschaftsprüfer bedeutet, daß die Höhe des Honoraranspruches z.B. unmittelbar an den wirtschaftlichen Erfolg seines Auftraggebers gebunden wird. Damit hängt die Vergütung des Wirtschaftsprüfers nicht von dem Umfang oder der Schwierigkeit seiner Tätigkeit ab, so daß auch die kritische Distanz zu Angelegenheiten des Mandanten verloren gehen könnte, die externen Prüfer und Berater kennzeichnet. Aus diesen Gründen ist Wirtschaftsprüfern die Vereinbarung von Erfolgshonoraren verboten.[74]

Aufgrund der geschilderten Vor- und Nachteile der verschiedenen Honorararten bzw. der gesetzlichen Bestimmungen werden in der Wirtschaftspraxis bei

---

[74] Vgl. § 55 a WPO. Diese Regelung gilt beispielsweise auch analog für Rechtsanwälte in Deutschland. In den USA gibt es keine entsprechendes Verbot von Erfolgshonoraren für Rechtsanwälte, was zu zahlreichen Schadensersatzprozessen geführt hat, bei denen der Anwalt als Honorar einen erheblichen Anteil des für seine Mandanten erstrittenen Schadensersatzes erhielt. Zugleich wird in dieser Regelung eine Ursache der hohen Klagehäufigkeit in den USA gesehen, die u.a. zu einer Hemmung der wirtschaftlichen Entwicklung bestimmter Branchen führte.

der Jahresabschlußprüfung verschiedene Kombinationen von Honorararten vereinbart. Daneben werden meist Vergütungen für Nebenleistungen und Auslagenersatz (z.B. Mehrausfertigung von Prüfungsberichten, Postgebühren, Fahrtkosten) gesondert in Rechnung gestellt.

Ergänzend ist darauf hinzuweisen, daß es Wirtschaftsprüfern für die Vermittlung von Aufträgen verboten ist, aus den zu erwartenden Honorarvergütungen Provisionen zu zahlen oder anzunehmen.[75]

Das Verbot der berufswidrigen Werbung

„Eine Werbung ist nicht berufswidrig, soweit sie über die berufliche Tätigkeit in Form und Inhalt sachlich unterrichtet und nicht auf die Erteilung eines Auftrags im Einzelfall gerichtet ist." § 52 S. 2 WPO.

Der Berufsstand der Wirtschaftsprüfer wünscht ein berufswürdiges Verhalten seiner Mitglieder, das dem Auftreten eines freien Berufes entspricht.[76] Ferner fordert der Gesetzgeber und die Berufsvertretung keinen Wettbewerb durch Werbemaßnahmen, weil dadurch Wettbewerbsverzerrungen zwischen kleinen Wirtschaftsprüferkanzleien und großen Wirtschaftsprüfergesellschaften entstehen können. Diese Vorstellungen sind nach derzeitiger Auffassung nicht mit einer Werbung vereinbar, wie sie in der gewerblichen Wirtschaft üblich ist. Zulässig ist für den Wirtschaftsprüfer ausschließlich die Werbung durch die Qualität der eigenen Leistung. Für eingeschränkte Werbemöglich-

---

75 Vgl. § 55 a WPO, Abs. 2.

76 Einschränkend gilt es jedoch anzumerken, daß das Berufsrecht des Wirtschaftsprüfers in dieser Frage strenger als das der Rechtsanwälte oder Steuerberater ist. Bestrebungen zur Harmonisierung der Bestimmungen in den einzelnen Berufsrechten sind im Gange. Vgl. Hense: Tätigkeitsbericht des Präsidenten der WPK anläßlich der Beiratssitzung vom 11. Juni 1997, in: WPK-Mitteilungen 1997, S. 214f.

keiten spricht darüberhinaus das Ziel, die Verfälschung des Berufsbildes zu einer gewerblichen Tätigkeit zu verhindern.

Nach § 52 Satz 2 WPO ist dem Wirtschaftsprüfer daher die sogenannte 'reklamehafte' Werbung verboten, wie sie in der gewerblichen Wirtschaft zulässig und üblich ist. Untersagt sind Wirtschaftsprüfern damit Postwurfsendungen, Fernseh- oder Radiospots, Bandenwerbung bei Sportereignissen oder Zeitungsanzeigen, die werbehaft auf die Tätigkeit des Wirtschaftsprüfers aufmerksam machen wollen (z.B. 'Schnell, problemlos und preisgünstig prüft Sie Wirtschaftsprüfer ...').[77] Dem Wirtschaftsprüfer nicht erlaubt ist das unaufgeforderte Ansprechen möglicher Auftraggeber mit dem Ziel der Auftragserlangung, die unverlangte Versendung von Werbematerialien oder entsprechende Angebote in Zeitungsanzeigen. Verboten sind Stellenanzeigen, bei denen großformatige Bilder den Eindruck von Werbeanzeigen vermitteln oder bei denen nicht die Stellenbeschreibung, sondern die Darstellung als Dienstleistungsanbieter im Vordergrund steht. Unzulässig ist gleichfalls die in vielen Ländern geübte Praxis, den Firmennamen oder das Firmenlogo beleuchtet oder unbeleuchtet auf dem Dach des Bürogebäudes anzubringen. Mit dem deutschen Verständnis der maximal zulässigen Werbung dürfte es wohl auch nicht vereinbar sein, mit Filmemachern oder Filmstudios Verträge über Product Placement in Filmen zu schließen, wie dies eine große Wirtschaftsprüfungsgesellschaft in den USA getan hat. [78]

Dem Wirtschaftsprüfer erlaubt ist die sogenannte Kundmachung, mit der die Öffentlichkeit von den Dienstleistungen, die von einem bestimmten Wirtschaftsprüfer erbracht werden, unterrichtet wird. Diese Information muß sachlich sein, darf nicht vergleichend sein und hat jedes überstarke Heraus-

---

[77] Vgl. dazu näher § 34 der Berufssatzung.

[78] Die nächste Gelegenheit, sich davon ein eigenes Bild zu machen, bietet sich im übrigen dem deutschen Kinogänger im Film „Wag the dog“ mit Robert De Nero und Dustin Hoffmann. Konkret soll das Firmenlogo in ca. 18 Filmen innerhalb der nächsten zwei Jahre erscheinen. Vgl. o.V.: News, in: International Accounting Bulletin Nr. 206 vom 14.4.1997, S. 2.

stellen von Personen oder Leistungen zu vermeiden. Erlaubt sind damit Praxisbroschüren und die Angabe von Tätigkeits- und Interessensschwerpunkten, soweit dies sachlich richtig, objektiv nachprüfbar und auf die Berufstätigkeit des Wirtschaftsprüfers bezogen geschieht. Zulässig ist die indirekte Werbung, nämlich das Hervortreten von Wirtschaftsprüfern durch wissenschaftliche und schriftstellerische Tätigkeiten sowie durch fachbezogene Lehr- und Vortragstätigkeiten.

Mit dem Eintritt in das Informationszeitalter ist es fraglich, inwieweit diese Bestimmungen im bisherigen Umfang beibehalten werden können oder sollen. Nicht zu verhindern ist, daß die weniger strengen Informations- und Werbemaßnahmen ausländischer Berufskollegen auch deutsche (potentielle) Auftraggeber erreichen. Dazu ist es nicht einmal erforderlich, daß der potentielle Auftraggeber ins Ausland reist, es genügt z.B., einen Fernsehsender zu wählen, der ein ausländisches Sportereignis überträgt, ausländische Zeitschriften zu lesen oder im World-Wide-Web (Internet)[79] die Informationsseite eines ausländischen Berufsangehörigen aufzurufen.[80]

Es kann daher davon ausgegangen werden, daß die einer Auslegung unterliegenden Rechtsbegriffe der Regelungen zum Werbeverbot im Zeitablauf allmählich inhaltlich neu bestimmt werden.[81]

---

79 Einem deutschen Wirtschaftsprüfer ist die Einrichtung einer solchen Informationsseite erlaubt, wenn sie in Form und Inhalt sachlich über das Dienstleistungsangebot informieren. Es ist zulässig, Arbeits- und Tätigkeitsgebiete, Kenntnisse und Erfahrungen in bestimmten Branchen zu nennen. Weiter ist zulässig, daß der Berufsangehörige über seine Person, seinen beruflichen Werdegang und seinen Lebenslauf berichtet, soweit diese Informationen berufsbezogen sind. Vgl. WPK-Mitteilungen 1996, S. 334-335. Im übrigen ist auch die WPK mit einer eigenen Seite im Netz präsent: Adresse: http://www.wpk.de.

80 Vgl. auch Knop/Haverkamp: Internet & Co.-Märkte im Umbruch, Wissenswertes für Wirtschaftsprüfer und vereidigte Buchprüfer, in: WPK-Mitteilungen 1996, S. 81ff.

81 Zur Begründung des Werbeverbotes und den Zielen der Werbung siehe: Günter: Keine Angst vor dem Markt! Das Werbeverbot für Wirtschaftsprüfer aus der Sicht des Marketing, in: WPK-Mitteilungen 1994, S. 18-23.

Berufsrechtliche Verantwortlichkeit

> „Der WP (vBP) wird durch zivil-, straf- und berufsrechtliche Verantwortlichkeit dazu angehalten, seine Berufspflichten zu erfüllen.“[82]

Die Beachtung der Vorschriften zum Berufsrecht wird durch die Wirtschaftsprüferkammer und die Gerichte gewährleistet (s. Abschnitt 3.4.2.). Dies erfolgt u.a. anhand einer Durchsicht veröffentlichter oder bekanntgemachter Jahres- und Konzernabschlüsse, Rechenschaftsberichten von Kapitalanlagegesellschaften und Parteien sowie sonstiger prüfungspflichtiger Unterlagen. Im Jahr 1996 wurden insgesamt 13.800 Unterlagen durchgesehen.[83] Dabei ergaben sich lediglich in acht Fällen (0,03% aller durchgesehenen Abschlüsse) wesentliche Beanstandungen. Daneben achten Prüfungsunternehmen selbständig auf die Beachtung der Berufsregeln und die Sicherung der Qualität ihrer Dienstleistungen.[84] Zur Abdeckung möglicher zivilrechtlicher Schadensersatzansprüche seiner Auftraggeber ist der Wirtschaftsprüfer verpflichtet, eine Berufshaftpflichtversicherung abzuschließen. Die Mindesthöhe dieser Versicherung ist vom Gesetzgeber zur Zeit auf DM 500.000 festgelegt. Im KonTraG ist eine Erhöhung auf DM 4.000.000 bei fahrlässigem Handeln vorgesehen. Bei Gesellschaften, die im amtlichen Handel notiert sind, beträgt die Haftung DM 8.000.000, um Kapitalanleger besonders zu schützen.[85]

---

82 Buchner: Wirtschaftliches Prüfungswesen, 2. Aufl. München 1996, S. 70.

83 Einbezogen wurden sämtliche im Bundesanzeiger veröffentlichte 5.571 Jahres- und 1.010 Konzernabschlüsse. Es wurden 3.409 Rechenschaftsberichte von Kapitalanlagegesellschaften und 31 Rechenschaftsberichte von Parteien durchgesehen. Von den insgesamt 22.510 Hinterlegungsbekanntmachungen wurde eine Stichprobe von 3.753 Abschlüssen gezogen und durchgesehen. Schließlich wurden alle 14 DM-Eröffnungsbilanzen durchgesehen. Vgl. Hense: Tätigkeitsbericht des Präsidenten der WPK anläßlich der Beiratssitzung vom 11. Juni 1997, in: WPK-Mitteilungen 1997, S. 224.

84 Zu den Maßnahmen und Institutionen, die sich der Qualitätskontrolle widmen: siehe: Hense: Die Rolle der staatlichen Behörden und der Berufsvereinigungen - Qualitätskontrolle, in: WPK-Mitteilungen 1997, S. 18-22.

85 Vgl. die Begründung in: ZIP 1996, S. 2194.

2.1.3. Zum Image des Prüferberufs

Über den Beruf des Wirtschaftsprüfers existieren viele Bilder. Der Wirtschaftsprüfer steht im Blickpunkt des Interesses der Öffentlichkeit und insbesondere der Medien, ist als Diskussionspartner des Gesetzgebers bei der Abfassung neuer Bestimmungen geschätzt und seine Tätigkeit ist Gegenstand von Lehre und Forschung an den Hochschulen. Näher erforscht sind die Meinungen von Studenten über den Prüferberuf und das Bild, das der Berufsstand von sich selbst hat.

Nach dieser Untersuchung herrscht große Einigkeit in der Einschätzung, daß der Beruf des Wirtschaftsprüfers **„etwas völlig Eigenständiges und Unvergleichbares"** darstellt.[86] Eine vollständige Übereinstimmung zwischen den Gruppen herrschte bei der Zuordnung der folgender Eigenschaften des Wirtschaftsprüfers: gewissenhaft, selbstsicher, wichtig, angesehen, teuer und anspruchsvoll. Aber auch hinsichtlich der übrigen untersuchten Eigenschaften herrschte eine weitgehende Übereinstimmung. Leichte Unterschiede ergaben sich in den Einschätzungen, in welchem Umfang die Prüfer unabhängig, objektiv, erfahren, konservativ, vertrauensvoll und warmherzig sind. Dabei sahen sich die Prüfer etwas stärker konservativ geprägt und stärker distanziert. Mit Blick auf die Veränderung des Berufs, daß die Kenntnisse und Fähigkeiten des Prüfers nicht nur im Rahmen der Prüfung verlangt werden, sondern der Rat des Prüfers auch z.B. bei betriebswirtschaftlichen Analysen und unternehmerischen Entscheidungen gefragt ist, dürfte das Berufsbild stärker in Richtung fortschrittlich und unternehmerisch ausschlagen. **Der Beruf des Wirtschaftsprüfers gilt damit als eine anspruchsvolle Tätigkeit, die vom grundsätzlichen Vertrauen der Öffentlichkeit in die Fähigkeit, Unabhängigkeit und Objektivität des Prüfers getragen wird.** Die im Rahmen einer Untersuchung an der Uni-

---

[86] Vgl. Sieben/Hunger: Der akademische Berufsnachwuchs und die Anforderungen der Wirtschaftsprüfer, in: WPg 1979, S. 233.

versität Köln ermittelten Eigenschaftsprofile werden nachstehend wiedergegeben.

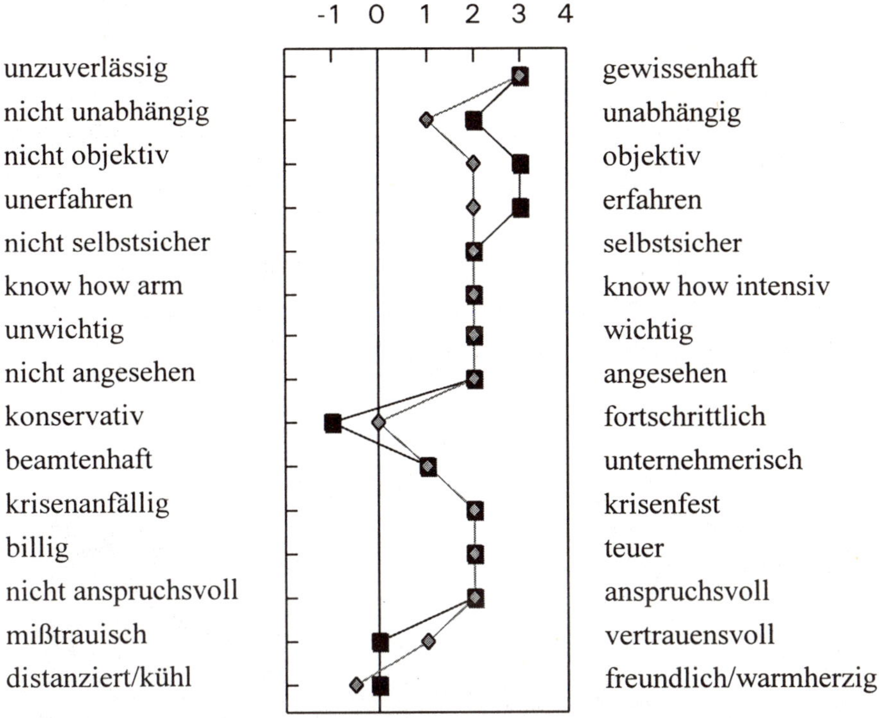

Abbildung 2: Eigenschaftsprofile des typischen Wirtschaftsprüfers und seines Berufs[87]

Legende: +/- 1=gering ausgeprägt, +/- 2=mittelmäßig ausgeprägt, +/- 3=sehr ausgeprägt

□ = Selbsteinschätzung der Prüfer; ◆ = Selbsteinschätzung der Studenten

---

[87] Quelle: Sieben/Hunger: Der akademische Berufsnachwuchs und die Anforderungen der Wirtschaftsprüfer, in: WPg 1979, S. 233

2.2. Der vereidigte Buchprüfer

Die Wurzeln des Berufes des vereidigten Buchprüfers reichen weit in das letzte Jahrhundert zurück. Die Bezeichnung "vereidigter Buchprüfer" wurde erst im Jahr 1943 eingeführt. Der Zugang zum Beruf wurde mit der Wirtschaftsprüferordnung von 1961 geschlossen und erst im Jahre 1986 für Rechtsanwälte, Steuerberater und Steuerbevollmächtigte wieder eröffnet. Dem vereidigten Buchprüfer ist es erlaubt, den Abschluß mittelgroßer Gesellschaften mit beschränkter Haftung zu prüfen (§ 319 HGB). Daneben dürfen sie als Sachverständige auf dem Gebiet des betrieblichen Rechnungswesens auftreten, in wirtschaftlichen Angelegenheiten beraten, fremde Interessen wahren und treuhänderisch tätig werden (§ 129 WPO).[88]

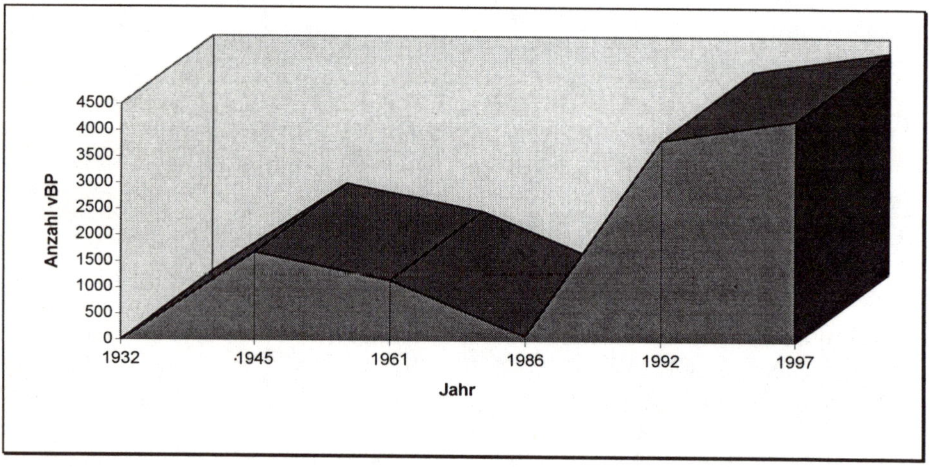

Abbildung 3: Die Entwicklung des Berufsstandes der vereidigten Buchprüfer[89]

---

[88] Vgl. Buchner: Wirtschaftliches Prüfungswesen, 2. Aufl. München 1996, S. 32-34.

[89] Vgl. Statistische Übersichten zum Berufsstand (1.1.1997), in: WPK-Mitteilungen 1979, S. 48-51.

2.3. Verwandte Berufsfelder und Prüfungen

Verwandt, wenn auch nicht vergleichbar, sind die Berufsfelder z.B. des Steuerberaters, Bilanzbuchhalters oder Unternehmensberaters.

Aufgabe des **Steuerberaters** ist die qualifizierte Unterstützung des Steuerpflichtigen bei der Planung, Durchführung und Durchsetzung steuerlicher Angelegenheiten. Der Beruf zählt, wie die Berufe des Wirtschaftsprüfers und des vereidigten Buchprüfers zu den freien Berufen. Neben praktischen und theoretischen Kenntnissen ist das Bestehen einer staatlichen Prüfung Voraussetzung für die selbständige Tätigkeit als Steuerberater.[90]

Mitarbeiter des Steuerberaters sind oftmals Auszubildende in der Fachrichtung **Steuerfachangestellte/Steuerfachangestellter**, einem anerkannten Ausbildungsberuf i.S. des Berufsbildungsgesetzes.[91] Diese können sich zum **Steuerfachassistenten** oder **Steuerfachwirt** weiterqualifizieren.[92] Für Mitarbeiter eines Wirtschaftsprüfers gibt es keine vergleichbaren Qualifikationsstufen.

Der **Bilanzbuchhalter** ist eine weit verbreitete und hoch angesehene Qualifikationsstufe für Mitarbeiter im Rechnungswesen. Die Prüfung, die i.d.R. vor der Industrie- und Handelskammer abgelegt wird, umfaßt im wesentlichen die Gebiete der Buchführung, der Buchhaltungsorganisation und der Erstellung des Jahresabschlusses. Zusätzlich sind u.a. Kenntnisse in Steuerrecht, betrieblicher Steuerlehre, Kosten- und Leistungsrechnung und Finanzwirtschaft nachzuweisen. Zulassungsvoraussetzung ist im Regelfall eine abgeschlossene Ausbildung in einem anerkannten kaufmännischen oder verwal-

---

90 Zu Einzelheiten vgl. die Regelungen des Steuerberatungsgesetzes.

91 Vgl. Verordnung über die Berufsausbildung zum Steuerfachangestellten/zur Steuerfachangestellten vom 9. Mai 1996.

92 Vgl. die jeweiligen Prüfungsordnungen der Steuerberaterkammern für die Durchführung von Fortbildungsprüfungen zum Steuerfachassistenten für Mitarbeiter im steuerberatenden Beruf.

tenden Ausbildungsberuf und eine Berufspraxis von mindestens drei Jahren nach Abschluß der Ausbildung.[93]

Der Aufgabenbereich des **Buchführungshelfers** ist auf wenige bestimmte Tätigkeiten aus dem Bereich der Buchführung begrenzt. Ihm ist erlaubt, laufende Geschäftsvorfälle zu verbuchen und auf den dazugehörigen Belegen entsprechende Buchungsvermerke anzubringen (Buchungssatz, Buchungstext, Ablagevermerk, Datum usw.). Es ist zulässig, daß er die laufende Lohnbuchhaltung übernimmt, den Lohnsteuerbetrag ermittelt und die Lohnsteueranmeldungen erstellt. Er darf jedoch nicht eine Buchhaltung einrichten, den Jahresabschluß oder die Jahressteuererklärung aufstellen. Voraussetzung für die Tätigkeit als Buchführungshelfer ist der Abschluß eines kaufmännischen, steuer- oder wirtschaftsberatenden Ausbildungsberufes. Als gleichwertig zu diesen Ausbildungen sind z.B. anerkannt: das Bestehen der Prüfung zum Bilanzbuchhalter oder der zum gehobenen Dienst der Finanzverwaltung. Zusätzlich wird eine hauptberufliche praktische Tätigkeit von mindestens drei Jahren im Beruf verlangt.[94]

Ein junger Fortbildungsgang ist der zum **Controller** (IHK). Handwerkszeug des Controllers ist das sichere Beherrschen der Kosten- und Leistungsrechnung zur Analyse der Abläufe im Unternehmen. Seine Ergebnisse bilden die Grundlage unternehmerischer Entscheidungen. Voraussetzung ist im Regelfall die mit Erfolg abgelegte Abschlußprüfung in einem anerkannten kaufmännischen oder verwaltenden Ausbildungsberuf und eine mindestens dreijährige Berufspraxis nach der Ausbildung. Die Berufspraxis muß inhaltlich wesentliche Bezüge zu den Aufgaben des Controllers haben.[95]

---

93 DIHT: IHK-Weiterbildung, Geprüfter Bilanzbuchhalter, Bonn 1990; Verordnung über die Prüfung zum anerkannten Abschluß Geprüfter Bilanzbuchhalter/Geprüfte Bilanzbuchhalterin, in: Bundesgesetzblatt vom 12.4.1990, S. 707-710.

94 Vgl. Bilsdorfer: Der Buchführungshelfer - Konkurrent für den Steuerberater, in: Blick durch die Wirtschaft vom 21.4.1997.

95 Vgl. Stundentafel und Prüfungsordnung zum Controller IHK/Controllerin IHK z.B. der Industrie- und Handelskammer Frankfurt am Main.

Der Beruf des **Unternehmensberaters,** der Dienstleistungen in (fast) allen Bereichen für das Unternehmen erbringen kann, unterscheidet sich von allen voranstehenden Berufsbildern sehr deutlich.[96] Der Zugang zum Beruf des Unternehmensberaters ist nicht geregelt, die Bezeichnung ist nicht geschützt und es gibt keine Prüfungen, in denen der Berater sein Wissen und seine Fähigkeiten unter Beweis stellen muß. Gegenstand der Unternehmensberatung ist insbesondere die EDV-Beratung, die Analyse von Produktionsabläufen, die Umstrukturierung des Unternehmens oder die Untersuchung von Absatzmöglichkeiten für die Produkte des Unternehmens.[97] Allen großen Prüfungsgesellschaften sind selbständige Unternehmensberatungsgesellschaften angegliedert. Einen Überblick über die umsatzstärksten 10 Gesellschaften des Jahres 1996 gibt die nachstehende Grafik.

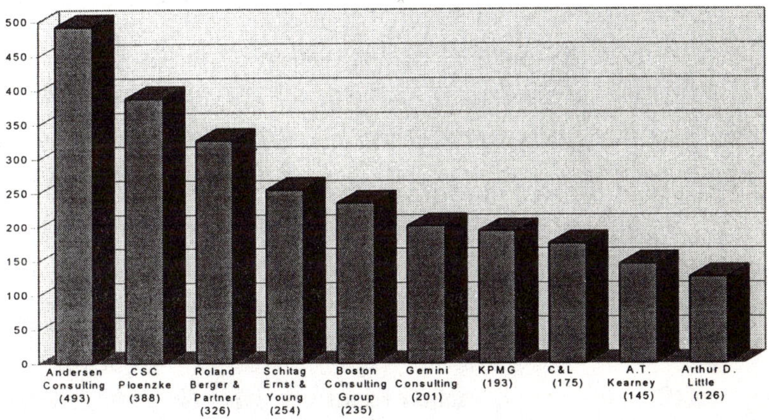

Abbildung 4: Umsätze deutscher Unternehmensberatungsgesellschaften[98]

96 Unzulässig ist z.B. die Beratung in steuerlichen oder rein rechtlichen Fragestellungen, da der Gesetzgeber dies den Berufen des Steuerberaters, Wirtschaftsprüfers bzw. Rechtsanwaltes vorbehalten hat.

97 Zu den Arbeitstechniken in der Unternehmensberatung vgl. Niedereichholz: Unternehmensberatung, Band 1: Beratungsmarketing und Auftragsakquisition, 2. Aufl. München 1996; Niedereichholz: Unternehmensberatung, Band 2: Auftragsdurchführung und Qualitätssicherung, München 1997.

98 Vgl. Lünendonk, nach: o.V.: Führende Management- und Unternehmensberatungs-Gesellschaften in Deutschland 1996, in: Deutscher Vertriebs- und Verkaufs-

Der Mitarbeiter der **Innenrevison** hat zahlreiche Aufgaben, die sich mit denen des Wirtschaftsprüfers decken. Sein Augenmerk liegt aber meist nur am Rande auf der Buchführung und der Jahresabschlußerstellung. Überwiegend ist die interne Revision mit der Durchführung von Prüfungen zur Einhaltung von Unternehmensvorschriften beauftragt. Diese können z.B. die Einhaltung von wirtschaftlichem Verhalten bei Kaufverträgen, die Einhaltung von Arbeitsschutzvorschriften oder die Wirtschaftlichkeit von bestimmten Maßnahmen überprüfen. Insbesondere wird bei abhängigen Tochterunternehmen die Konzernrevision eingesetzt, um sich vor Ort von der Tätigkeit der Tochtergesellschaft ein genaues Bild zu machen.

Das praxis- und anwendungsorientierte Aus- und Weiterbildungsprogramm zum **Investmentanalyst/DVFA** der DVFA (Deutsche Vereinigung für Finanzanalyse und Anlageberatung GmbH) wendet sich an den Akademiker mit wirtschaftswissenschaftlicher Ausrichtung, aber auch an den Praktiker mit Berufserfahrung im Wertpapier-/Kapitalmarktbereich, der sich zum Kapitalmarktexperten fortbilden möchte. Lehrinhalte des DVFA-Seminars sind im wesentlichen die Analyse und Bewertung von festverzinslichen Wertpapieren, Aktien, Futures und Optionen, das Riskmanagement, das Portfolio-Management, die Analyse von Jahresabschluß und Rechnungslegung, die Unternehmensfinanzierung sowie die Struktur des Investmentberufs.[99] Nach einem Unterrichtsumfang von insgesamt 224 Stunden, die jeweils Freitags/-Samstags stattfinden und zahlreichen Klausuren wird der international anerkannte Titel des Investmentanalysten/DVFA verliehen.[100]

Akademiker mit mathematischer Ausbildung und einer dreijährigen Berufserfahrung als Versicherungsmathematiker haben die Möglichkeit, die Prüfung

---

Anzeiger vom 13.10.1997. In die Aufstellung konnten nur Beratungsgesellschaften aufgenommen werden, die Umsatzzahlen veröffentlichen. Zu den größeren Gesellschaften dürfte wohl auch McKinsey gehören.

99 Zu Einzelheiten vgl. DVFA: Aus- und Weiterbildung, Dreieich 1997; DVFA: Jahresbericht 1995, Dreieich 1996. (Adresse: Postfach 101030, 63264 Dreieich).

zum **Aktuar**, dem versicherungsmathematischen Sachverständigen, abzulegen und dadurch die Mitgliedschaft in der Deutschen Aktuarvereinigung e.V. zu erwerben. Die Prüfung wird vor dem Verband abgelegt und gilt als äußerst anspruchsvoll. Sie beinhaltet insgesamt sechs schriftliche Prüfungsteile zu den Themenbereichen Mathematik der Lebens-, Schadens-, Pensions-, Krankenversicherung sowie die Informationsverarbeitung, die Finanz- und Bausparmathematik.[101]

Die besondere Sachkunde der Aktuare drückt sich auch darin aus, daß Versicherungsunternehmen bestimmter Versicherungssparten nach den Bestimmungen des Versicherungsaufsichtsgesetzes (VAG) einen sog. verantwortlichen Aktuar zu bestellen haben.[102] Dieser hat die Berechnung der Prämien und der Deckungsrückstellungen zu prüfen. Die Aufgaben sind in Abhängigkeit von der Versicherungsart leicht unterschiedlich und im Gesetz geregelt (§§ 11a, 11d, 11e, 12 Abs. 2 VAG). Diese Position wird im Regelfall mit Mitarbeitern besetzt, die diese Prüfung abgelegt haben.

Die Interessen der Aktuare werden vom Bundesverband Deutscher Aktuare vertreten, der auch weitere Informationen zu Ausbildung und Prüfung erteilen kann.[103]

Neben den klassischen Fortbildungsmöglichkeiten eröffnen sich dem Mitarbeiter der Prüfungsbranche zunehmend neue Betätigungsfelder. Dies trifft

---

100 Ergänzend ist auf Veranstaltungen zu aktuellen Themen sowie Weiterbildungsveranstaltungen hinzuweisen.

101 Zu den einzelnen Pflichtprüfungen und Wahlpflichtprüfungen siehe die entsprechende Prüfungsordnung.

102 Dies betrifft die Lebensversicherung, die nach Art der Lebensversicherung betriebene Krankenversicherung, die Unfallversicherung mit Prämienrückgewähr, die All-gemeine Haftpflicht-, die Kfz-Haftpflicht, die Kraftfahrt-Unfall sowie die Allgemeine Unfallversicherung ohne Prämienrückgewähr, vgl. Präve: Versicherungsaufsicht, Treuhänder und Verantwortlicher Aktuar, in: Versicherungsrecht 1995, S. 734.

103 Deutscher Aktuarvereinigung e.V, Komödienstr. 44, 50667 Köln. Vgl. weiterführend auch die Veröffentlichung: Der Aktuar, herausgegeben von der Deutschen Aktuarvereinigung, Bonn 1997.

auf die Tätigkeit des **Umweltgutachters** zu, der eine Prüfung des Umweltmanagements und eine Umweltbetriebsprüfung bei Unternehmen vornimmt, die sich nach der EWG-Verordnung Nr. 1836/93 freiwillig prüfen lassen wollen.[104] Der Umweltgutachter muß seine fachlichen Kenntnisse in technischen, ökologischen und rechtlichen Fragen nachweisen. Er benötigt i.d.R. eine akademische Vorbildung und drei Jahre Berufserfahrung im betrieblichen Umweltschutz.[105] Die Tätigkeit als Umweltgutachter gilt als vereinbar mit dem Berufsbild des Wirtschaftsprüfers.[106]

Ergänzend ist zu erwähnen, daß das Unternehmen einer Reihe von weiteren Prüfungen unterworfen ist. Beispielhaft können hier genannt werden: Prüfungen der Arbeitsverwaltung, der Krankenkassen, der Berufsgenossenschaften und der Finanzbehörden. Sofern das Unternehmen sich sein Umweltmanagementsystem oder Qualitätsmanagementsystem zertifizieren läßt, erfolgen in diesen Bereichen Prüfungen.

---

104 Vgl. Sprenger: EG-Öko-Audit, in: Office Management 1996, S. 68-69.

105 Zu Einzelheiten vgl. Buchner: Wirtschaftliches Prüfungswesen, 2. Aufl. München 1996, S. 97.

106 Vgl. Förschle: Umwelt-Audit als Betätigungsfeld für Wirtschaftsprüfer, in: WPK-Mitteilungen 1994, S. 6.

3. Der Berufsstand

3.1. Zusammensetzung

Stand 1.1.1997 waren in Deutschland 8.707 Wirtschaftsprüfer (davon 586 Frauen) registriert. Damit ist der im Jahre 1931 geschaffene Berufsstand ein verhältnismäßig junger und kleiner Berufsstand, der jedoch ständig wächst.

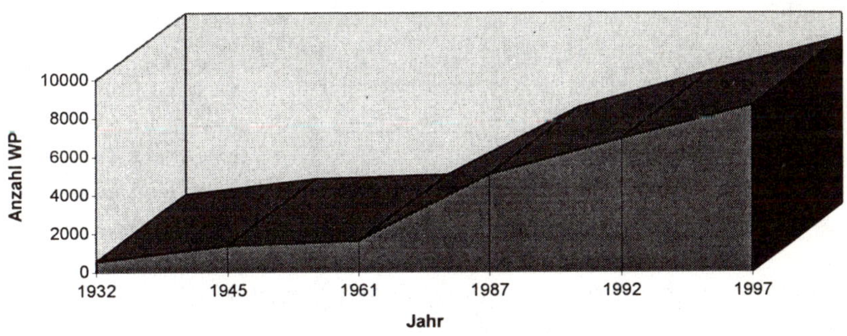

Abbildung 5: Die Entwicklung des Berufsstandes der Wirtschaftsprüfer[107]

Während die Anzahl der männlichen Berufsangehörigen in den Altersklassen von 35 bis 60 Jahren verhältnismäßig homogen ist, zeigt die Statistik, daß der Beruf erst seit den letzten zwei Jahrzehnten auf ein verstärktes Interesse von Frauen stößt. Stellt man die absolute Zahl der Berufsangehörigen je Altersklasse zusammen und ermittelt den Anteil der Wirtschaftsprüferinnen ergibt sich, daß der Anteil der Frauen in der Altersgruppe von 55 - 59 Jahren nur ca. 2% beträgt, in der Altersgruppe 35-39 Jahre aber bereits ca. 14 %. Der Berufszugang von Frauen erfolgt im Durchschnitt deutlich früher als der ihrer männlichen Kollegen (so stellen sie ca. 31 % der Berufsangehörigen in der Altersgruppe 30-35 Jahre).

---

107 Vgl. Statistische Übersichten zum Berufsstand (1.1.1997), in: WPK-Mitteilungen 1997, S. 48-51.

Wirtschafts-prüfer Altersgruppe	**gesamt**	**weiblich**	**männlich**	**weiblich/ gesamt**
über 60 Jahre	2.053	49	2.004	2,39 %
55-59 Jahre	1.254	29	1.225	2,31 %
50-54 Jahre	1.171	36	1.135	3,07 %
45-49 Jahre	1.459	95	1.364	6,51 %
40-44 Jahre	1.313	128	1.185	9,75 %
35-39 Jahre	1.198	169	1.029	14,11 %
30-34 Jahre	259	80	179	30,89 %
unter 30 Jahre	0	0	0	-
gesamt	8.707	586	8.121	6,73 %

Abbildung 6: Die Altersstruktur der Wirtschaftsprüfer[108]

Obwohl der Beruf des Wirtschaftsprüfers nach § 1 Abs. 2 WPO ein sogenannter freier Beruf ist, üben die meisten Wirtschaftsprüfer ihn nicht selbständig in eigener Praxis aus, sondern sind bei einer Wirtschaftsprüfungsgesellschaft oder einem anderen Wirtschaftsprüfer angestellt.[109] Stand 1.1.1997 üben 3.267 Wirtschaftsprüfer (= 38 % der Gesamtzahl der Wirtschaftsprüfer) ihren Beruf in eigener Praxis auf. Eine weitergehende Aufteilung zeigt die nachstehende Übersicht.[110] Es ist davon auszugehen, daß die Bedeutung der Prüfungsgesellschaften für die Berufsausübung in der Zukunft grundsätzlich zunehmen wird.[111] Die selbständige Tätigkeit in eigener Praxis wird jedoch

---

108 Vgl. WPK-Mitteilungen 1997, S. 51.

109 Um die nach dem Berufsrecht notwendige Unabhängigkeit und Eigenverantwortlichkeit zu gewährleisten, wird dem angestellten Wirtschaftsprüfer eine Vertretungsmacht für die Wirtschaftsprüfungsgesellschaft (Prokura) gegeben. Damit wird den Anforderungen der §§ 43, 43a, 44 WPO Genüge getan.

110 Vgl. Statistische Übersichten zum Berufsstand (1.1.1997), in: WPK-Mitteilungen 1997, S. 48-51.

111 Vgl. Brase: Wirtschaftsprüfungsgesellschaften in Deutschland, in: WPK-Mitteilungen 1996, S. 316.

wohl stets anzutreffen sein, da sie bei Prüfungs- und Beratungssituationen, die nicht die rasche Verfügbarkeit eines großen Mitarbeiterstammes oder spezielle Prüfungs- und Beratungskenntnisse voraussetzen, durchaus wirtschaftlich sein kann. Daneben stellt die selbständige Berufstätigkeit im Verhältnis zur Tätigkeit als angestellter Wirtschaftsprüfer einer Prüfungsgesellschaft einen besonderen Anreiz dar. Aufgrund der Überschaubarkeit der Praxis und der vielfältigen Anforderungen und der Mandantenstruktur kann die Mitarbeit in einer Praxis eines selbständig tätigen Wirtschaftsprüfers auch für den Berufsnachwuchs interessant sein.[112]

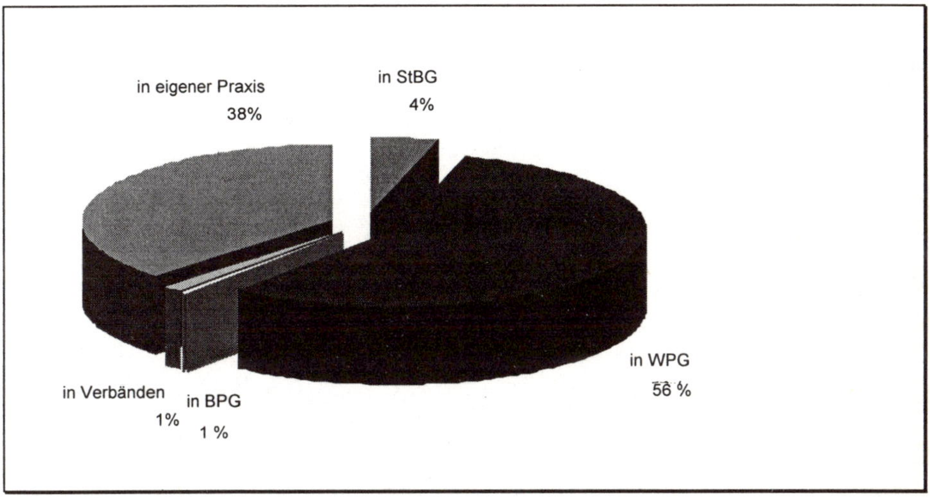

Abbildung 7: Die Berufsausübung der Wirtschaftsprüfer[113]

[112] Siehe zur Frage der unterschiedlichen Möglichkeiten des Berufseinstiegs auch: die Vorbereitung der Bewerbung Abschnitt D.4.4.1.

[113] Vgl. Statistische Übersichten zum Berufsstand, in: WPK-Mitteilungen 1997, S. 48-51.

Die praktische Ausbildung im Prüfungswesen, die eine Voraussetzung für die Zulassung zum Wirtschaftsprüferexamen darstellt, kann bei verschiedenen Personen bzw. Organisationen erfolgen. Zum einen kann der Prüfungsassistent bei einem in eigener Praxis bzw. in einer Sozietät oder Partnerschaft tätigen Wirtschaftsprüfer mitarbeiten. Zum anderen kann er bei einer Organisation anfangen, die zur Durchführung von Jahresabschlußprüfungen berechtigt ist. Hierzu zählen z.B. genossenschaftliche Prüfungsverbände (die z.B. Kreditinstitute in der Rechtsform der Genossenschaft prüfen) und die Prüfungsstellen der Sparkassen- und Giroverbände (die z.B. Sparkassen prüfen). Von größter Bedeutung sind jedoch die Wirtschaftsprüfungsgesellschaften.

3.2. Regionale Verteilung

Regionale Schwerpunkte der Berufsausübung finden sich in wirtschaftlichen Ballungszentren und in den Landeshauptstädten. Zu den zur Zeit bedeutendsten Standorten zählen die Städte München, Hamburg, Berlin, Düsseldorf und Frankfurt am Main. Die nachstehende Abbildung zeigt alle Städte mit mehr als 25 Wirtschaftsprüfungsgesellschaften.[114]

---

[114] Nach Brase: Wirtschaftsprüfungsgesellschaften in Deutschland, in: WPK-Mitteilungen 1996, S. 318.

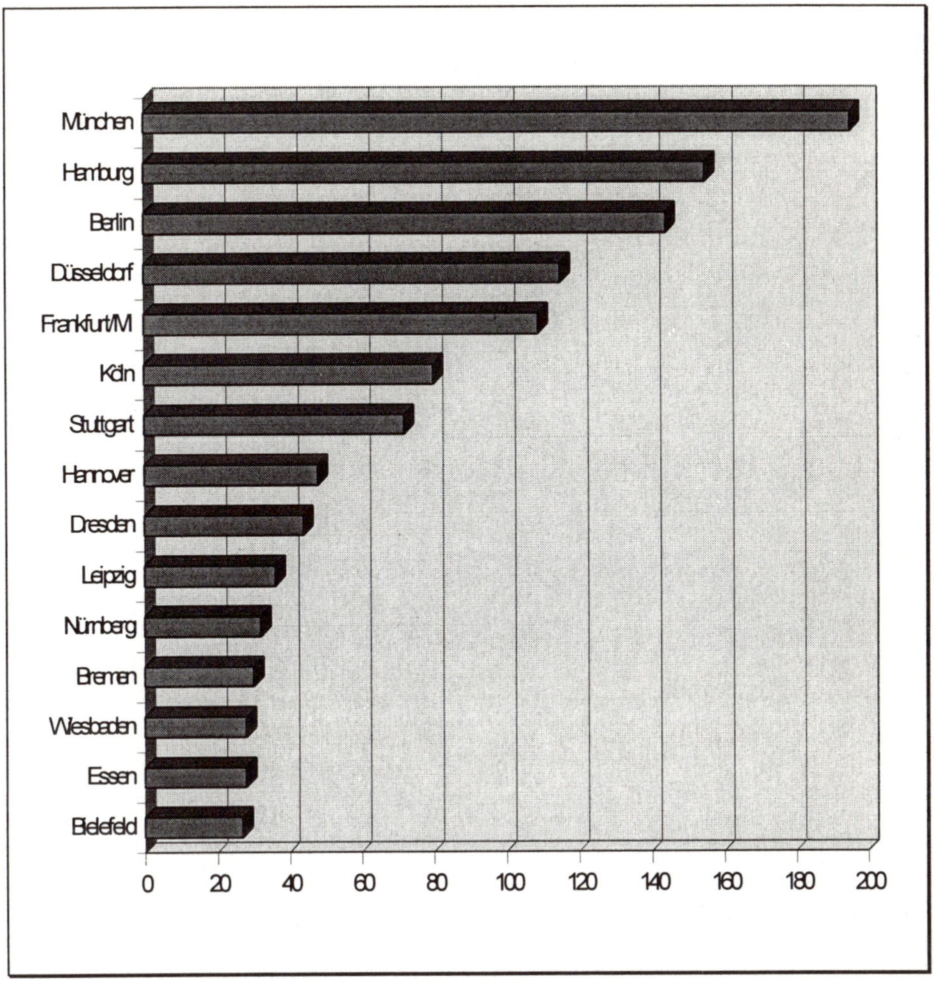

Abbildung 8: Städte mit mehr als 25 Wirtschaftsprüfungsgesellschaften

Damit ergibt sich nachstehend wiedergegebene Landkarte der Standorte von Wirtschaftsprüfungsgesellschaften in Deutschland.[115]

---

115 Nach Brase: Wirtschaftsprüfungsgesellschaften in Deutschland, in: WPK-Mitteilungen 1996, S. 319.

Abbildung 9: Regionale Verteilung von Wirtschaftsprüfungsgesellschaften

3.3. Die Großen der Branche - Von den Big Six zu den Gigantic Four?

Ein Großteil der Wirtschaftsprüfer arbeitet bei großen Gesellschaften, die von zahlreichen Niederlassungen aus Prüfungs- und Beratungsdienstleistungen anbieten. Branchenintern spricht man in Anlehnung an die historischen Wurzeln des Prüferberufes auch von Treuhandgesellschaften. Zahlreiche Lehrstühle an Universitäten führen noch die Bezeichnung Treuhandwesen in ihrem Namen.

Die großen Wirtschaftsprüfungsgesellschaften (bislang als Big Six bezeichnet)[116] stellen jeweils allein in Deutschland teilweise bis zu 400 Mitarbeiter pro Jahr ein. Im Gegensatz zu kleineren Wirtschaftsprüfungsgesellschaften sind sie stärker in verschiedene Geschäftssparten unterteilt. Typisch ist die Unterteilung in Prüfung,[117] Steuerberatung,[118] betriebswirtschaftliche Unternehmensberatung[119] und Corporate Finance.[120] Mit dieser umfassenden Ausrichtung verschaffen sich die Gesellschaften weitere Standbeine und entsprechen dem Bedürfnis des Mandanten nach einer umfassenden und kompeten-

---

116 Zur Entstehung der sechs großen internationalen Prüfungsgesellschaften 'Big Six' vgl. Markus: Der Wirtschaftsprüfer, München 1996, S. 199-218. Markus schildert weiterhin, wie die deutschen Wirtschaftsprüfungsgesellschaften in die 'Big Six' eingebunden wurden. Vgl. Markus: Der Wirtschaftsprüfer, München 1996, S. 117f. sowie S. 162-167.

117 Häufig wird tiefer nach Branchen unterschieden oder nach Unternehmen, die Abschlüsse nach ausländischem Recht erstellen.

118 Die Beratung kann laufend (Führung der Bücher des Mandanten) erfolgen oder sich auf einmalige Ereignisse (z.B. Änderung der Rechtsform des Unternehmens, Unternehmenskauf, -spaltung) beschränken.

119 Das Tätigkeitsfeld spannt sich von der Durchführung von Marktstudien im Vorfeld einer geplanten Produkteinführung über die Analyse des Produktionsprozesses zur Optimierung von Qualität und Kosten bis hin zur EDV-Beratung und Schulung der Mitarbeiter des Mandanten.

120 Unter Corporate Finance soll ein Konglomerat von Dienstleistungen u.a. die Beratung beim Erwerb, der Verschmelzung und Spaltung von Unternehmen (Mergers & Aquisitions M&A), dem Verkauf des Unternehmens an seine Mitarbeiter (Management Buy Out (MBO), die Beratung in wertorientierter Unternehmensführung, die Privatisierung von Unternehmen sowie Beratungs- und Prüfungsdienstleistungen bei einem Börsengang verstanden werden.

ten Beratung aus einer Hand. Gleichzeitig weichen sie dem Problem aus, daß ein Wachstum in ihrem Kerngebiet, der Durchführung von Prüfungen, nur zu Lasten von Mitwettbewerbern möglich ist, da die Anzahl der prüfungspflichtigen Unternehmen in Deutschland begrenzt ist. Allein die verschiedenen Felder der Beratung weisen bedeutsame Steigerungsraten auf.

Mit dem Vorschlag vom 17.9.1997 eines Zusammengehens von Coopers & Lybrand mit Price Waterhouse setzen die beiden Gesellschaften neue Akzente. Bei einer Zusammenfassung der Aktivitäten werden aus den 'Big Six' die 'Big Five'-Gesellschaften. Mit einem Gesamtumsatz von 13 Milliarden US-Dollar bei 135.000 Mitarbeitern nimmt die neue Gesellschaft - vorläufig - die Spitzenposition ein.[121] Ähnliches gilt für den deutschen Markt. Bei Umsätzen von ca. 1,2 Mrd. DM (C&L Deutsche Revision) und ca. 330 Mio DM (Price Waterhouse) übernimmt der neue Verbund auch in Deutschland - vorläufig - die Führung.[122] Es ist nicht ausgeschlossen, daß es zu weiteren Konzentrationsprozessen innerhalb der Gruppe der weltgrößten Verbünde von Prüfungs- und Beratungsgesellschaften kommt.[123]

Nur einen Monat nach der Ankündigung von Coopers & Lybrand/Price Waterhouse haben die Verbünde KPMG und Ernst & Young ihre Fusionsabsicht geäußert.[124] Mit einem gemeinsamen Umsatzvolumen von ca. 16 Milliarden US-Dollar (weltweit) und ca. 1,9 Milliarden DM in Deutschland läge diese Unternehmensgruppe an erster Stelle. Damit gäbe es dann lediglich noch vier Gesellschaften aus dem Kreis der ehemals Big Six-Gesellschaften. Spekulationen zufolge könnte eine Konzentration auf drei

---

121 Vgl. O.V.: Accountants aim to usher in the age of the giants, in: Financial Times vom 19.9.1997; o.V.: Accounting behemoths to Merge, in: International Herald Tribune vom 19.9.1997.

122 Vgl. O.V.: Coopers & Lybrand fusioniert mit Price Waterhouse, in: Frankfurter Allgemeine Zeitung vom 19.9.1997.

123 Zu den Vorteilen der Kooperation siehe unter A.4.2.3.

124 Vgl. O.V.: KPMG und Ernst & Young wollen fusionieren, in: Frankfurter Allgemeine Zeitung vom 20.10.1997; o.V.: Die Wirtschaftsprüfer KPMG und Ernst & Young prüfen Fusion, in: Handelsblatt vom 18./19.10.1997.

große Verbünde von Prüfungs- und Beratungsgesellschaften möglich sein.[125] Allerdings ist zu beachten, daß mit zunehmender Konzentration passende Kooperationspartner schwieriger zu finden sind und ggf. Aufsichtsbehörden in einzelnen Ländern Zusammenschlüsse nur unter Auflagen erlauben könnten. Daneben lassen die Größenunterschiede zukünftig Wettbewerbsverzerrungen befürchten. Zur Übersicht sind nachstehend die Umsätze des Jahres 1996 der 'Big Six' in Deutschland (in Mio. DM) angeführt.

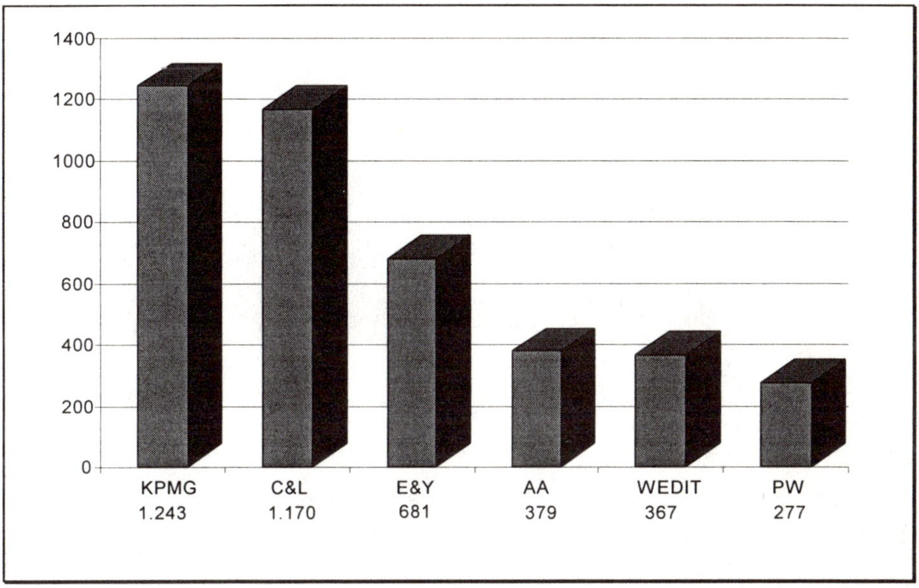

Abbildung 10: Umsätze der größten Prüfungsgesellschaften in Deutschland[126]

---

[125] Vgl. O.V. Accountants aim to usher in the age of the giants, in: Financial Times vom 19.9.1997.

[126] Vgl. Covil: Germany Survey - Boosting the bottom line, in: International Accounting Bulletin vom 13.5.1997; S. 8; o.V.: Wirtschaftsprüfer, in: Platow Brief vom 30.6.1997, S. 2. Zur Struktur des Prüfungsmarktes vgl. Lenz: Die Struktur des Marktes für Abschlußprüfungsmandate bei deutschen Aktiengesellschaften, in: WPg 1996, S. 269-279 und 313-318; Schruff: Der Wirtschaftsprüfer und seine Pflichtprüfungsmandate, Düsseldorf 1973.

Nachfolgend sind die Umsätze der Big Six für Österreich aus dem Jahr 1996 in Millionen österreichischer Schilling wiedergegeben.[127] Im Unterschied zu Deutschland, sind die Reihenfolge und die Abstände zwischen den Gesellschaften jedoch unterschiedlich.[128]

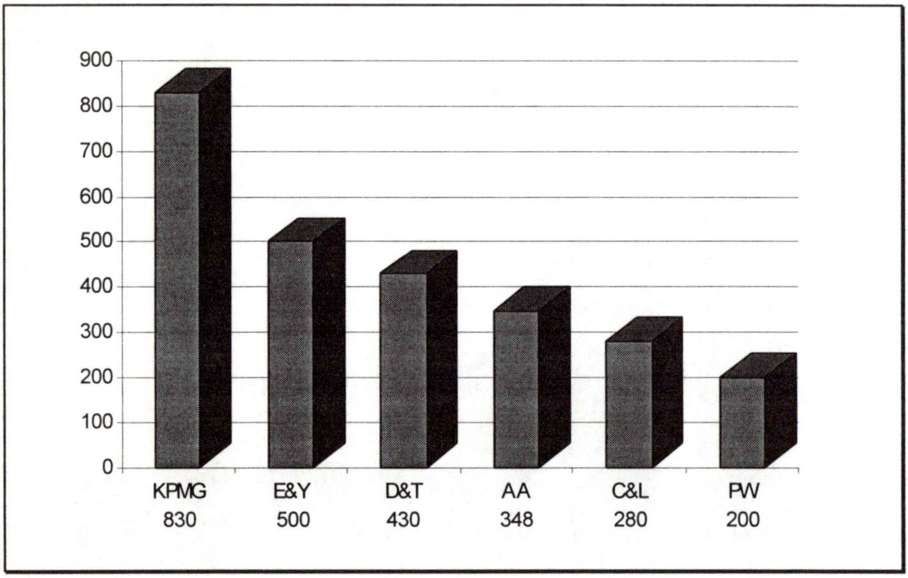

Abbildung 11: Die Umsätze der größten Prüfungsgesellschaften in Österreich

Im Vergleich hierzu werden nachstehend die Umsatzzahlen in der Welt (in Mrd. US-Dollar) wiedergegeben.[129]

---

127 Die Umsatzangaben sind entnommen Pichler: Die Machtspiele der Big Six, in: Trend 12/1997, S. 126-129, hier S. 128.

128 KPMG: Alpentreuhand, E&Y: Europatreuhand, D&T: Deloitte & Touche Österreich, AA: Auditor Arthur Andersen, C&L: Coopers & Lybrand Österreich, PW: GRT Price Waterhouse

129 Aufgrund unterschiedlicher geographischer Tätigkeitsschwerpunkte der Big Six können sich wechselkursbedingte Veränderungen im Vergleich verschiedener Jahre ergeben.

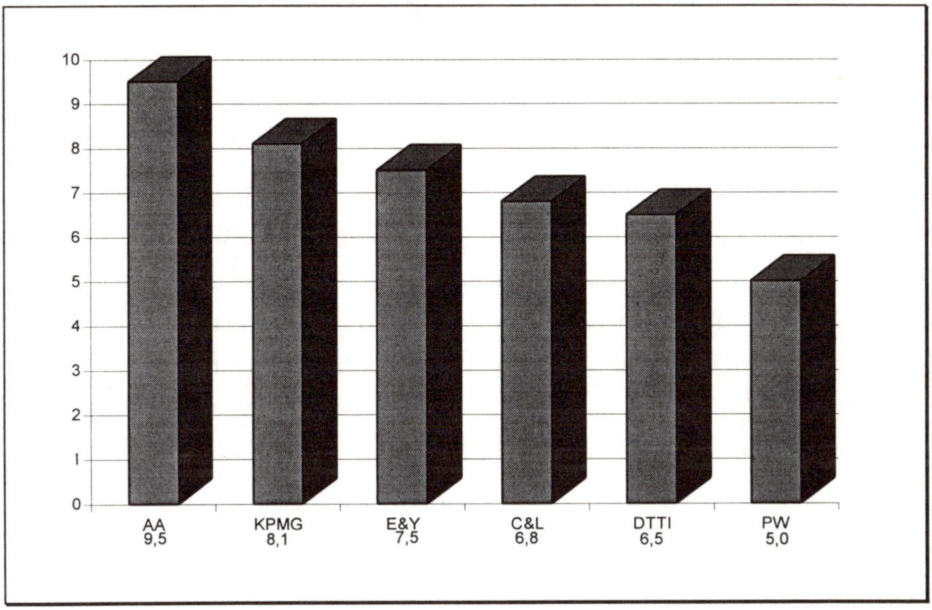

Abbildung 12: Umsätze der Big Six weltweit im Mrd. US-Dollar[130]

3.4. Die berufsständischen Organisationen der Wirtschaftsprüfer

3.4.1. Das Institut der Wirtschaftsprüfer in Deutschland e.V.

Das Institut der Wirtschaftsprüfer in Deutschland e.V. (IDW) ist ein freiwilliger Zusammenschluß von Wirtschaftsprüfern. Dem Verband gehören Stand 31.7.1995 ca. 85 % aller Wirtschaftsprüfer an. Er bietet seinen Mitgliedern über die Wahrnehmung der Vertretung der Interessen hinaus zahlreiche weitere Dienstleistungen. Beispielhaft sind zu nennen die Vorbereitung und Durchführung von Vortrags- und Diskussionsveranstaltungen, die Beratung

130 Vgl. O.V.: Accounting behemoths to Merge, in: International Herald Tribune vom 19.9.1997; o.V.: Globalisierung und neue Technologien beleben das Beratungsgeschäft in: Frankfurter Allgemeine Zeitung vom 5.3.1997. Die Adressen der 10 größten Wirtschaftsprüfungsgesellschaften sind im Anhang angeführt. Weitere Anschriften können den gelben Seiten der Telefonbücher oder einer aktuellen Ausgabe des Buches 'Wirtschaftsprüferverzeichnis' entnommen werden.

der Mitglieder in fachlichen und organisatorischen Fragen sowie die Vorbereitung des Berufsnachwuchses auf die Berufsexamen.[131]

Nach ihrer Satzungsbestimmung sieht sich das IDW als sog. **Gütegemeinschaft**. Die Mitglieder des Instituts sind verpflichtet, über die gesetzlichen Mindestanforderungen hinaus, die entsprechenden Grundsätze des Instituts zur Qualitätssicherung in der Wirtschaftsprüfung zu beachten, grundsätzlich den berufsständischen Fachverlautbarungen und Berufsgrundsätzen zu folgen, sich mindestens pro Jahr 40 Stunden weiterzubilden sowie die Unabhängigkeit vom Mandanten zu wahren und die übrigen vom IDW herausgegebenen Berufsgrundsätze zu beachten.[132]

Im Rahmen der **Sozialfunktion** des IDW sind teilweise im Zusammenwirken mit der WPK verschiedene Einrichtungen geschafften worden, um Berufsangehörige und deren Familien zu unterstützen.[133] Neben einer Hilfskasse für unverschuldet in Not geratene Berufsangehörige und deren Hinterbliebene gibt es eine Sterbegeldgruppenversicherung, einen Gruppenversicherungsvertrag für Tagegeld im Krankheitsfall sowie ein Versorgungswerk der Wirtschaftsprüfer und vereidigten Buchprüfer, dem Berufsangehörige der Bundesländer beitreten können, die sich dem Versorgungswerk angeschlossen haben.[134]

---

131 Vgl. IDW: Der Wirtschaftsprüfer - Wege zum Beruf - Ausbildung durch das IDW - Düsseldorf 1995.

132 IDW: Wirtschaftsprüferhandbuch 1996, Band I, 11. Aufl. Düsseldorf 1996, S. 103.

133 Vgl. Buchner: Wirtschaftliches Prüfungswesen, 2. Aufl. München 1996, S. 94.

134 Mit dem Eintritt in ein solches Versorgungswerk besteht die Möglichkeit zur Befreiung von der gesetzlichen Rentenversicherungspflicht.

3.4.2. Die Wirtschaftsprüferkammer

Alle Wirtschaftsprüfer und gesetzliche Vertreter von Wirtschaftsprüfungsgesellschaften sind kraft Gesetz Mitglied der Wirtschaftsprüferkammer.[135] Die Kammer wurde 1961 errichtet und dient der beruflichen Selbstverwaltung. Sie hat die beruflichen Interessen aller Wirtschaftsprüfer, vereidigten Buchprüfer, Wirtschaftsprüfungsgesellschaften und Buchprüfungsgesellschaften zu wahren.[136] Ferner hat sie die Aufgabe, die Mitglieder in Fragen der Berufspflichten zu beraten und belehren. Verstöße gegen die mit dem Beruf des Wirtschaftsprüfers verbundenen Pflichten können zu Sanktionen führen. Der Vorstand kann als mildeste Sanktion eine Rüge aussprechen (§ 63 WPO).[137] Wiegen die Verstöße schwerer, kann die WPK den Fall der Generalstaatsanwaltschaft vortragen, die ein gerichtliches Verfahren einleiten kann. Dies findet für die erste Instanz vor dem Kammergericht am Sitz der Wirtschaftsprüferkammer (bis zum 15.2.1997 Düsseldorf, danach Berlin) statt. Die zweite Instanz ist der Senat für WP-Sachen beim Kammergericht und die dritte Instanz ist der Senat für WP-Sachen beim Bundesgerichtshof.

Im Jahr 1996 entschied die WPK in insgesamt 53 Fällen. Dabei wurden 16 Rügen ausgesprochen, 6 belehrende Schreiben verfaßt, ein Rügebescheid zurückgenommen, 5 Einsprüche zu Rügen zurückgewiesen, 16 Fälle an die Generalstaatsanwaltschaft abgegeben und 7 Verfahren eingestellt.[138]

---

135 Die vielfältigen Aufgaben der Kammer sind u.a. aus dem Tätigkeitsbericht ersichtlich, der zugleich den Jahresabschluß enthält. Vgl. Hense: Tätigkeitsbericht des Präsidenten der WPK anläßlich der Beiratssitzung vom 11. Juni 1997, in: WPK-Mitteilungen 1997, S. 213-222.

136 Zu den Überschneidungen mit der Tätigkeit des IDW siehe Markus: Commentary: Why the WPK should be a member of FEE, in: Accountancy September 1997, S. 61.

137 Die Rügen und Entscheidungen der WPK sind auszugsweise in den beiden Bänden: WPK (Hrsg): Berufsgerichtliche Entscheidungen in Wirtschaftsprüfersachen, Band I, II, Düsseldorf 1978 bzw. 1993 veröffentlicht. Siehe hierzu auch Quick: Das Risiko der berufsrechtlichen Ahndung deutscher Wirtschaftsprüfer, in: Betrieb und Wirtschaft 1997, S. 241ff, 321ff.

138 Vgl. WPK-Mitteilungen 1997, S. 308.

Als Maßnahmen können nach § 68 WPO eine Warnung ausgesprochen werden, ein Verweis erteilt werden, eine Geldbuße bis zu 100.000 DM verhängt werden oder eine Ausschließung aus dem Beruf ausgesprochen werden.

Zwischen dem 1.11.1961 und dem 28.2.1978 ergaben sich bei insgesamt 31 Urteilen des in diesem Zeitraum zuständigen Landgerichtes Düsseldorf 16 Warnungen, 8 Verweise, 5 Verweise mit Geldbuße, eine Ausschließung aus dem Beruf, eine Verfahrenseinstellung aufgrund Verjährung, eine Einstellung aufgrund Beschluß sowie 4 vorläufige Berufsverbote. [139] Die zweite Instanz (für diesen Zeitraum das Oberlandesgericht in Düsseldorf) stellte ein Verfahren ein und verwarf drei Berufungen. Zwei Berufungen wurden von den Berufsangehörigen zurückgezogen. Der Bundesgerichtshof wurde in diesem Zeitraum nicht angerufen.

Für den Zeitraum 1.3.1978 bis 30.6.1992 ist die Gesamtzahl der Entscheidungen nicht bekannt. In der ersten Instanz wurden ein Verweis, 3 Verweise mit Geldbuße, eine Aufhebung eines Rügebescheids und 4 Zurückweisungen des Antrags auf berufsgerichtliche Entscheidung ausgesprochen. In der zweiten Instanz wurde eine Berufung abgelehnt und zwei Verfahren eingestellt. Der Bundesgerichtshof wies eine Nichtzulassungbeschwerde zur Revision zurück. [140]

Die Anschrift der Hauptgeschäftsstelle der Wirtschaftsprüferkammer lautet:

> Tersteegenstr. 14, 40474 Düsseldorf
> Postfach 321147, 40426 Düsseldorf.
> Tel. 0211 / 4561 - 0
> Internet: www.WPK.de

---

139 Auswertungen der Berufsgerichtlichen Entschiedungen sowie Rügen in Wirtschaftsprüfersachen nach: Tempelhoff: Berufsrechtliche Sanktionen gegen Wirtschaftsprüfer in Deutschland, Österreich und der Schweiz, in: WPK-Mitteilungen 1997, S. 279.

140 Vgl. Tempelhoff: Berufsrechtliche Sanktionen gegen Wirtschaftsprüfer in Deutschland, Österreich und der Schweiz, in: WPK-Mitteilungen 1997, S. 279.

4. Rahmenbedingungen der Berufstätigkeit des Wirtschaftsprüfers

4.1. Die Besonderheiten des Berufes

4.1.1. Der Geschäftszweig und die Größe des Mandanten

Von größtem Einfluß auf den Verlauf und die Charakteristika der einzelnen Abschlußprüfung ist der Mandant. Größte Bedeutung hat dabei jeweils das geschäftliche Betätigungsfeld. Prüfungen bei Dienstleistern wie z.B. Banken oder Versicherungen, bei Handels- oder bei Industrieunternehmen unterscheiden sich stark. Doch selbst innerhalb der Industrieunternehmen gibt es größere Unterschiede. Mit zunehmender Größe des Mandanten ist damit zu rechnen, daß internationale und komplexe Sachverhalte auftreten. Im Gegenzug ist davon auszugehen, daß die meisten Betriebsabläufe in Vorschriften dokumentiert und die Abläufe im Regelfall EDV-unterstützt sind. Gleichfalls könnten die internen Kontrollmechanismen bei Großunternehmen weitaus stärker ausgebaut sein, als dies bei einem kleineren Unternehmen der Fall ist, in dem die einzelnen Betriebsabläufe leichter überschaubar sind.

Unabhängig von der Branche können jedoch leichte Zusammenhänge zwischen der Größe des Mandanten und dem entsprechenden Ablauf der Prüfung gezogen werden.

Sofern eine Gesellschaft klein ist und sich dennoch (freiwillig) prüfen läßt, kann der Prüfer alle Prüffelder selbst und eingehend zu untersuchen.

Ist das Unternehmen größer, so ist das Prüfungsteam entsprechend zu vergrößern, um einen rechtzeitigen Abschluß der Prüfung zu gewährleisten. Dies kann dazu führen, daß einzelne Prüffelder von verschiedenen Teams geprüft werden. Für die einzelnen Mitarbeiter des Teams hat dies zur Folge, daß sie sich untereinander über die Ergebnisse ihrer Prüfungen informieren müssen, soweit sie die Prüffelder der Kollegen betreffen.

Häufig ergibt sich bei größeren Unternehmen die Notwendigkeit, besondere Spezialisten hinzuzuziehen, wie z.B. für EDV, juristische Fragestellungen, Steuerberechnungen, Bank-, Versicherungs- und Kapitalanlagewesen. Im Extremfall kann es sein, daß ein Prüfer ausschließlich einen Aspekt eines Prüffeldes bearbeitet und nur einen Teil seiner Kollegen kennt. Andererseits können sich aber auch bei einem stark eingegrenzten Prüffeld äußerst komplexe und interessante Fragestellungen ergeben.

Je größer die Prüfung und das Prüfungsteam, desto weniger wirken sich ungeplante Entwicklungen aus, wie z.B. die Krankheit von Mitgliedern des Prüfungsteams, das vorübergehende Ausscheiden zur Vorbereitung auf mündliche Prüfungen oder überraschende Erkenntnisse in einzelnen Prüffeldern, die zur Vergrößerung des Prüfungsumfanges führen.

Je größer die Prüfung, desto häufiger wird der leitende Wirtschaftsprüfer vor Ort sein, um die besonderen und anspruchsvollen Bilanzierungsfragen mit seinem Team und der Geschäftsleitung zu erörtern.

4.1.2. Haupt- und Nebensaison des Berufes

Eine Prüfung des Jahresabschlusses, die zentrale Aufgabe des Wirtschaftsprüfers, läuft regelmäßig in fünf Phasen ab. In einem ersten Schritt findet die Planung der Prüfung statt. Vor dem Abschlußstichtag erfolgt die sog. Vorprüfung, meist innerhalb des letzten Monats des alten Geschäftsjahres. Während dieser Zeit gilt es, sich einen grundsätzlichen Eindruck von der Leistungsfähigkeit des Rechnungswesens und der Qualität der Ergebnisse zu verschaffen. Wirtschaftlich sinnvoll wird i.d.R. nur die Prüfung von Sachverhalten sein, die sich bis zum Abschlußstichtag kaum verändern dürften, so z.B. die Organisation des Rechnungswesens (Internes Kontrollsystem, Computer und Programme sowie Funktions- und Buchungsabläufe z.B. in den Bereichen des Verkaufs oder der Fertigung). Daneben sind die Erkenntnisse über die wirtschaftliche Entwicklung während des Geschäftsjahres zu vervollständigen und die Planung der Hauptprüfung zu verfeinern. Der zeitliche Umfang der Vorprüfung steht in Zusammenhang mit dem Umfang der gesamten geplanten Prüfungshandlungen.

Die Vorprüfung endet spätestens mit dem Abschlußstichtag. Ab diesem Zeitpunkt beginnt die Hauptprüfung. Diese Phase ist sowohl für die Mitarbeiter des Rechnungswesens, die den Abschluß erstellen, wie auch für die Prüfungsassistenten und Prüfer, die den Abschluß prüfen, besonders anstrengend. Regelmäßig dürften einzelne Bereiche des Jahresabschlusses, wie z.B. der Bilanzposten Grundstücke, vor allen anderen Bilanzposten fertig erstellt und damit prüfungsfähig sein. Je nach Komplexität des Sachverhaltes und der Menge des zu verarbeitenden Zahlenmaterials kann sich die Erstellung und damit auch die Prüfung hinauszögern. Die Mitarbeiter des Rechnungswesens stehen dabei unter der mehrfachen Belastung, den Abschluß erstellen zu müssen und Fragen zu bereits erstellten Bilanzposten beantworten zu müssen.

Zuerst wird der Einzelabschluß des Unternehmens vom Mandanten erstellt und und von der Prüfungsgesellschaft abschließend geprüft. Anschließend wird der Einzelabschluß mit Abschlüssen von (Tochter-)Unternehmen zum Gesamtabschluß des Konzerns verknüpft (konsolidiert) und geprüft. Zur Unternehmensgruppe gehören Unternehmen, die dem sog. Mutterunternehmen mehrheitlich gehören oder bei denen das Mutterunternehmen die unternehmerische Führung ausübt (§ 290 Abs. 1 u. 2 HGB). Je nach Größe des Konzerns und der zur Verfügung stehenden Zeit sind Prüfungshandlungen z.B. zur Abgrenzung des Konsolidierungskreises und den Veränderungen während des Geschäftsjahres in die Vorprüfung zu verlagern.

Schließlich hat der Wirtschaftsprüfer einen Prüfungsbericht zu verfassen. Dabei muß er sich auf die Unterlagen stützen, die er im Verlauf der Prüfung (oder zu allgemeinen Sachverhalten bereits in Prüfungen der Vorjahre) angelegt hat.[141] Die Prüfung endet mit Abgabe des Prüfungsberichtes.

Aufgrund des Wunsches zahlreicher Unternehmen, ihre Ergebnisse möglichst zeitnah nach dem Abschlußstichtag zu präsentieren, entsteht ein hoher Leistungsdruck. Gleichzeitig haben die meisten Unternehmen als Stichtag den 31.12. gewählt, so daß die Auslastung der Prüfer in den Monaten Dezember bis März äußerst hoch ist. Mitarbeiter von Wirtschaftsprüfern haben sich darauf einzustellen, daß Überstunden geleistet werden müssen und ggf. sogar an Samstagen gearbeitet werden muß. Erschwerend wirkt sich aus, daß bei der kalten Witterung in dieser Jahreszeit Fahrten vom und zum Mandanten entsprechend länger dauern. Nicht unproblematisch für den Prüfungsablauf ist es, wenn ein Mitglied des Prüfungsteams sich eine (Erkältungs-)Krankheit zuzieht oder wegen Vorbereitungen für die Berufsexamina vorübergehend ausfällt.

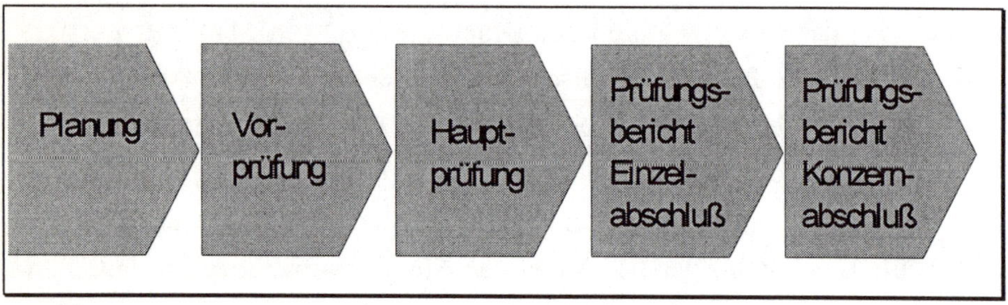

Abbildung 13: Phasen der Abschlußprüfung

Im Gegensatz zur ereignisreichen Zeit um den Jahreswechsel steht die Zeit im Sommer. Bei entsprechendem Auftrag des Mandanten widmet sich der

141 Siehe hierzu auch die Ausführungen zu Arbeitspapieren und Dauerakte im Abschnitt Berichterstattung.

Prüfer der Verbesserung des Rechnungswesens und der wirtschaftlichen Betriebsführung oder arbeitet an weniger stark terminabhängigen Arbeiten wie z.B. der Erstellung von Gutachten. Während dieser Zeit kann der Prüfer seine angesammelten Überstunden abfeiern, in Urlaub fahren oder sich auf die Berufsexamina vorbereiten.

4.1.3. Neue Anforderungen der Mandanten und des Gesetzgebers

Der Wirtschaftsprüfer muß sich darauf einstellen, daß in zunehmendem Umfang neue Beratungsdienstleistungen durch den Markt nachgefragt werden. Dies kann z.B. Umstrukturierungsberatung, EDV-Beratung, Beratung in Shareholder-Value-Konzepten, Emissionsberatung, Organisation des Rechnungswesens u.v.m. sein. Gleichfalls kann der Gesetzgeber, zuständige Aufsichtsämter oder der Vorstand selbst eine Erweiterung des Prüfungsumfanges nachfragen.

In der Steuerberatung ist ebenfalls eine zunehmende Komplexität und steigende Internationalität zu verzeichnen. Eine Beratung, die vorhandene Gestaltungsspielräume optimal nutzt, verlangt einen entsprechenden Überblick über das gesamte Steuerrecht sowie Spezialkenntnisse.

Beispielhaft soll dies an den Bereichen **wertorientierte Unternehmensführung**“ und **Begleitung beim Börsengang** verdeutlicht werden.

Bei der **wertorientierten Unternehmensführung** werden die verschiedenen Geschäftsfelder eines Unternehmens bzw. einer Unternehmensgruppe daraufhin untersucht, inwieweit sie zur Steigerung des Unternehmenswertes beitragen. Um zu eindeutigen und umsetzbaren Ergebnissen zu gelangen, ist ein entsprechend aufwendiges betriebswirtschaftliches Instrumentarium erforderlich, die benötigten Daten aus dem Rechnungswesen herzuleiten und nach geeigneten Methoden (z.B. Discounted Cash Flow-Methode, Economic Value Added-Konzept usw.) aufzubereiten. Ergebnis der Arbeit könnte z.B. eine Darstellung der gegenwärtigen Situation des Mandanten nebst einer Szenarioanalyse (wie ändert sich das Ergebnis, wenn sich die Rahmenbedingungen ändern) sein.[142]

Die Begleitung des Mandanten beim **Börsengang** an ggf. mehrere Börsenplätze beinhaltet zahlreiche klassische Aufgaben des Prüfers, wie z.B. die Durchführung von Unternehmensbewertungen, die Prüfung von Jahresabschlüssen (ggf. in mehreren Sprachen) nach dem Handelsgesetzbuch und ggf. ausländischen Rechnungslegungsgrundsätzen. Daneben ist der Prüfer als Berater bei der Entwicklung und dem Ausbau eines leistungsfähigen Rechnungswesens sowie in allgemeinen betriebswirtschaftlichen Fragen gesuchter Fachmann.[143] Hand in Hand mit der emissionsbegleitenden Bank und im Falle von Mehrfachlistings den ausländischen Berufskollegen des internationalen Verbundes der Prüfungsgesellschaft arbeitet das Team i.d.R. mindestens ein halbes Jahr, teilweise bis zu einem Jahr, an den für die Zulassung erforderlichen Unterlagen.

4.1.4. Häufige Änderungen von Gesetzen und Vorschriften

Handwerkszeug des Prüfers und Beraters ist die genaue und aktuelle Kenntnis von Gesetzen und sonstigen Rechtsvorschriften. Diese Bestimmungen ändern sich häufig - zu häufig. Dies gilt insbesondere für das Steuerrecht. Viele Vorschriften sind nicht hinreichend präzise formuliert oder haben unbeabsichtigte Nebenwirkungen und müssen kurz nach ihrer Veröffentlichung wieder korrigiert werden. Der politische Entscheidungsprozeß führt oftmals

---

[142] Vgl. Englert/Maul/Scholich: Wertorientierte Unternehmensführung, in: vision & money, Oktober 1997; Küting/Lorson: Messung der Profitabilität strategischer Geschäftsfelder, in: Controlling Januar/Februar 1997, S. 4-13.

[143] Förschle/Helmschrott: Der Neue Markt an der Frankfurter Wertpapierbörse, in: WPK-Mitteilungen, S. 188-194.

zu äußerst komplexen Regelungen, die erst durch Interpretationen der Finanzverwaltung an Kontur gewinnen.

Grundlegende Reformen der (handelsrechtlichen) Rechnungslegung erfolgten zuletzt 1986 mit der Umsetzung der europäischen Bilanzrichtlinien in deutsches Recht. In 1997/1998 ist die Verabschiedung des sog. Kapitalaufnahmeerleichterungsgesetzes geplant, das unter bestimmten Voraussetzungen die Aufstellung von Konzernabschlüssen nach nicht-deutschen Gesetzen erlaubt, ohne daß zusätzlich ein dem deutschen Handelsrecht entsprechender Jahresabschluß erstellt werden muß.[144]

Gleichfalls ist derzeit eine Änderung des Gesellschaftsrechtes zur Stärkung der Unternehmensüberwachung geplant (sog. KonTraG).[145] Dabei soll die Stellung des Aufsichtsrates gestärkt, die Unternehmen sollen ein internes Risikokontrollsystem einführen und der Umfang der Jahresabschlußprüfung soll erweitert werden.

4.1.5. Steigender Wettbewerbsdruck

Wie in anderen Märkten gilt auch im Prüfungsmarkt grundsätzlich das Gesetz von Angebot und Nachfrage. Einer ständig wachsenden Anzahl von Prüfern

---

144 Gesetz zur Verbesserung der Wettbewerbsfähigkeit deutscher Konzerne an internationalen Kapitalmärkten und zur Erleichterung der Aufnahme von Gesellschafterdarlehen (Kapitalaufnahmeerleicherungsgesetz - KapAEG) Bundestagsdrucksache 13/7141 vom 6.3.1997. Vgl. hierzu auch Gelhausen/Mujkanovic: Der Entwurf eines Kapitalaufnahmeerleichterungsgesetzes, in: AktG 1997, S. 337-345; vgl. auch Achleitner: Accounting Standard Setting im weltweiten Aufbruch, in: Schweizer Treuhänder 1996, S. 265-276; Euler: Bilanzrechtstheorie und internationale Rechnungslegung, in: Festschrift Beisse, Düsseldorf 1997, S. 171-188; Glaum/Mandler: Rechnungslegung auf globalen Kapitalmärkten, Wiesbaden 1996; zu US-GAAP: Ballwieser (Hrsg.): US-amerikanische Rechnungslegung, 2. Aufl. Stuttgart 1996.

145 Gesetz zur Kontrolle und Transparenz im Unternehmensbereich (KonTraG) i.d.F. vom 22.11.1996, in: ZIP 1996, S. 2129 ff, 2193 ff. Vgl. hierzu auch: Gelhausen: Reform der externen Rechnungslegung und ihrer Prüfung durch den Wirtschaftsprüfer, hrsg. von C&L Deutsche Revision, Frankfurt 1997.

steht eine gleichbleibende Anzahl von Unternehmen gegenüber. Unter dem zunehmenden Kostendruck wird der Prüfer versuchen, möglichst wirtschaftlich zu prüfen und/oder aus dem Prüfungsprozeß zusätzliche Erkenntnisse zu gewinnen, die seinem Mandanten zu einer wirtschaftlicheren Betriebsführung oder Verbesserung des Rechnungswesens verhelfen.

Daneben ist zu berücksichtigen, daß dem Wirtschaftsprüfer, als umfassend qualifizierten Sachverständigen in Fragen der Unternehmensführung, zahlreiche Betätigungsfelder offenstehen.

4.1.6. Internationalisierung der Berufstätigkeit

Die Internationalisierung der Berufstätigkeit des Wirtschaftsprüfers ist eine Reaktion auf die zunehmende Verflechtung der Weltwirtschaft und die wachsende grenzüberschreitende Geschäftstätigkeit der Mandanten. Diese Aussage ist nicht allein auf die Gegenwart beschränkt. Wie bereits erwähnt, wurde am 27. März 1890 die 'Deutsch-Amerikanische Treuhand-Gesellschaft', die spätere 'Deutsche Treuhand-Gesellschaft', gegründet, um nordamerikanische Wertpapiere für eigene oder fremde Rechnung zu erwerben und um deutsche Interessen im Ausland treuhänderisch zu vertreten. Später wurde die Gesellschaft auch im Prüfungswesen tätig, wohin sich allmählich auch der Schwerpunkt verschob. Bedingt durch große Investitionen aus den USA und Großbritannien in Deutschland gründeten etwa ab den zwanziger Jahren dieses Jahrhunderts US-amerikanische und englische Wirtschaftsprüfungsgesellschaften Büros in Berlin und anderen deutschen Städten. Diese Entwicklung wurde ab etwa Mitte der 30er Jahre durch die nationalsozialistsche Politik im Streben nach Autarkie der deutschen Wirtschaft gehemmt und kam durch den Kriegsausbruch völlig zum Erliegen.

Nach dem zweiten Weltkrieg wurde die Internationalisierung der Berufstätigkeit des Wirtschaftsprüfers durch zwei Entwicklungen getragen. Die eine

Entwicklung lag in der Betreuung der deutschen Tochtergesellschaften ausländischer Muttergesellschaften (z.B. Opel als Tochter von General Motors). Die andere Entwicklung ergab sich später durch die zunehmende Investitionstätigkeit der durch das Wirtschaftswunder wieder aufstrebenden deutschen Wirtschaft. So gewann die Betreuung der ausländischen Investitionen von deutschen Muttergesellschaften (z.B. Volkswagen Mexiko als Tochter der Volkswagen AG) eine wachsende Bedeutung.[146]

Die zunehmend international orientierten sowie global denkenden und handelnden Mandanten stellen hohe Anforderungen an den Wirtschaftsprüfer. Bei der Planung grenzüberschreitender Investitionen fordern die Mandanten häufig Gutachten über die steuerlichen bzw. bilanzrechtlichen Vorschriften im Investitionszielland an und lassen sich über die Unterschiede ausländischer Unternehmensformen beraten. Dies gilt für deutsche Mandanten, wenn sie Investitionen im Ausland planen, oder umgekehrt für ausländische Unternehmen, die den Gang nach Deutschland beabsichtigen. Wenn der Schritt über die Grenze erfolgt ist, so bedürfen deutsche Mandanten steuerlicher Beratung bei ihren grenzüberschreitenden Aktivitäten und suchen eine externe Revision ihrer Investitionsvorhaben sicherzustellen, die heimischen Qualitätsansprüchen entspricht.[147] Um bei Jahresabschlußprüfungen zu einem abschließenden und sicheren Urteil über den Jahresabschluß, insbesondere den der Unternehmensgruppe, zu gelangen, bedarf es aussagefähiger Prüfungsberichte der ausländischen Tochtergesellschaften. Zudem müssen die Töchter das Zahlenwerk ihres Rechnungswesens zuverlässig so aufarbeiten, daß es vom deutschen Mutterunternehmen leicht weiterverarbeitet werden kann. Gleiches gilt analog für deutsche Tochterunternehmen, die an Konzernmütter

---

[146] Zu den Motiven US-amerikanischer Prüfungsgesellschaften vgl. Lück/Holzer: Multinationale Wirtschaftsprüfungesgesellschaften, in: DB 1981, S. 1989-1993, 2037-2041.

[147] Vgl. Winkeljohann/Knoth: Gründung und Akquisition ausländischer Unternehmen unter Berücksichtigung steuerlicher Fragestellungen, in: Die deutsche Unternehmensbesteuerung im europäischen Binnenmarkt, hrsg. von Maßbaum/Meyer-Scharenberg/Perlet, Neuwied 1994, S. 783-820.

im Ausland berichten müssen und dabei in einer speziellen Rechnung genau die Rechnungslegungsvorschriften anwenden müssen, die das ausländische Mutterunternehmen vorschreibt. Der Prüfer des Einzelabschlusses wird regelmäßig damit beauftragt, die Richtigkeit dieser Zusatzrechnung zu prüfen.

4.2. Die Antwort der Wirtschaftsprüfer auf die Herausforderungen des Berufes

4.2.1. Der risikoorientierte Prüfungsansatz

Der sog. risikoorientierte Prüfungsansatz beinhaltet eine Ausrichtung der Planung und Durchführung der Prüfung an dem Risiko, daß der Wirtschaftsprüfer ein Prüffeld akzeptiert, obwohl wesentliche Fehler vorliegen.

Dieser Ansatz ist das Ergebnis einer wissenschaftlichen Durchdringung des prüferischen Vorgehens bei einer Jahresabschlußprüfung.[148] Zugleich ist er eine Antwort auf das zunehmend komplexer werdende Wirtschaftsgeschehen und dient der Absicherung bei potentiellen Schadenersatzklagen.

Allgemein hat der Prüfungsansatz bei einer Jahresabschlußprüfung grundlegende Bedeutung auf Effektivität und Effizienz der Prüfungsdurchführung. Effektivität (Grundfrage: Die richtigen Dinge tun) bezieht sich auf die Wirksamkeit einer Prüfung, auf den Grad der Sicherheit, mit dem der Bestätigungsvermerk erteilt wird. Effizienz (Grundfrage: Die Dinge richtig tun) bezieht sich auf die Wirtschaftlichkeit der Prüfung, so daß bei einer hohen Prüfungseffektivität bzw. Prüfungsqualität die Prüfungskosten minimiert werden können.

---

148 Siehe dazu weiterführend: Quick: Die Risiken der Jahresabschlußprüfung, Düsseldorf 1996; Nagel: Risikoorientierte Jahresabschlußprüfung: Grundsätze für die Bewältigung des Prüfungsrisikos des Abschlußprüfers, Sternenfels 1997.

Angemerkt sei, daß der risikoorientierte Prüfungsansatz und damit eine risikoorientierte Durchführung der Jahresabschlußprüfung nicht mit einer riskanten Prüfungsdurchführung verwechselt werden darf. Eine risikoorientierte Durchführung der Jahresabschlußprüfung bedeutet vielmehr Risiken für das Prüfungsurteil zu identifizieren. Mit gezielten Prüfungsschwerpunkten in risikobehafteten Prüffelder (ggf. Altlastenproblematik in der chemischen Industrie, Finanzinnovationen bei Banken, Prüffelder mit wenigen automatischen Kontrollen, Prüffelder mit hoher Fehlervermutung) kann der Prüfer Urteilssicherheit gewinnen. Eine am Risiko der Prüfung orientiertes prüferisches Vorgehensweise führt zu einer systematischen Reduktion der Unsicherheit des Prüfungsurteils, daß die geprüfte Rechnungslegung ohne wesentliche Mängel ist und verhindert somit auch Schadenersatzforderungen der geprüften Gesellschaft an den Prüfer.[149]

Die zahllosen Risikomodelle basieren alle auf der Grundüberlegung, daß das Urteil des Prüfers, daß die von ihm geprüfte Rechnungslegung in Ordnung ist, obwohl sie fehlerhaft ist (=**Prüfungsrisiko, Audit Risk**), nur dann auftreten kann, wenn

- tatsächlich wesentliche Fehler im Rechnungswesen vorhanden sind (=inhärentes Risiko, Inherent Risk) und
- das Überwachungssystem des Mandanten (z.B. interne Revision, automatische Plausibilitätsprüfungen bei EDV-Eingaben) dies nicht verhindert oder aufgedeckt hat (=Kontrollrisiko, Control Risk) und
- der Prüfer den Fehler auch nicht aufdeckt (=Aufdeckungsrisiko, Detection Risk).

---

149 Schadensersatzforderungen von Aktionären oder Kreditinstituten sind nach deutschem Recht grundsätzlich nicht möglich, da diese Personengruppen außerhalb des Prüfungsvertrages zwischen dem Prüfer und der zu prüfenden Gesellschaft stehen. Im Einzelfall könnte ein fehlerhaft testierter Jahresabschluß, der Grundlage einer Kreditvergabe war und der Prüfer dies wußte, zu einer Schadensersatzforderung bei Kreditausfall führen. Zur Haftung eines Steuerberaters für eine fehlerhaft erstellte Bilanz vgl. BGH: Urteil IX ZR 327/95 vom 19.12.1996 in: DStR-Entscheidungen 1997, S. 271f.

Diese Zusammenhänge werden oftmals in mathematischen Modellen ausgedrückt, um zu konkreten Aussagen über den Umfang der Prüfungshandlungen zu gelangen. Dabei ist der Wahrscheinlichkeitsgrad für das Kontrollrisiko und das inhärente Risiko entsprechend zu schätzen. Da die Frage, welches mathematische Modell das beste ist und wie der Prüfer die in die Formel einzusetzenden Wahrscheinlichkeitsparameter schätzen soll, nicht geklärt ist, soll dieses Problem an dieser Stelle nicht weiter vertieft werden.[150] Es ist jedoch festzuhalten, daß die Erkenntnisse des Modells auch in ihrer verbalen Form Gültigkeit behalten.

Die Grundfragen bei der Anwendung des risikoorientierten Prüfungsansatzes sind:

- In welchen Bereichen existiert ein wesentliches Risiko, d.h. die Gefahr, daß das Gesamturteil des Prüfers zur Rechnungslegung des Mandanten falsch ist? (Welche Auswirkungen resultieren daraus, daß z.B. in der Portokasse DM 5,-- fehlen (könnten) oder Fremdwährungsforderungen in Höhe von mehreren Millionen DM an Kunden des Mandanten im Ausland falsch bewertet sein könnten?)
- Gibt es besonders fehleranfällige Vorgänge im Unternehmen? (Wurden in einer Abteilung ein neues EDV-System oder neue Organisationsabläufe eingeführt?)
- Wie sind die vom Mandanten durchgeführten Kontrollen zu beurteilen?
- Wie kann das Prüfungsrisiko durch Prüfungshandlungen bestimmt und minimiert werden? (Gibt es regelmäßige Bestandsaufnahmen der Portokasse bzw. gibt es Sicherungen gegen Währungsverluste? Wie sind die Unternehmenskontrollen einzuschätzen? Wie können die Geschäftsvorfälle geprüft werden? Als Prüfungshandlungen würden sich anbieten, das Nachzählen der Portokasse bzw. die Anfrage bei der Bank nach abgeschlossenen Währungssicherungsgeschäften.)

---

150 Vgl. dazu weiterführend Quick: Die Risiken der Jahresabschlußprüfung, Düsseldorf 1996.

Der risikoorientierte Prüfungsansatz darf aber nicht dahingehend verstanden werden, daß die Überprüfung von Einzelbelegen in Zukunft obsolet sein wird. Vielmehr ist im Regelfall auf die richtige Kombination von verschiedenen Prüfungsmethoden zu achten. Gemäß dem nachfolgenden Schema können unterschiedliche Prüfungsmethoden in unterschiedlichem Ausmaß und Schnelligkeit zur Erreichung einer hinreichenden Prüfungssicherheit beitragen.[151] Der Umfang der anzuwendenden Prüfungshandlungen ist dabei vom Einzelfall abhängig.

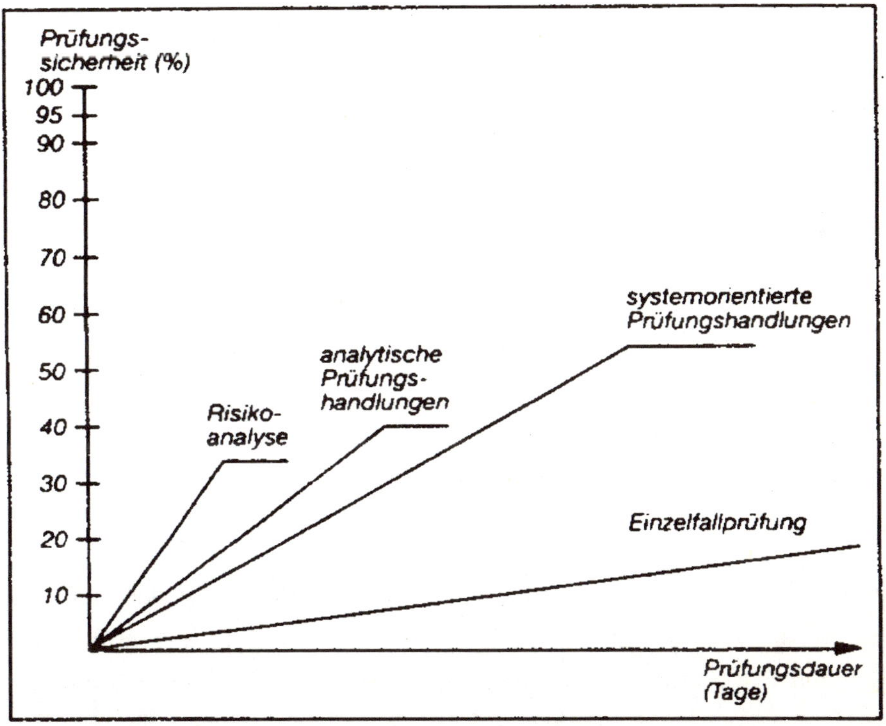

Abbildung 14: Das Verhältnis von Prüfungssicherheit und Prüfungsdauer bei verschiedenen Prüfungsmethoden

151 Vgl. Dörner: Audit Risk, in: Handwörterbuch der Revision, hrsg. von Coenenberg u.a., 2. Aufl. Stuttgart 1992, Sp. 87.

Eine sinnvolle Anordnung führt zu dem nachfolgenden Schaubild[152]

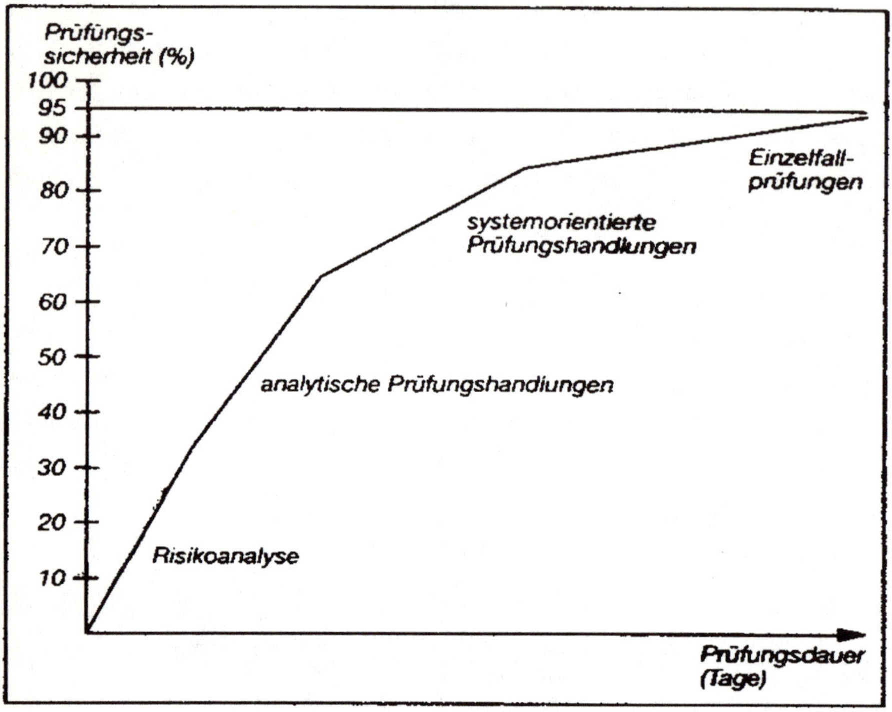

Abbildung 15: Die 'optimale' Prüfungsstrategie

Am Ende des Abschnittes zum risikoorientierten Prüfungsansatz sei kurz noch auf die Verhältnisse in den USA eingangen, welche andere Facetten des Risikos des Wirtschaftsprüfers und des risikoorientierten Prüfungsansatzes aufzeigen. Die immensen Haftungsrisiken, denen sich der US-Berufsstand gegenübersieht, führten zum Teil zur Auflösung von Prüfungsgesellschaften sowie zu Versicherungsprämien, die sich auf über 15 % des

152 Vgl. Dörner: Audit Risk, in: Handwörterbuch der Revision, hrsg. von Coenenberg u.a., 2. Aufl. Stuttgart 1992, Sp. 88.

Umsatzes belaufen.[153] Unter Berücksichtigung dieser für den Prüfer existentiellen Risiken ist es verständlich, daß insbesondere die finanzstarken Prüfungsunternehmen der Big-Six-Gesellschaften in den USA nicht in Schadensersatzprozesse verwickelt werden wollen. Auch wenn die Prüfungsgesellschaft (in ca. 50 % der Klagen) Opfer einer unberechtigten Klage ist, verursachen allein diese pro Klage im Durchschnitt 3,7 Mio. US-Dollar an Kosten und dauern 3,7 Jahre.[154] Auch bei den Klagen, die nicht völlig unbegründet sind, zeigt sich, daß der Prüfer nur in den wenigsten Fällen (ca. 8% aller Klagen) nicht nur Randfigur des Prozesses war. Die Kosten zur Abwehr ungerechtfertigter Klagen trägt die Prüfungsgesellschaft. Aus diesem Grunde wird die Übernahme von Prüfungsaufträgen von Mandanten intensiv geprüft, die z.B. im Streit über Bilanzierungsfragen mit ihrem bisherigen Prüfer auseinandergegangen sind. [155] Gleichfalls finden Unternehmen, deren internes Kontrollsystem nicht hinreichend ist bzw. das leicht außer Kraft zu setzen ist, so daß das Urteil zur Ordnungsmäßigkeit der Rechnungslegung nicht auf ein funktionierendes internes Kontrollsystem gestützt werden kann, in den USA nur schwer einen Prüfer. Die Problematik tritt insbesondere dann auf, wenn es sich um kleine börsennotierte Unternehmen der Wachstumsbranchen handelt, die mit einem hohen Kurs-Gewinn-Verhältnis (price-earnings-ratio) und verhältnismäßig hoher Aktienkursvolatilität an der Börse notiert werden. Können die Wachstumsversprechen vom Unternehmen nicht eingehalten werden, dürften die enttäuschten US-Aktionäre mit an Sicherheit grenzender Wahrscheinlichkeit versuchen, sich am Abschlußprüfer schadlos zu halten. Nach Erhebungen von Finanzanalysten wurden zwischen 1994 und April 1997 wegen zu hohem Prüfungs- bzw. Auftragsrisiko insgesamt 275 Prüfungsaufträge börsennotierter Unternehmen von den US-amerikanischen Big-Six-

[153] Vgl. MacDonald: More Accounting Firms Are Dumping Risky Clients, in: The Wall Street Journal vom 25.4.1997.

[154] Vgl. Palmrose: Who got sued? In: Journal of Accountancy, März 1997, S. 67-69.

[155] Vgl. MacDonald: More Accounting Firms Are Dumping Risky Clients, in: The Wall Street Journal vom 25.4.1997.

Gesellschaften abgelehnt (Screening).[156] Eine Auswertung von mehr als 1.000 Prozessen in den USA gegen Prüfer ergab u.a., daß insbesondere Täuschungen und Manipulationen zu Klagen gegen den Prüfer führen.[157] Als ein wirksamer Schutz gegen mögliche Klagen bzw. Schadensersatzforderungen in den USA wird eine genaue Beachtung der US-Vorschriften zur Verantwortlichkeit des Prüfers zur Aufdeckung solcher Tatbestände gesehen sowie eine entsprechende Anpassung des Bestätigungsvermerkes.[158]

4.2.2. Der Einsatz der EDV

Mit dem Einsatz der EDV verbinden viele Prüfer die Hoffnung, eine Prüfung schneller, besser und weitgehend papierlos abwickeln zu können. Vorbereitete Prüfungsschemata aus den Vorjahren erlauben ein zügiges Vorgehen und schnelleres Dokumentieren der Ergebnisse und die online-Recherche-Möglichkeiten bei der Literatursuche unterstützen den Prüfer bei der Entscheidungsfindung. Daneben können spezielle statistische Prüfprogramme zum Einsatz kommen: Prüfen ohne jegliche EDV-Unterstützung ist heutzutage nahezu undenkbar. Vom Prüfer werden daher fundierte EDV-Kenntnisse verlangt.

Insgesamt stehen dem Prüfer folgende EDV-Hilfsmittel bei seiner Tätigkeit zur Verfügung oder werden bald verfügbar sein:[159]

- Standardsoftwarepakete zur Textverarbeitung, für die Tabellenkalkulation und für die Anfertigung von Grafiken (z.B. zur Erstellung von Berichten,

---

156 Vgl. MacDonald: More Accounting Firms Are Dumping Risky Clients, in: The Wall Street Journal vom 25.4.1997. Zur aktuellen Diskussion in Großbritannien: vgl. Kelly: Auditor calls for legal protection, in: Financial Times vom 27.8.1997.

157 Vgl. Palmrose: Who got sued? In: Journal of Accountancy, März 1997, S. 68.

158 Vgl. Palmrose: Who got sued? In: Journal of Accountancy, März 1997, S. 69.

159 Vgl. dazu Diehl: Strukturiertes Prüfungsvorgehen durch risikoorientierte Abschlußprüfung, in: Aktuelle Fachbeiträge aus Wirtschaftsprüfung und Beratung, Festschrift für Hans Luik, Stuttgart 1991, S. 211f. mit weiteren Nachweisen.

zur Dokumentation der Prüfungshandlungen und Analysen sowie für Präsentationen),

- Softwarepakete zur Entwicklung des Jahresabschlusses aus Saldenbilanzen und Abschlußbuchungen,
- Hilfsmittel zur personellen Disposition, Budgetierung und Prüfungsfortschrittsüberwachung,
- firmenindividuelle Hilfsmittel zur Dokumentation der Prüfungsplanung und des Prüfungsablaufes, durch welche die risikoorientierten Entscheidungsprozesse unterstützt und belegt werden,
    - Software zur Beurteilung des Kontrollumfeldes, des EDV-Umfeldes und der anwendungsunabhängigen EDV-Kontrollen,
    - Software zur automatischen Analyse von Abschlußinformationen,
    - Flow-Chart-Software zur Darstellung von Verarbeitungsabläufen,
    - Software zur Beurteilung der anwendungsabhängigen manuellen und automatischen internen Kontrollen,
    - Hilfsmittel zur Planung des Prüfungsvorgehens,
    - Hilfsmittel zur Generierung von ergebnisorientierten, detaillierten Prüfungsprogrammen, die auf der Beurteilung des inhärenten Risikos und der Kontrollrisiken aufbauen,
    - Software zur Anlage „elektronischer" Arbeitspapiere, auf denen „elektronische" Prüfzeichen angebracht und die mittels EDV abgelegt werden.
- Programme zur Bestimmung des Stichprobenumfanges für ergebnisorientierte Einzelfallprüfungen und zur Auswahl der Stichprobenelemente nach mathematisch-statistischen Verfahren,
- Programme zur Datenanalyse auf dem Prüfer-PC und
- Programme zum Datenaustausch zwischen verschiedenen PC oder PC und Großrechner.

Der Berufsanfänger muß sich daher mit der EDV vertraut machen.[160] Durch das Anfertigen der Diplomarbeit hat ein Prüfungsassistent hinreichend Erfahrung im Umgang mit Textverarbeitungsprogrammen, wenn auch in vielen Fällen nicht mit gerade dem Textverarbeitungsprogramm, das die Gesellschaft einsetzt. Daneben hat er sich mit der Anwendung von Tabellenkalkulationsprogrammen zu beschäftigen.

Gegebenenfalls werden Grundkenntnisse im Umgang mit Modems benötigt, wenn ein Datenaustausch mit Großrechnern der Zentrale der Prüfungsgesellschaft vorgesehen ist.[161]

Der Berufsanfänger erwirbt weitergehende Kenntnisse in mathematisch-statistischen Prüfprogrammen im Laufe seiner Tätigkeit.

In einer empirischen Studie wurde der Einsatz von EDV in der deutschen Prüfungspraxis untersucht.[162] Die Bedeutung der EDV zeigt sich zunächst darin, daß nur 12 % aller Befragten noch ohne PC arbeiten. Die größte Bedeutung für die Prüfung besitzen Tabellenkalkulationsprogramme, die von 80 % der Befragten eingesetzt werden. Intensiv eingesetzt werden gleichfalls Programme zur Jahresabschlußerstellung und -analyse (54%) und allgemeine Dienstprogramme (49 %). Dabei zeigte sich, daß größere Wirtschaftsprüfungsgesellschaften die EDV häufiger nutzen als mittelgroße oder kleine Prüfungsgesellschaften.

Programme zur Prüfung der Abschlußdaten wurden nur bei 25 % der Befragten eingesetzt und waren im allgemeinen kaum bekannt. Überwiegend wur-

---

160 Vgl. dazu auch Mühl: Über die Vorkenntnisse von Studienanfängern in wirtschaftswissenschaftlich orientierten Studiengängen, in: WiSt 1997, S. 330-332.

161 Ein Modem wandelt die im Computer gespeicherten Daten in Signale um, die im normalen Telefonnetz weitergeleitet werden können. Der Empfänger benutzt gleichfalls ein solches Modem, um die Signale wieder in den Ausgangszustand zurückzuwandeln.

162 Vgl. die Ergebnisse bei Hertzsch/Schmitz: Die EDV als ein Werkzeug der Datenprüfung im Rahmen der Jahresabschlußprüfung - Eine empirische Untersuchung, in: WPg 1997, S. 525-532.

den fertige Programme von Softwarehäusern eingesetzt. Zu den Marktführern zählen die Programme IDEA, ACL und REVEX. Mit diesen Programmen werden Daten überwiegend sortiert, selektiert oder Saldenbestätigungsanforderungen ausgedruckt.[163]

Beim Mandanten sind PC-Netzwerke, Einzel-PC sowie Großrechner im Einsatz. In sehr großem Umfang setzt der Mandant standardisierte Buchhaltungsprogramme ein. Als Vorteile einer EDV-gestützen Prüfung werden die Verbesserung der Prüfungs- und Berichtsqualität sowie eine Zeitersparnis (ggf. erst in Folgejahren)genannt. Die mit dem EDV-Einsatz verbundene Notwendigkeit eines erhöhten Verständnisses von der EDV, die Abhängigkeit von der EDV und die ggf. auftretenden Schwierigkeiten bei der Interpretation der Berechnungsergebnisse des Programms können als Nachteile gesehen werden.[164]

4.2.3. Kooperation

Um die Anforderungen der zunehmend internationalen Mandantschaft besser zu erfüllen können, entstanden über die feste Zusammenarbeit von deutschen und ausländischen Partnern,[165] die zu festen internationalen Partnerschaften von Prüfungsgesellschaften führten, die internationalen (bislang 'Big Six') Verbünde bestimmter Wirtschaftsprüfungsgesellschaften.[166] Mit dem Aufbau

---

163 Vgl. Hertzsch/Schmitz: Die EDV als ein Werkzeug der Datenprüfung im Rahmen der Jahresabschlußprüfung - Eine empirische Untersuchung, in: WPg 1997, S. 526-527.

164 Vgl. Hertzsch/Schmitz: Die EDV als ein Werkzeug der Datenprüfung im Rahmen der Jahresabschlußprüfung - Eine empirische Untersuchung, in: WPg 1997, S. 528-529.

165 Vgl. Markus: Der Wirtschaftsprüfer, München 1996, S. 117f.

166 Zur Entstehung der sechs großen internationalen Prüfungsgesellschaften 'Big Six' vgl. Markus: Der Wirtschaftsprüfer, München 1996, S. 199-218. Markus schildert weiter, wie die deutschen Wirtschaftsprüfungsgesellschaften in die 'Big Six' eingebunden wurden. Vgl. Markus: Der Wirtschaftsprüfer, München 1996, S. 117f. sowie S. 162-167. Samuel A. Cypert beschreibt in seinem 1991 in New York veröffentlichten Buch 'Following the Money' ausführlich die Ereignisse, die zur Entste-

von Verbindungen zu anderen Prüfungsfirmen bzw. selbständig tätigen Prüfern wird eine Steigerung der Wirtschaftlichkeit und Verbesserung der Qualität der Prüfungs- und Beratungstätigkeit bezweckt.

In der Praxis finden sich bei den Big-Six-Gesellschaften auf internationaler Ebene die Rechtsformen des Vereins schweizer Rechts sowie die Genossenschaft schweizer Rechts. Kooperationen von Prüfungsgesellschaften unterhalb der Big-Six-Gesellschaften arbeiten auch auf Basis von Gesellschaften bürgerlichen Rechts wie auch von Partnerschaften zusammen.[167]

Die 'global players' unter den Mandanten erwarten einen weltweiten anspruchsvollen und umfassenden Prüfungs- und Beratungsservice. Mit der Zusammenlegung der Ressourcen ziehen die Prüfungsgesellschaften nach und werden zu einem 'megaglobalen' Anbieter von Prüfungs- und Beratungsdienstleistungen.[168] Mit dieser nochmalig verstärkten internationalen Präsenz soll es möglich werden, in jedem beliebigen Land der Welt jedem Prüfungs- und Beratungsbedarf der international orientierten Mandanten gerecht zu werden. Von einem einheitlichen Vorgehen bei der Prüfung, der Beratung oder z.B. bei der Ausbildung der Mitarbeiter können zudem zahlreiche Synergieeffekte erwartet werden.

Neben den bekannten großen Prüfungsgesellschaften haben sich auch zahlreiche kleinere Prüfungsgesellschaften sowie in eigener Praxis tätige Wirtschaftsprüfer in verschiedenen internationalen Netzwerken verbunden. Damit können in Zusammenarbeit mit den anderen Mitgliedsfirmen bzw. Koopera-

---

hung der 'Big Six' führten. Vgl. dazu auch Mark Stevens: The Big Six New York, 1991 sowie die Ausführungen im Abschnitt 3.3.

167 Vgl. Lichtner: Die Rolle des Berufsstandes der Wirtschaftsprüfer in einer Welt globaler Kapitalmärkte, in: WPK-Mitteilungen S/97, S. 133; vgl. auch Mandler: Wirtschaftsprüfung im Umbruch, in: ZfB 1994, S. 182; Richter: Theorie und Praxis der Wirtschaftsprüfung, in: ZIR 1997, S. 45-50.

168 Vgl. O.V.: Accounting Behemoths to Merge, in: International Herald Tribune vom 19.9.1997.

tionsfirmen des Netzwerkes speziellere internationale Fragestellungen bearbeitet werden und Größenvorteile genutzt werden.

Daneben bietet die Zusammenarbeit auch auf rein nationaler Ebene Vorteile. Aus dem Berufsrecht heraus ergibt sich jedoch die Besonderheit, daß der Wirtschaftsprüfer nicht beliebig in Kooperationen eintreten kann. Grundlage seines Handelns muß stets die Wirtschaftsprüferordnung sein, die u.a. von ihm verlangt, daß er seinen Beruf unabhängig und eigenverantwortlich und im Einvernehmen mit dem Ansehen des Berufes ausübt und seine Handlungen nicht als Werbung ausgelegt werden können.

Für Wirtschaftsprüfer, die in eigener Praxis tätig sind, bieten sich zahlreiche Möglichkeiten, auf die veränderten Anforderungen zu reagieren. Als Beispiele können genannt werden:[169]

- der Erfahrungsaustausch mit Berufskollegen,
- die gemeinsame Nutzung von Geschäftsräumen und Geschäftseinrichtungen (Bürogemeinschaft). Damit kann die Wirtschaftlichkeit der Praxis gesteigert werden und es ergeben sich ggf. Synergieeffekte,
- intensivere Zusammenarbeit durch Bildung von Verbünden oder Kooperationen,
- gesellschaftsrechtlich begründete Zusammenarbeit durch Errichtung von Sozietäten, Partnerschaftsgesellschaften oder Kapitalgesellschaften.

---

169 Vgl. zu Einzelheiten: Platz: Veräußerung und Übertragung von Steuerberater- und Wirtschaftsprüferpraxen, in: DStR 1997, S. 1465.

4.2.4. Diversifikation

Um die Bedürfnisse ihrer Mandanten noch besser befriedigen zu können, diversifizieren die Wirtschaftsprüfungsgesellschaften ihr Dienstleistungsangebot. Größere Wirtschaftsprüfungsgesellschaften haben eigene Tochtergesellschaften gegründet, die auf dem Gebiet der operativen und strategischen Unternehmensberatung, der EDV-Beratung und anderen Gebieten tätig sind. Wirtschaftsprüfer können mit Steuerberatern und Rechtsanwälten in gemeinsamen Sozietäten oder Partnerschaften zusammenarbeiten.[170] Durch aufeinander abgestimmte Beratungs- und Serviceeinheiten wird dem Mandanten betriebswirtschaftliche Beratung, Rechtsberatung, Steuerberatung und Wirtschaftsprüfung aus einer Hand angeboten.

4.2.5. Mitwirkung bei der Abfassung von Gesetzen oder Richtlinien

Wie andere Branchen auch, begleitet die Wirtschaftsprüferbranche den deutschen Gesetzgeber bei der Abfassung von neuen Vorschriften zur Rechnungslegung und Prüfung mit ihrem theoretischen und praktischen Sachverstand. Dies vollzieht sich hauptsächlich durch wissenschaftliche Beiträge im Schrifttum und die Tätigkeit des IDW und der WPK. Bei Gesetzentwürfen kommt es häufig vor, daß die Ministerien vor Einleitung des Gesetzgebungsverfahrens die betroffene und die interessierte Öffentlichkeit zur Stellungnahme einlädt. Vertreter des Berufsstandes (IDW/WPK) übermitteln dann entsprechende Anmerkungen aus der Sicht der Wirtschaftsprüfer.

---

170 Vgl. zu Einzelheiten: Buchner: Wirtschaftliches Prüfungswesen, 2. Aufl. München 1996, S. 107-111.

4.3. Häufige Mißverständnisse um den Beruf des Wirtschaftsprüfers

4.3.1. Der Unterschied zwischen dem Wirtschaftsprüfer und dem Außenprüfer

Der Wirtschaftsprüfer wird häufig mit dem Steuerprüfer/Außenprüfer der Finanzämter verwechselt. Dieser Außenprüfer der Finanzverwaltung, so die Bezeichnung in der Abgabenordnung, wird in der Praxis oft auch als Betriebsprüfer bezeichnet. Obwohl beide Prüfer Unternehmen prüfen, bestehen dennoch zahlreiche Unterschiede. Der Wirtschaftsprüfer prüft die Ordnungsmäßgkeit der Rechnungslegung und handelt im Auftrag der Gesellschafter, Gläubiger, Arbeitnehmer und schließlich auch im öffentlichen Interesse. Der Steuerprüfer prüft in erster Linie, ob die Grundlagen der Besteuerung (z.B. der Erfolg des Unternehmens) richtig ermittelt und ob die Steuern korrekt gezahlt wurden.

4.3.2. Erwartungslücke

Das an die Öffentlichkeit gerichtete Ergebnis der Prüfungstätigkeit, der Bestätigungsvermerk, besteht im Regelfall aus drei formelhaften Sätzen, die lauten:

> „Die Buchführung und der Jahresabschluß entsprechen nach unserer pflichtgemäßen Prüfung den gesetzlichen Vorschriften. Der Jahresabschluß vermittelt unter Beachtung der Grundsätze ordnungsmäßiger Buchführung ein den tatsächlichen Verhältnissen entsprechendes Bild der Vermögens-, Finanz- und Ertragslage der Kapitalgesellschaft. Der Lagebericht steht im Einklang mit dem Jahresabschluß.“

Der Wortlaut des Bestätigungsvermerkes für den Abschluß der Unternehmensgruppe (Konzern) lautet ähnlich.

Aus diesem Vermerk wird häufig geschlossen, daß das geprüfte Unternehmen wirtschaftlich gesund ist. Dem muß aber nicht so sein. So könnte durchaus ein Unternehmen eine ordnungsgemäße Buchführung besitzen, das schon seit längerer Zeit ausschließlich mit Verlusten arbeitet. Auch Unternehmen, die riskante oder spekulative Geschäfte betreiben, können einen Bestätigungsvermerk erhalten, wenn ihre Buchführung und ihr Jahresabschluß in Übereinstimmung mit den gesetzlichen Vorschriften steht. Dieses Mißverständnis wird als Erwartungslücke bezeichnet.

Der Unterschied wird deutlich, wenn man diesem Wortlaut den Wortlaut eines Bestätigungsvermerkes gegenüberstellt, der nach internationalen Grundsätzen erteilt wurde. Diese sehen eine umfassendere Angabe über die Art und Weise vor, in der die Erkenntnisse gewonnen wurden und bringen deutlicher zum Ausdruck, daß nicht ausgeschlossen werden kann, daß im Jahresabschluß auch nach sorgfältiger Prüfung noch Fehler enthalten sein können.

Der Berufsverband schlägt als Beispiel eines Bestätigungsberichts zur Übereinstimmung eines handelsrechtlichen Konzernabschlusses mit den Standards des IASC folgende Formulierung vor:[171]

---

[171] Weitestgehend wortgetreue Wiedergabe eines Vorschlages für einen uneingeschränkten Bestätigungsbericht: vgl. WPg 1996, S. 73; nach der Stellungnahme ISA 700 des International Federation of Accountants (IFAC) bedarf der Bericht zusätzlich der Angabe des Ortes, an dem der Prüfer seinen Dienstsitz hat, vgl. ISA 700.5.

Bestätigungsbericht des Abschlußprüfers

An den Vorstand und den Aufsichtsrat der XY Aktiengesellschaft:

Wir haben den Konzernabschluß der XY Aktiengesellschaft zum 31. Dezember .... einschließlich der Konzernkapitalflußrechnung für das Geschäftsjahr geprüft. Aufstellung und Inhalt dieses Konzernabschlusses liegen in der Verantwortung des Vorstands der Gesellschaft. Es ist unsere Aufgabe, auf der Grundlage der von uns durchgeführten Prüfung ein Urteil über die Einhaltung der International Accounting Standards in diesem Konzernabschluß abzugeben.

Wir haben unsere Prüfung unter Beachtung der International Standards on Auditing der International Federation of Accountants (IFAC) vorgenommen. Diese Grundsätze erfordern die Prüfung des Konzernabschlusses so zu planen und durchzuführen, daß ein hinreichend sicheres Urteil darüber abgegeben werden kann, ob der Konzernabschluß frei von wesentlichen Fehlaussagen ist. Die Konzernabschlußprüfung schließt eine stichprobengestütze Prüfung der Nachweise für die Bilanzierung und für die Angaben im Konzernabschluß ein. Sie beinhaltet auch die Prüfung der angewandten Bilanzierungs- und Bewertungsmethoden und wesentlichen Einschätzungen des Vorstands sowie eine Beurteilung der Gesamtaussage des Konzernabschlusses. Wir sind der Auffassung, daß unsere Prüfung eine hinreichend sichere Grundlage für unser Prüfungsurteil bildet.

> Nach unserer Überzeugung stellt der Konzernabschluß einschließlich der Konzernkapitalflußrechnung in allen wesentlichen Belangen die Vermögens- und Finanzlage des Konzerns zum 31. Dezember .... sowie die Ertragslage und die Zahlungsströme des abgelaufenen Geschäftsjahr angemessen dar und entspricht den Standards des International Accounting Standards Committee (IASC).
>
> *Ort, Datum*
>
> *Wirtschaftsprüfer*

Diese Formulierung kommt zur Anwendung, wenn der Wirtschaftsprüfer die Übereinstimmung des geprüften Abschlusses mit nicht-deutschem Bilanzrecht nach internationalen Gepflogenheiten bestätigt. Die Erwartungslücke (Differenz zwischen tatsächlicher Aussage des Bestätigungsvermerks und seiner von Teilen der Öffentlichkeit ihm unterstellten Aussage) dürfte bei dieser Formulierung nicht mehr existieren.

Weiterhin besteht Unklarheit über den Umfang der Prüfungshandlungen des Wirtschaftprüfers. Der Prüfer hat nicht den Auftrag, gezielt nach Unterschlagungen oder Fehlleistungen von Mitarbeitern zu suchen. Nur wenn er bei der Prüfung der Rechnungslegung auf solche Vorgänge stößt, hat er sie eingehend zu untersuchen. Demzufolge kann es durchaus sein, daß Unterschlagungen und Fehlleistungen von Mitarbeitern nach Abschluß der Prüfung aufgedeckt werden, die dem Wirtschaftsprüfer bei seiner Prüfung nicht bekannt geworden sind. Den Wirtschaftsprüfer trifft nur dann eine Mitschuld, wenn er bei ordnungsgemäßem Vorgehen die Unterschlagung oder die Fehlleistung des Mitarbeiters hätte erkennen müssen.[172]

Die Erwartungslücke besteht nach Auswertungen von Pressemeldungen hinsichtlich folgender vier Sachverhalte:[173]

- die Aussagesicherheit des Bestätigungsvermerks wird falsch interpretiert,
- dem Bestätigungsvermerk wird eine Aussage zur Überlebensfähigkeit der Unternehmung in der Zukunft unterstellt,
- die Art und Weise der Wahl als Abschlußprüfer durch die Gesellschafterversammlung auf Vorschlag durch die Geschäftsführung wird als ungewöhnlich empfunden,
- die Möglichkeiten und Grenzen, was eine Abschlußprüfung leisten kann, werden überschätzt und die Qualität der Berufsarbeit generell in Frage gestellt.

Abbildung 16: Die Inhalte der Erwartungslücke

Ein Teil der denkbaren Maßnahmen zur Schließung der Erwartungslücke besteht in der Änderung der gesetzlichen Rahmenbedingungen. Diese ist allein dem Gesetzgeber vorbehalten und von ihm bereits angegangen worden, indem er z.B. die Praxis der Formulierung eines standardisierten Be-

---

172 Siehe hierzu z.B. der Entwurf einer Verlautbarung zur Aufdeckung von Fehlern, Täuschungen, Vermögensschädigungen und sonstigen Gesetzesverstößen im Rahmen der Abschlußprüfung, in: WPg 1996, S. 476-480.

173 Vgl. Hunger: Die deutschen Wirtschaftsprüfer, Düsseldorf 1981, S. 160; siehe insbesondere die Sammlung von Zeitungsartikeln: ebenda, S. 160-162.

stätigungsvermerks ändern möchte oder die Geschäftsführung zur Einrichtung eines Krisenfrühwarnsystems verpflichten möchte.[174]

Die zweite Möglichkeit zur Schließung der Erwartungslücke, die verfolgt werden kann, besteht in der Information des Personenkreises, der mit den Prüfungsergebnissen in Berührung kommt, sowie in der Sensibilisierung der Berufsangehörigen, damit diese rechtzeitig auf diesen Personenkreis einwirken können.

174 In dem Entwurf eines Gesetzes zur Kontrolle und Transparenz im Unternehmensbereich (KonTraG) soll in dem geplanten § 93 AktG der Vorstand verpflichtet werden, für ein angemessenes Risikomanagement- und Überwachungssystem zu sorgen. Dieses soll dann im Rahmen der Abschlußprüfung durch den Wirtschaftsprüfer beurteilt werden. Vgl. Langenbucher/Blaum: Die Aufdeckung von Fehlern, dolosen Handlungen und sonstigen Gesetzesverstößen im Rahmen der Abschlußprüfung, in: DB 1997, S. 437ff. Für eine humoristische Reaktion auf das Problem der Erwartungslücke und das geplante KonTraG vgl. Hakelmacher: Bekanntmachung zur Schließung der Erwartungslücke (BSE), in: WPg 1997, S. 85-92.

B. Die Durchführung einer Jahresabschlußprüfung

1. Prüfungsgegenstand und Prüfungsziel

Der Gesetzgeber hat den Gegenstand einer gesetzlichen Jahresabschlußprüfung für den Einzelabschluß in § 317 Abs. 1 S. 1 HGB geregelt. In den übrigen Sätzen dieser Vorschrift wird dem Abschlußprüfer das gesetzliche Prüfungsziel vorgegeben. Für freiwillige Abschlußprüfungen finden sich keine Bestimmungen zu Prüfungsgegenstand oder Prüfungsziel im HGB. Diese sind vom Auftraggeber in seinem Prüfungsauftrag vorzugeben, wobei auf Gegenstand und Ziel einer gesetzlichen Abschlußprüfung abgestellt werden kann oder Ausweitungen bzw. Einschränkungen der Prüfungshandlungen vereinbart werden können. Wenn der Auftraggeber bei einer freiwilligen Abschlußprüfung ein dem gesetzlichen Bestätigungsvermerk gleichwertiges Prüfungsurteil erwartet, so darf der Abschlußprüfer keinen eingeschränkten Prüfungsauftrag annehmen. Nachfolgende Ausführungen zu Gegenstand und Ziel von Jahresabschlußprüfungen gelten für gesetzliche Abschlußprüfungen bzw. für freiwillige Prüfungen, die hinsichtlich des Prüfungsauftrages ersteren vergleichbar sind.

Nach HGB hat der Abschlußprüfer den Jahresabschluß und den Lagebericht zu prüfen und dabei die Buchführung einzubeziehen.[175] Bilanz, Gewinn- und Verlustrechnung und Anhang bilden die zentralen Prüfungsgegenstände. Der Jahresabschluß wird aus der Buchführung abgeleitet, so daß ihre Bestimmung als verpflichtender Prüfungsgegenstand durch den Gesetzgeber verständlich wird. Unter Buchführung ist aber nicht nur die reine Finanzbuchführung zu verstehen, sondern hierzu gehören auch die entsprechenden Nebenbücher wie Debitorenbuchhaltung, Lagerbuchführung, Anlagenbuchführung, die Gehalts- und Lohnbuchführung u.ä. Die Kostenrechnung bzw. Betriebsabrechnung ist nur insoweit Prüfungsgegenstand, als sie zur Ableitung der pagatori-

---

175 Vgl. § 317 Abs. 1 S. 1 HGB; Krawitz: Die Prüfung des Lageberichts, in: Praxis der GmbH-Rechnungslegung 1994, S. 602-621.

schen Herstellungskosten für Vorräte oder aktivierte Eigenleistungen dient. Das Inventar, als wert- und mengenmäßiges Verzeichnis aller Vermögensgegenstände und Schulden des Unternehmens, wird vom Gesetzgeber nicht als gesonderter Prüfungsgegenstand genannt und wird auch im Bestätigungsvermerk gem. § 322 HGB nicht erwähnt. Da aber das aus der Inventur abgeleitetet Inventar ein Teil der im HGB geregelten "Handelsbücher" ist und eine zentrale Grundlage bei der Jahresabschlußerstellung darstellt, ist das Inventar als notwendiger Prüfungsgegenstand anzusehen.

Für den Abschlußprüfer hat der Gesetzgeber als Prüfungsziel die Feststellung vorgegeben, ob der Jahresabschluß den gesetzlichen Vorschriften bzw. gesellschaftsvertraglichen oder statutarischen Regeln entspricht, der Lagebericht mit dem Jahresabschluß im Einklang steht und die sonstigen Angaben im Lagebericht keine falschen Vorstellungen von der Unternehmenslage vermitteln.[176] Da nach obigen Ausführungen Buchführung und Inventar neben dem Jahresabschluß Prüfungsgegenstände bilden, müssen auch diese den gesetzlichen Vorschriften, ggfs. auch gesellschaftsvertraglichen oder statutarischen Normen, entsprechen. Zu den gesellschaftsvertraglichen oder statutarischen Normen ist anzumerken, daß diese die gesetzlichen Vorschriften nur ergänzen, nicht aber mildern oder abändern dürfen. Beispiele für derartige Normen sind spezielle Regelungen zur Rücklagendotierung, zu gewinnabhängigen Bezügen der Geschäftsführungs- bzw. Verwaltungsorgane, die Einschränkung der handelsrechtlichen Bilanzierungswahlrechte auf die steuerrechtlichen Möglichkeiten o.ä. Der Lagebericht ergänzt den aus Bilanz, Gewinn- und Verlustrechnung und Anhang bestehenden Jahresabschluß und soll dem Bilanzadressaten über die gegenwärtige und zukünftig zu erwartende Unternehmenslage informieren. Der Inhalt des Lageberichtes ist nicht begrenzt, sondern § 289 HGB gibt nur den Mindestumfang an. Er kann damit von dem Unternehmen um freiwillige Angaben oder andere weiterführende Informationen ergänzt werden. Der Abschlußprüfer hat damit zu prüfen, ob

---

176 Vgl. § 317 Abs. 1 S. 2 und 3 HGB.

die Pflichtangaben des Lageberichtes mit dem Jahresabschluß im Einklang stehen und die freiwilligen Zusatzangaben nicht eine falsche Vorstellung von der Unternehmenslage vermitteln.

Damit ist die gesetzliche Jahresabschlußprüfung eine reine Ordnungsmäßigkeitsprüfung, weil es um die Frage geht, ob alle Rechnungslegungsvorschriften bei der Erstellung des Jahresabschlusses zutreffend angewendet wurden. Die Prüfung der Geschäftsführung, der Unternehmensorganisation o.ä. ist kein Prüfungsgegenstand einer handelsrechtlichen Jahresabschlußprüfung. Eine Prüfung der wirtschaftlichen Verhältnisse ist jedoch erforderlich, um die Angaben im Lagebericht und die Annahme des Fortbestands des Unternehmens beurteilen zu können.[177] Die wirtschaftlichen Verhältnisse können zudem für die Planung der Prüfung (Fehlererwartung) von Bedeutung sein. Bei handelsrechtlichen Jahresabschlußprüfungen muß der Prüfer zu nachteiligen Veränderungen der Vermögens-, Finanz- und Ertragslage bzw. zu wesentlichen Verlusten des Unternehmens Stellung nehmen (Redepflicht § 321 Abs. 2 HGB). Abschließend ist festzuhalten, daß Abschlußprüfungen nicht auf die Aufdeckung von Unterschlagungen ausgerichtet sind, da dies nicht gesetzliches Prüfungsziel ist und bei der Prüfungstätigkeit ein anderes prüferisches Vorgehen notwendig wäre. Wenn der Abschlußprüfer bei seiner Prüfungstätigkeit allerdings Unterschlagungen feststellt, so hat er dies an seinen Auftraggeber innnerhalb einer angemessenen Frist zu berichten und ggf. zusätzlich der besonderen Informationspflicht (Redepflicht) nach § 321 Abs. 2 HGB nachzukommen. Eine direkte Unterrichtung anderer Personen (z.B. des Aufsichtsratsvorsitzenden) ist zur Zeit nicht vorgesehen; in einem Gesetzentwurf aber bereits enthalten.[178]

---

177 Ist von der Unternehmensfortführung (going-concern) auszugehen, sind die Vermögensgegenstände mit ihren fortgeführten Anschaffungskosten in der Bilanz anzusetzen. Andernfalls ist mit Liquidationswerten zu bewerten.

178 Eine Berichterstattung gegenüber Dritten gibt es bei Prüfungen von Kreditinstituten und Versicherungen gegenüber den jeweiligen Aufsichtsbehörden sowie nach § 138 StGB bei Hochverrat, Landesverrat, Geld- oder Wertpapierfälschung, vgl. Langenbucher/Blaum: Die Aufdeckung von Fehlern, dolosen Handlungen und sonstigen Gesetzesverstößen im Rahmen der Abschlußprüfung, in: DB 1997, S. 443.

Der Prüfungsumfang ist im HGB nicht geregelt. Der Prüfungsumfang ergibt sich allerdings aus der Zielsetzung der Jahresabschlußprüfung und dem Pflichtinhalt des Prüfungsberichtes gem. § 321 HGB, den der Prüfer aus den in seinen Arbeitspapieren dokumentierten Prüfungshandlungen ableiten muß. All dies bestimmt die prüferische Vorgehensweise und der Umfang der einzelnen Prüfungshandlungen. Zum Prüfungsumfang und zur Prüfungsdurchführung haben sich Berufsübungen gebildet, die in dem Fachgutachten des Institutes der Wirtschaftsprüfer 1/1988 "Grundsätze ordnungsmäßiger Durchführung von Abschlußprüfungen"[179] niedergelegt sind.

2. Prüfungsauftrag

Nach der Wahl des Abschlußprüfers durch die Gesellschaftsorgane des zu prüfenden Unternehmens - die eigentliche Bestellung des Abschlußprüfers - , haben die Unternehmensvertreter den Prüfungsauftrag zu erteilen. Wenn der Auftrag in dieser Weise erteilt wurde, kann ein Honoraranspruch entstehen.[180] Es ist mit den Berufsgrundsätzen nicht vereinbar, einen Bestätigungsvermerk ohne entsprechende Bestellung und Beauftragung zu erteilen bzw. zu versagen. Gleichfalls ist es nicht möglich, einen solchen unter dem Vorbehalt einer späteren Bestellung[181] und Beauftragung zu erteilen.[182]

Der Wirtschaftsprüfer hat neben der zivilrechtlichen Beauftragung zur Abschlußprüfung (Prüfungsauftrag), die gewöhnlich schriftlich von der Unternehmensleitung übermittelt wird, gesondert zu prüfen, ob er auch rechtswirk-

---

179 Vgl. IDW: FG 1/1988, in: WPg 1989, S. 9-19.

180 Vgl. IDW: Wirtschaftsprüferhandbuch 1996, Band I, 11. Aufl. Düsseldorf 1996, S. 77.

181 Von der Bestellung des Abschlußprüfers ist die Bestellung als Wirtschaftsprüfer zu unterscheiden, welches die öffentlich-rechtliche Zulassung des Wirtschaftsprüfers nach bestandenem Wirtschaftsprüferexamen durch das zuständige Wirtschaftsministerium ist.

182 Vgl. IDW: Wirtschaftsprüferhandbuch 1996, Band I, 11. Aufl. Düsseldorf 1996, S. 1145.

sam als Abschlußprüfer bestellt worden ist. Von Bedeutung ist dies deshalb, da ohne rechtswirksame Bestellung des Abschlußprüfers im juristischen Sinne keine Prüfung stattgefunden hat. Ist keine Jahresabschlußprüfung erfolgt, so kann gemäß § 316 Abs. 1 S. 2 HGB der Jahresabschluß nicht festgestellt werden, was eine spätere Gewinnausschüttung problematisch macht.[183]

Rechtliche Bestimmungen können dazu führen, daß ein wirksamer Prüfungsauftrag nicht vorliegt oder vom Prüfer nicht angenommen werden darf.[184] Beispielsweise ist § 318 HGB zur Bestellung des Abschlußprüfers zu beachten. Regelmäßig wird der Prüfer von zuständigen Gesellschaftsorganen des zu prüfenden Unternehmens gewählt. Ein Abschlußprüfer ist nach § 319 HGB nicht wählbar, wenn Ausschlußgründe vorliegen. Diese wurden bereits bei den Ausführungen zu den Berufsgrundsätzen des Wirtschaftsprüfers in Abschnitt A.2.1.2. dargestellt, so daß darauf verwiesen werden kann.

Ergänzend sei angemerkt, daß der Abschlußprüfer den Prüfungsauftrag des Unternehmens auch ablehnen kann. Dabei wird auf die obigen Ausführungen in dem Abschnitt zum risikoorientierten Prüfungsansatz verwiesen (Screening).

Im Rahmen der Diskussion zum KonTraG wurden verschiedene Möglichkeiten diskutiert, die Stellung des Abschlußprüfers zu stärken. Ein Zwangswechsel der Prüfungsgesellschaft nach Ablauf von mehreren Jahren der Prüfungstätigkeit für einen Mandanten wurde abgelehnt, da mit der sog. externen Rotation Gefahren für die Prüfungsqualität in den ersten Jahren

---

183 Vgl. hierzu allgemein: Pfizenmayer: Rechtsfolgen des Unterbleibens der Jahresabschlußprüfung einer Kapitalgesellschaft im Falle der Prüfungspflicht nach § 316 HGB, in: WPK-Mitteilungen 1996, S. 90ff.

184 Vgl. hierzu auch die Ausführungen unter den Berufsgrundsätzen. Die Annahme des Prüfungsauftrages ist z.B. bei personellen Engpässen, Befangenheit bei der Urteilsfindung (oder allein die Besorgnis der Öffentlichkeit, der Prüfer könnte befangen sein) oder bei Eintreten anderer Ausschlußgründe (siehe § 319 HGB) nicht möglich.

nach dem Wechsel verbunden sind.[185] In diesem Entwurf ist ferner vorgesehen, den Aufsichtsrat und nicht den Vorstand einer Aktiengesellschaft damit zu beauftragen, den Prüfungsauftrag zu erteilen.[186]

3. Prüfungsplanung

„In diesem Rahmen [des pflichtgemäßen Ermessens] sind vom Abschlußprüfer die Prüfungshandlungen mit dem erforderlichen Maß an Sorgfalt so zu bestimmen, daß unter Beachtung der Grundsätze der Wesentlichkeit und der Wirtschaftlichkeit der Abschlußprüfung die geforderte Beurteilung der Rechnungslegung möglich wird." FG 1/88 Tz. B.I.

Es zählt zu den anerkannten Grundsätzen, der tatsächlichen Prüfung eine Planung der Prüfung voranzustellen. Diese umfaßt im ersten Schritt die Entwicklung einer Prüfungsstrategie sowie die Aufteilung des Prüfungsstoffes. Im zweiten Schritt erfolgt die eigentliche Prüfungsplanung, die sich in Prüfungsprogramm-, die Personal- und die Zeitplanung unterteilen läßt. Im dritten Schritt, der teilweise simultan zu den beiden anderen Schritten abläuft, erfolgt die Kommunikation mit dem Unternehmen, um Informationen zur Prüfungsplanung und Prüfungsdurchführung zu erlangen sowie die zuständigen Mitarbeiter auf die Anforderungen des Prüfers vorzubereiten. Allgemein ist die Prüfungsplanung ein ständiger Prozeß, welcher nicht mit der Durchführung der ersten Prüfungshandlungen endet, sondern den gesamten Prüfungsablauf begleitet. Die Prüfungsplanung ist laufend an die

185 Unabhängig vom Prüfungsauftrag ist die vorgesehene interne Rotation, d.h. der planmäßige Austausch der Mitarbeiter des Prüfungsteams. Vgl. Gelhausen: Reform der externen Rechnungslegung und ihrer Prüfung durch den Wirtschaftsprüfer, hrsg. von C&L Deutsche Revision, Frankfurt 1997, S. 10-14.

186 Vgl. Gelhausen: Reform der externen Rechnungslegung und ihrer Prüfung durch den Wirtschaftsprüfer, hrsg. von C&L Deutsche Revision, Frankfurt 1997, S. 15-17.

gewonnenen Erkenntnisse anzupassen, besonders wenn sich die eingeschätzten Prüfungsrisiken als unzutreffend erweisen.

Von dem Abschlußprüfer ist eine **Prüfungsstrategie** zu entwickeln, in der - unter Berücksichtigung der relativen und absoluten Bedeutung des Prüffeldes - bestimmt wird,[187]

- in welchen Prüffeldern ein Abstützen auf das interne Kontrollsystem möglich und sinnvoll ist,
- in welchen Prüffeldern aufgrund einer erhöhten Risikoeinschätzung umfangreichere Prüfungshandlungen erforderlich sind, bzw. in welchen Bereichen aufgrund eines geringen Risikos eine Prüfung in verminderten Umfang möglich erscheint,
- welche Prüfungshandlungen in den einzelnen Prüffeldern durchgeführt werden sollen.

Für die Festlegung der Prüfungsstrategie benötigt der Abschlußprüfer Informationen über die Geschäftstätigkeit und das wirtschaftliche Umfeld des zu prüfenden Unternehmens sowie über das Rechnungswesen, das interne Kontrollsystem und die im Unternehmen anzuwendenden Rechnungslegungsgrundsätze.[188]

Bei der Suche nach Informationen über die **Geschäftstätigkeit** des zu prüfenden Unternehmens und das wirtschaftliche Umfeld, in dem es tätig ist, kann sich der Abschlußprüfer bespielsweise folgende Fragen stellen:[189]

- In welcher Branche ist der Mandant tätig?

---

187 Vgl. IDW: Wirtschaftsprüferhandbuch 1996, Band I, 11. Aufl. Düsseldorf 1996, S. 1307.

188 Vgl. IDW: FG 1/88, Abschnitt D.I.

189 Vgl. IDW: Wirtschaftsprüferhandbuch 1996, Band I, 11. Aufl. Düsseldorf 1996, S. 1308, mit weiteren Nachweisen.

- Wie ist seine Stellung innerhalb der Branche?
- Welche Produktionsverfahren werden angewandt?
- Welches sind die hauptsächlichen Produkte oder Dienstleistungen?
- Unterliegen Produktion oder Absatz außergewöhnlichen oder saisonbedingten Einflüssen?
- Bestehen langfristige Verträge mit Lieferanten und/oder Kunden?
- Bestehen Verträge mit Lizenzgebern und/oder Lizenznehmern?
- Wer sind wesentliche Lieferanten und Abnehmer und in welchen Ländern sind sie ansässig?

Neben der Informationssammlung über die Geschäftstätigkeit ist auch die **Analyse der geschäftlichen Entwicklung** wichtig, um Prüfungsstrategie und Art und Umfang der Prüfungshandlungen festzulegen. Die Kenntnis der wirtschaftlichen Verhältnisse ist von Bedeutung für die Fehlererwartungen, denn Unternehmen könnten versucht sein, insbesondere bei ungünstigem Geschäftsverlauf durch eine unzulässige Rechnungslegung ein zu günstiges Bild der Unternehmenslage vorzutäuschen.

Die **Einschätzung des Rechnungswesens** und des **internen Kontrollsystems** bestimmt weitgehend die Prüfungsstrategie sowie Art und Umfang der durchzuführenden Prüfungshandlungen. Ein gut funktionierendes Kontrollsystem reduziert das Kontrollrisiko und rechtfertigt damit einen geringeren Umfang von Einzelprüfungen; d.h. es wird eine kontrollorientierte Prüfungsstrategie gewählt. Umgekehrt müssen bei Schwachstellen im internen Kontrollsystem die Einzelprüfungen intensiviert und ausgedehnt werden, d.h. es wird eine nicht kontrollorientierte Prüfungsstrategie gewählt. Zwischen diesen beiden unterschiedlichen Prüfungsstrategien kann der Prüfer entscheiden, wenn er Vorinformationen über den Zustand und die Organisation des Rechnungswesens hinsichtlich einer weitgehenden Sicherheit vor wesentlichen Mängeln und Fehlern sowie über Art und Wirksamkeit von Kontrollen zur Beseitigung der Mängel und Fehler gewürdigt hat. Diese Kenntnisse wird der Prüfer sich bei einer Erstprüfung im Rahmen einer ausführlichen Vorprüfung erarbeiten oder bei Wiederholungsprüfungen auf dem Wissenstand der Vorjahre aufbauen, wobei er sie auf ihre Gültigkeit zu überprüfen hat.

Parallel zur Festlegung der Prüfungsstrategie hat der Abschlußprüfer alle prüfungspflichtigen Sachverhalte in einzelne **Prüffelder** einzuteilen. Prüffelder sind Teilmengen der insgesamt zu prüfenden Sachverhalte, die nach sachlichen, zeitlichen oder örtlichen Gesichtspunkten gebildet werden. Gebräuchlich ist eine Aufteilung nach Bilanzposten oder Posten der Gewinn- und Verlustrechnung. Denkbar sind auch Aufteilungen nach Funktionsbereichen des Unternehmens wie Finanzbereich, Personalbereich oder Funktionsabläufen wie Einkauf, Produktion, Verkauf, Zahlungseingang, Zahlungsausgang usw. Die Bildung von Prüffeldern wird vorgenommen, um den Prüfungsstoff in überschaubare Teilgebiete zu zerlegen, was eine planmäßige und vollständige Erfassung der zu prüfenden Sachverhalte, eine bessere Prüfungsplanung, Prüfungsdurchführung und Prüfungsdokumentation ermöglicht.

Nach der Festlegung der Prüfungsstrategie und der Bildung der Prüffelder wird durch die **Prüfungsprogrammplanung** das eigentliche Prüfungsvorgehen bestimmt.

In der Prüfungsprogrammplanung sind die einzelnen Prüffelder und die Art und Weise, in der sie geprüft werden sollen, festzulegen.

Als wesentliche Kriterien für die Bestimmung des Prüfungsumfanges werden genannt:

- organisatorische und wirtschaftliche Gegebenheiten,
- die Bedeutung des einzelnen Prüfungsgegenstandes,

- die Wahrscheinlichkeit von Fehlern oder von Verstößen gegen Rechnungslegungsvorschriften und
- die Gewinnung von Prüfungsfeststellungen in zeitgerechter und wirtschaftlicher Weise.

Bei überschaubaren Prüffeldern mit großen Beträgen sind die Sachverhalte durch Einsichtnahme in die Belege oder externe Bestätigungen zu prüfen. Wenn Prüffelder mit einer großen Anzahl von Einzelsachverhalten vorliegen, sind Systemprüfungen vorzunehmen oder eventuell mathematisch-statistische Verfahren zur Ziehung von repräsentativen Stichproben notwendig.[190] Wenn keine statistisch gestützte Zufallsauswahl vorgenommen wird, kann der Prüfer zwischen den folgenden zulässigen Auswahltechniken wählen:

- er kann häufig vorkommende, typische Fälle auswählen und prüfen **(Repräsentativitätsprinzip)**,
- er kann wesentliche Fälle auswählen, denen er eine besondere Bedeutung für die Urteilsbildung beimißt **(Konzentrationsprinzip)** oder
- er kann die Fälle auswählen, in denen er Fehler vermutet **(Detektivprinzip)**.

Die Auswahltechniken kommen i.d.R. gemeinsam zur Anwendung.

Bei Wiederholungsprüfungen ist die Bildung von wechselnden **Prüfungsschwerpunkten** im Sinne einer jährlich wechselnden, besonders intensiven Prüfung einzelner Teilgebiete und einer weniger intensiven Prüfung anderer

---

190 Eine praxisnahe Darstellung, wie mit gewöhnlicher Standardsoftware Stichproben gezogen werden können, gibt Hörmann: Quantitative Verfahren in der Wirtschaftsprüfung, Wien 1997.

Teilgebiete zulässig und kann im Interesse einer wirtschaftlichen Prüfungsdurchführung liegen. Die Bildung von Prüfungsschwerpunkten setzt allerdings ein angemessen funktionierendes internes Kontrollsystem voraus und erfordert einen Prüfungsplan für mehrere Jahre, der die Prüfungsschwerpunkte festlegt.[191]

Der zuständige Prüfungsleiter hat rechtzeitig eine **Personalplanung** vorzunehmen, um zu entscheiden, welche Prüfer für die Durchführung der Jahresabschlußprüfung eingesetzt und wie die Prüffelder auf die vorhandenen Mitarbeiter aufgeteilt werden sollen. Es ist dabei darauf zu achten, daß die Schwierigkeit der einzelnen Prüffelder den Fähigkeiten der Mitarbeiter entspricht. Die Qualität und Wirtschaftlichkeit der Prüfung ist nur gesichert, wenn der Leiter der Prüfung die Mitarbeiter weder unter- noch überfordert. Neben Fachkenntnis verlangt eine effiziente Prüfung detaillierte Kenntnisse des zu prüfenden Unternehmens, z.B. über die Geschäftstätigkeit, die Organisation des Rechnungswesen, die wirtschaftlichen und rechtlichen Verhältnisse sowie die Branchenbesonderheiten. Deshalb benötigen die jeweiligen Prüfer eine gewisse "Eingewöhnungszeit", was für den Einsatz der selben Prüfer bei Wiederholungsprüfungen spricht. Andererseits kann bei dauerhafter Teilnahme an der selben Jahresabschlußprüfung die Gefahr der "Betriebsblindheit" entstehen, weshalb in der Praxis oft Teile des Prüfungsteams in bestimmten Zeitabständen ausgetauscht werden.

Die **Zeitplanung** hat die Aufgabe, daß bei der Durchführung der Jahresabschlußprüfung alle vereinbarten Termine eingehalten werden. Bereits bei der Auftragsannahmeentscheidung besitzt die Zeitplanung eine grundlegende Bedeutung. Falls schon dann ersichtlich ist, daß ein Prüfungsauftrag mangels ausreichender Kapazitäten nicht termingerecht abgeschlossen werden kann, ist aufgrund berufsrechtlicher Normen der Prüfungsauftrag zurückzugeben.[192] Bei Wiederholungsprüfungen ist die erste grobe Zeitpla-

---

[191] Vgl. IDW: FG 1/88, Abschnitt D.I. Anmerkung Nr. 3.

[192] Vgl. § 4 Abs. 4 der WP-Berufssatzung.

nung weitgehend unproblematisch durchzuführen, da für die einzelnen Prüffelder die Bearbeitungszeiten des Vorjahres als Anhaltspunkte für die Planung zur Verfügung stehen. Bei Erstprüfungen ist die Zeitplanung schwierig, da dem verantwortlichen Prüfer die Unternehmensorganisation, der Umfang und der Schwierigkeitsgrad des Prüfungsstoffes noch unbekannt sind. Als Lösungsmöglichkeit bietet sich der Rückgriff auf Erfahrungen an, die bei der Prüfung von Unternehmen ähnlicher Art und Größe gemacht wurden.

Bei der Zeitplanung hat der verantwortliche Wirtschaftsprüfer vor allem darauf zu achten, daß

- die Terminierung der Prüfungstätigkeit (z.B. Vorprüfung, Einholung von Saldenbestätigungen, Inventurteilnahme, eigentliche Abschlußprüfung) einen ordungsgemäßen Prüfungsablauf ermöglichen,
- die Prüfungsanweisungen an die Prüfungsmitarbeiter bei deren Tätigkeitsbeginn vorliegen,
- die Zeitvorgaben zur Bewältigung der Prüfungsaufgaben ausreichend sind,
- die Prüfungsbereitschaft des Mandanten bei Beginn der jeweiligen Prüfungstätigkeit gegeben ist,
- Zeitreserven für unerwartet erforderliche Änderungen des Prüfungsvorgehens bestehen,
- die Überwachungsmaßnahmen parallel zum Prüfungsfortschritt durchgeführt werden und
- die Durchsicht der Prüfungsergebnisse möglichst noch vor Beendigung der Prüfung erfolgt.[193]

---

193 Vgl. WPK/IDW-Stellungnahme VO 1/1995: "Zur Qualitätssicherung in der Wirtschaftsprüferpraxis", Abschnitt C.I. -IV.

Generell ist die Zeitplanung gewissen Unwägbarkeiten ausgesetzt. Es ist möglich, daß im Prüfungsverlauf bestimmte Sachverhalte intensiver als vorgesehen geprüft werden, nicht vorhergesehene Bilanzierungfragen auftauchen oder das zu prüfende Unternehmen die erforderlichen Unterlagen nur schleppend bereitstellt.

Neben dieser Prüfungsplanung im engeren Sinne ist die Prüfungsplanung im weiteren Sinne zu nennen. Sie umfaßt die Kommunikation mit dem Unternehmen, um einerseits von diesem Informationen für die Prüfungsplanung und -durchführung zu bekommen und andererseits es auf die Anforderungen des Prüfers vorzubereiten. Denn Prüfungsbeginn und Prüfungsdurchführung ist von der Prüfungsbereitschaft des zu prüfenden Unternehmens abhängig. Prüfungsbereitschaft bedeutet dabei, daß das zu prüfende Unternehmen die für die Abschlußprüfung erforderlichen Unterlagen in der benötigten Qualität und Form rechtzeitig bereitstellt.

Optimale Arbeitsbedingungen gewährleisten eine wirtschaftliche und qualitativ hochwertige Prüfung. Empfehlenswert ist es, den Wirtschaftsprüfer bereits vorab, z.B. im Rahmen der Erteilung des Prüfungsauftrages, über beabsichtigte Änderungen bei der Bilanzierung oder besondere Geschäftsentwicklungen zu informieren. Dies gibt dem Prüfer Gelegenheit, den Zeit- und Personalbedarf zutreffend zu planen und ggf. erforderliche Vorarbeiten (z.B. die Einholung von Gutachten) rechtzeitig in die Wege zu leiten. Weiter erleichtert es die Prüfungsdurchführung und führt zu Zeitersparnissen, wenn das zu prüfende Unternehmen Kopien von Dokumenten oder Inventaren schon im voraus erstellt, die dann dem Prüfungsteam als Grundlage für die Prüfungshandlungen dienen können. Daneben sollte die Geschäftsleitung des Mandanten rechtzeitig die Mitarbeiter über die Anwesenheit des Prüfungsteams und deren Aufgaben informieren.

Die Prüfung läßt sich von Seiten des Unternehmens durch die Vorbereitung von Unterlagen beschleunigen. Hierzu zählen im Regelfall beispielsweise: [194]

- eine Übersicht zu den Konzernunternehmen, wichtige Verträge, die Satzung des Unternehmens,
- Informationen zu den Produkten und zur Kapazitätsauslastung,
- ein Organisationsplan,
- das Firmentelefonbuch,
- ein Konten- und Kostenstellenplan,
- die Bilanzierungsrichtlinien und
- die Inventuranweisungen.

Daneben gibt es zahlreiche Unterlagen, die für einzelne Posten der Bilanz und der Gewinn- und Verlustrechnung geeignet sind,

- den Bestand und die Zusammensetzung des Postens (z.B. Anlagekartei, Saldenlisten, Kontoauszüge, Lohnlisten, Steuerbescheide),
- die Bewertung, insbesondere Fragen der außerplanmäßigen Abschreibung (z.B. Schichtung der Forderungen oder Vorräte nach ihrem Altersaufbau, Wert bzw. Gängigkeit) sowie die
- Erhöhung oder Verminderung des Postens (z.B. Sachanlagen Zu- und Abgänge, Bildung und Auflösung von Rückstellungen) nachzuweisen.

Neben der Kommunikation zwischen Wirtschaftsprüfer und Unternehmen ist die Klärung organisatorischer Belange, wie die Unterbringung während der Prüfung, von Bedeutung. Die Unterbringung des Prüfungsteams sollte zweckmäßigerweise in der Nähe der Buchhaltungsabteilung bzw. des Rechnungswesens erfolgen, um die Wege zu den jeweiligen Ansprechpartnern kurz zu halten. Der Raum sollte hinreichend geräumig sein, damit er

---

[194] Vgl. IDW: Wirtschaftsprüferhandbuch 1996, Band I, 11. Aufl. Düsseldorf 1996, S. 1333-1335.

auch in Spitzenzeiten groß genug ist, das gesamte Prüfungsteam und die zahlreichen Listen und Ordner unterzubringen. Zudem sollten Möglichkeiten zum Anschluß von Telefonen und eines Modems vorhanden sein. Wenn das zu prüfende Untenehmen über eine komplexes EDV-gestütztes Rechnungswesen verfügt, ist es für die Prüfungsdurchführung hilfreich, wenn im 'Prüferzimmer' ein EDV-Terminal für Abfragen zur Verfügung steht. Wünschenswert ist es ferner, wenn Kopier- und FAX-Möglichkeiten in der Nähe vorhanden wären.

Nicht unbedeutend ist die sachgerechte Unterbringung der Mitarbeiter nach Feierabend. Dic Hotclbuchung sollte sobald als möglich vorgenommen werden, um alle Mitarbeiter in dem Hotel, das den Bedürfnissen der Prüfung und der Prüfer am besten entspricht, unterbringen zu können. Daneben sollte die Buchung ggf. auf Widerruf erfolgen, falls mit Verschiebungen bei der Zeitplanung (z.B. Verzögerungen bei der Abschlußerstellung) zu rechnen ist. Das Hotel sollte möglichst nah am Ort der Prüfung liegen, um die Wege zum Arbeitsplatz möglichst kurz zu halten. Weiter ist es erforderlich, daß das Hotel hinreichend ruhig gelegen ist bzw. über entsprechend schallisolierte Fenster verfügt. Allerdings sollte es auch nicht mitten im Industriegebiet liegen, so daß der Prüfer am Abend auch außerhalb des Hotels ein Abendessen bekommen kann, ohne sein Auto benutzen zu müssen. Sofern noch keine eigenen Erfahrungen zu Hotels vorliegen, dürfte der Mandant entsprechende Kenntnisse besitzen und vielleicht auch ermäßigte Zimmerpreise aushandeln können. Als weitere Voraussetzung ist eine Unterstellmöglichkeit für das Auto des Prüfers zu nennen.

4. Durchführung und Dokumentation der Prüfungshandlungen

4.1. Zur Art und Weise der Durchführung einer Prüfung

Das Selbstverständnis des Prüfers ist einem starken Spannungsfeld ausgesetzt: während er als Dienstleister im Auftrag und im Interesse des Mandanten tätig ist und auf dessen Unterstützung bei seiner Prüfungstätigkeit angewiesen ist, verlangt das Wesen der Prüfung eine gewisse kritische Distanz. Für die optimale Durchführung der Prüfung sollte daher auf ein gutes Arbeitsverhältnis zwischen Mandant und Prüfer hingearbeitet werden. Dazu ist es empfehlenswert, daß der dem Unternehmen aus den Vorjahren bereits bekannte Prüfungsleiter den neuen Prüfungsassistenten den Mitarbeitern der Buchhaltungsabteilung vorstellt.[195] Die einzelnen Prüfungshandlungen sollten, sofern dies möglich ist, zu Zeitpunkten vorgenommen werden, an denen die Mitarbeiter der Buchhaltung hinreichend Zeit haben, die Fragen des Prüfers in dem erforderlichen Umfang zu beantworten. Die Bedürfnisse des Unternehmens und der Prüfung in Einklang zu bringen, verlangt vom Prüfer entsprechendes Fingerspitzengefühl.

Der Prüfer sollte sich bewußt sein, daß seine Tätigkeit, sobald er das Prüferzimmer verläßt, intensiv wahrgenommen wird und einen beliebten Gesprächsstoff der Mitarbeiter darstellt.

Als quasi-Mitarbeiter auf Zeit wird der Prüfer - wie andere Fremdfirmen im Mandantenunternehmen auch - üblicherweise zumindest mit Kaffee verpflegt. Gelegentlich besitzt der Mandant eine Kantine, in dem auch das Prüferteam das Mittagessen und ggf. das Abendessen einnehmen kann.

---

195 Ggf. kommen hierbei die Visitenkarten zum Einsatz. Sie sollten stets griffbereit zur Hand sein. Um unschöne Beschädigungen zu vermeiden empfiehlt es sich, sie in Klarsichthüllen entsprechender Größe oder in anderen geeigneten Behältnissen zu verwahren.

4.2. Prüferisches Vorgehen

4.2.1. Was ist eigentlich Prüfen?

Bevor näher auf das eigentliche prüferische Vorgehen eingegangen wird, ist eine zentrale Grundfrage zu klären: was ist eigentlich Prüfen?

Mit der Übernahme der gesetzlich vorgeschriebenen Jahresabschlußprüfung bei Gesellschaften bestimmter Größe und Rechtsform bestätigt der Prüfer die Richtigkeit der Buchführung und der Rechnungslegung. Zugleich bestätigt der Prüfer mit seinem (positiven) Urteil, daß im Rahmen der Prüfung keine Verstöße gegen Gesetz oder Satzung erkennbar wurden.

Um die Richtigkeit der Buchführung und der Rechnungslegung bestätigen zu können, muß der Prüfer Vergleiche vornehmen. Er muß entscheiden, ob die von dem Unternehmen durchgeführte Behandlung der wirtschaftlichen Sachverhalte (z.B. Kauf eines Autos) mit der durch Gesetz, Satzung und Grundsätze ordnungsgemäßer Buchführung geforderten Vorgehensweise übereinstimmen.

Um diesen Vergleich durchführen zu können, muß der Prüfer die richtige Verbuchung und Bilanzierung ermitteln und sie der tatsächlichen Verbuchung und Bilanzierung gegenüberstellen. Bei dem genannten Beispiel, Kauf eines Autos, ist die bilanzielle Würdigung abhängig von der wirtschaftlichen Intention. Kauft ein Unternehmen ein Auto, um damit Geschäftsfahrten vorzunehmen, so dient es dauernd dem Geschäftsbetrieb und ist als Gegenstand des Anlagevermögens zu erfassen. Das Auto ist mit seinen Anschaffungskosten, d.h. Kaufpreis und Nebenkosten wie Zulassungsgebühr, zu bewerten. Wenn das Auto von einem Autohändler mit der Absicht des Verkaufes erworben wird, so muß es dieser als Umlaufvermögen erfassen und mit dem Kaufpreis bewerten. In der Regel trägt der spätere Autokäufer die Kfz-Zulassungsgebühr, so daß sie für den Autohändler keine Anschaffungsnebenkosten darstellen.

Wenn das erstgenannte Unternehmen das gekaufte Auto mit der Begründung, der Verkaufsvertreter würde mit dem Auto die umliegenden Kunden besuchen, als Umlaufvermögen bilanziert, so wäre dies eine Abweichung der tatsächlichen Behandlung des wirtschaftlichen Sachverhaltes im Jahresabschluß von der korrekten handelsrechtlichen Vorgehensweise, wie sie oben beschrieben wurde.

Erschwerend wirkt sich bei der Ermittlung der korrekten bilanziellen Behandlung im Regelfall aus, daß der Gesetzgeber dem Bilanzierenden verschiedene Wahlrechte eingeräumt hat oder der wirtschaftliche Sachverhalt oder die Interpretation der Gesetzesnorm Spielräume der Beurteilung beinhalten, die zu verschiedenen richtigen Verbuchungs- und Bilanzierungsweisen führen.

Im Beispielsfall ergäben sich ggf. Beurteilungsschwierigkeiten und -spielräume, wenn das Unternehmen die Fahrzeuge zunächst selbst als Vorführwagen nutzt und anschließend verkauft, verschiedene Arten von Leasingverträgen (Leasing mit/ohne Übergang des wirtschaftlichen Eigentums[196] auf den Leasingnehmer) über die Fahrzeuge abschließen will oder die Fahrzeuge zunächst für unbestimmte Zeit im eigenen Autovermietgeschäft einsetzt und danach weiterveräußert.

---

196 Als wirtschaftlicher Eigentümer wird der Inhaber von Rechten an einem Vermögensgegenstand bezeichnet, der wie ein juristischer Eigentümer Inhaber aller wesentlichen Chancen und Risiken aus dem Vermögensgegenstand ist und jeden Dritten auf Dauer von der Einwirkung auf den Vermögensgegenstand ausschließen kann. Eine solche Verlagerung von Rechten und Verpflichtungen vom juristischen auf den wirtschaftlichen Eigentümer kann z.B. durch den Abschluß von bestimmten Leasingverträgen erreicht werden.

Sofern zwischen der bzw. mehreren erlaubten und vorgesehenen Behandlung im Rechenwerk des Unternehmens Abweichungen zu der vom Unternehmer gewählten Verbuchungs- und Bilanzierungsweise bestehen, liegt ein Fehler vor. Diese Fehler muß der Prüfer beurteilen und in Abhängigkeit von der Art, dem Ausmaß und der Bedeutung des Fehlers wird er diesen als wesentlichen oder unwesentlichen Fehler einstufen.

Auf wesentliche Fehler muß der Abschlußprüfer in seinem Prüfungsbericht hinweisen und er hat, soweit möglich, auf die Korrektur des Fehlers hinzuwirken. Andernfalls ist er gezwungen, den Bestätigungsvermerk zu ergänzen, ihn einzuschränken oder ganz zu verweigern. Bei unwesentlichen Fehlern wird der Prüfer das Unternehmen auf den Umstand hinweisen, aber aus Gründen der Wesentlichkeit wird der Abschlußprüfer nicht zwingend auf eine Korrektur bestehen.

Von besonderer Bedeutung für den Prüfer sind Fehler, die bewußt begangen wurden (siehe hierzu die Ausführungen unter Prüfungshandlungen zur Aufdeckung von Unterschlagungen und Manipulation), Fehler im System (z.B. EDV-Programmfehler: Forderungen in italienischer Lira werden von der EDV mit US-Dollarkursen umgerechnet/bzw. Kurstabellen werden nicht gepflegt; Mängel im Kontrollsystem: Verstöße gegen das 4-Augen-Prinzip usw.) sowie Fehler, die sich betragsmäßig stark auswirken. Unter den letzteren finden sich meist Verstöße gegen den Grundsatz der Vollständigkeit, indem Rückstellungen aus ggf. verlustbringenden Geschäften nicht ausgewiesen werden. Weiter sind darunter Verstöße gegen den Grundsatz der Gültigkeit/Vorhandensein/Richtigkeit zu fassen, wie z.B. der Ausweis einer nicht existenten Forderung. Schließlich dürften Fragen des richtigen Periodenausweises oftmals von nicht untergeordneter Bedeutung sein.[197]

---

197 Zu den zahlreichen Systematisierungen von Fehlern siehe: Quick: Die Risiken der Jahresabschlußprüfung, Düsseldorf 1996, S. 11-14.

Für den Vergleich von z.B. wirtschaftlichem Sachverhalt und dessen Abbildung bzw. erwarteten anhand von Vergangenheitszahlen oder Vergleichzahlen hochgerechneten Wert eines Bilanzpostens mit dem tatsächlichen gebuchten Wert haben sich als Fachworte Begriffe der Regeltechnik (Kybernetik) etabliert. So wird der vorliegende Sachverhalt als Istwert bezeichnet und der Idealzustand als Sollwert. Prüfen stellt sich somit als ein Soll-Ist-Vergleich mit anschließender Beurteilung dar.[198]

Nach dem sog. meßtheoretischen Ansatz können folgende Teilprozesse unterschieden werden:

1. Gewinnung eines Istobjektes,
2. Konstruktion eines dem Istobjekt entsprechenden Sollobjekts,
3. Soll-Istvergleich,
4. Bewertung von Soll-Istabweichungen und
5. Formulierung des Urteils.

198 Vgl. Wiedmann: Der risikoorientierte Prüfungsansatz, in: WPg 1996, S. 14.

4.2.2. Die Fachgutachten und der risikoorientierte Prüfungsansatz

Die wesentlichen Empfehlungen für die prüferische Vorgehensweise, die Empfehlungen zur Berichterstattung und Erteilung eines Bestätigungvermerkes sind in den sog. Fachgutachten 1/88 bzw. 2/88 bzw. 3/88 enthalten.[199] Diese Stellungnahmen des Instituts der Wirtschaftsprüfer sind für den Wirtschaftsprüfer grundsätzlich nicht bindend, da er nur dem Gesetz und seinem Gewissen verpflichtet ist. Da die in den Fachgutachten empfohlene Vorgehensweise vom Berufsstand als berufsüblich angesehen wird, ist ein Abweichen nur bei Vorliegen besonderer Gründe vertretbar. So äußerte sich das Ehrengericht bereits im Jahre 1952:

> „...Das Fachgutachten stellt jedoch die gewissenhaft geprüfte Berufsauffassung der von dem Vertrauen des Berufs getragenen besonders erfahrenen und sachverständigen Berufsangehörigen dar. Ohne ganz wichtige objektive beachtliche Gründe wird es daher kein einzelner Berufsangehöriger auf sich nehmen dürfen, von einem Fachgutachten abzuweichen.“[200]

Zentrale, allgemeingültige Vorgaben des Gesetzgebers zur Durchführung einer Jahresabschlußprüfung existieren nicht. Von Seiten des Berufsstandes nimmt das Fachgutachten 1/88 zur Durchführung von Jahresabschlußprüfung und anderer Prüfungen zu diesem Problembereich Stellung. Daneben

---

199 Vgl. IDW: FG 1/1988: Grundsätze ordnungsmäßiger Durchführung von Abschlußprüfungen, in: WPg 1989, S. 9-19; IDW: FG 2/1988: Grundsätze ordnungsmäßiger Berichterstattung bei Abschlußprüfungen, in: WPg 1989, S. 20-27; IDW: FG 3/1988: Grundsätze für die Erteilung von Bestätigungsvermerken bei Abschlußprüfungen, in: WPg 1989, S. 27-36.

200 Ehrengericht: Beschluß vom 19.12.1952 zur Bedeutung der Fachgutachten des Instituts der Wirtschaftsprüfer für die Berufsangehörigen, in: die Rechtsprechung der Ehrengerichte, 2. Aufl. Düsseldorf 1957, Nr. A III 22.

verfügen zum Teil die größeren Prüfungsgesellschaften über interne Prüfungsleitfäden, welche für ihre Mitarbeiter die Durchführung von Abschlußprüfungen regeln.

Laut Fachgutachten 1/88 hat der Abschlußprüfer die Prüfung so durchzuführen, daß die geforderte Beurteilung der Ordnungsmäßigkeit des Jahresabschlusses unter Beachtung des Grundsatzes der Wirtschaftlichkeit erreicht wird.[201] Nach herrschender Auffassung bedeutet der Grundsatz der Wirtschaftlichkeit die Gewährleistung der erforderlichen Urteilssicherheit bei minimalen Prüfungskosten (Minimalprinzip).[202] Die erforderliche Urteilssicherheit ist das Gegenstück zum Prüfungsrisiko, d.h. die Gefahr, daß der Abschlußprüfer zu Unrecht einen Bestätigungsvermerk erteilt, obwohl der Jahresabschluß wesentliche Fehler enthält. So wie das Prüfungsrisiko aus verschiedenen Bestandteilen besteht, kann der Prüfer seine Urteilssicherheit aus verschiedenen Komponenten gewinnen.[203] Bei jeder dieser Sicherheitskomponenten wendet der Abschlußprüfer andere Prüfungsmethoden an. In der folgenden Abbildung werden die Bestandteile des Prüfungsrisikos, die Komponenten der Urteilssicherheit und die zugehörigen grundlegenden Prüfungsmethoden gegenübergestellt.

---

201 Vgl. IDW: FG 1/1988, A.I.

202 Für die herrschende Auffassung vgl. z.B. Stibi: Prüfungsrisikomodell und risikoorientierte Abschlußprüfung, Düsseldorf 1995, S. 16-31 und S. 245.

203 Vgl. dazu: z.B. Stibi: Prüfungsrisikomodell und risikoorientierte Abschlußprüfung, Düsseldorf 1995, S. 245-255; Wiedmann: Der risikoorientierte Prüfungsansatz, in: WPg 1993, S. 13-16.

Bestandteile des Prüfungsrisikos	**Kategorien der Urteilssicherheit**	**Grundlegende Prüfungsmethoden**
Inhärentes Risiko	Inhärente Sicherheit	Risikoanalyse
Kontrollrisiko	Sicherheit aus der Güte des Internen Kontrollsystems	Systemprüfung
Aufdeckungsrisiko	Sicherheit aus ergebnisorientierten Prüfungshandlungen	ergebnisorientierte Prüfungshandlungen: • analytische Prüfungshandlungen • Einzelfallprüfungen

Abbildung 17: Risikobestandteile, Sicherheitskomponenten und grundlegende Prüfungsmethoden

Wie das inhärente Risiko besteht auch das Kontrollrisiko unabhängig von der Art und Weise, wie eine Abschlußprüfung durchgeführt wird. Damit bestimmen das inhärente Risiko und das Kontrollrisiko gemeinsam das Risko, daß das Prüffeld wesentliche Fehler enthält. Anders betrachtet bestimmt die inhärente Sicherheit und die Güte des internen Kontrollsystems die Wahrscheinlichkeit, ob das Prüffeld vielleicht keine wesentliche Fehler enthält. Damit der Abschlußprüfer mit hinreichender Sicherheit ein Urteil über den Jahresabschluß abgeben kann, muß er durch Risikobeurteilung und Systemprüfung die ihnen jeweils zugeordneten Risikokomponenten (inhärentes Risiko; Kontrollrisiko) bzw. Sicherheitskategorien beurteilen. In Abhängigkeit von dem verbleibenden Restrisiko bzw. der noch zu gewinnenden Sicherheitskomponente muß der Abschlußprüfer sein weiteres Prüfungsvorgehen (-programm), d.h. Art, Zeitpunkt und Umfang der ergebnisorientierten Prüfungshandlungen (analytische Prüfungshandlungen, Einzelfallprüfung), festlegen. Einzelfallprüfungen und analytische Prüfungshandlungen sind Maßnahmen des Abschlußprüfers, um Urteilssicherheit durch eigene Handlungen zu gewinnen und sind bei Jahresabschlußprüfungen in jedem Falle durchzuführen.

Nach dieser allgemeinen Einführung werden im nächsten Abschnitt die Prüfungstechniken näher beschrieben.

4.2.3. Grundlegende Prüfungstechniken

Risikoanalyse

Damit sich der Abschlußprüfer Erwartungen über die grundsätzliche Anfälligkeit bestimmter Geschäftsarten, Kontensalden oder Jahresabschlußpositionen für wesentliche Falschdarstellungen z.B. in Form eines falschen Ansatzes, Bewertung oder Ausweises (ohne Beachtung interner Kontrollen) bilden kann, muß er eine Risikoanalyse durchführen. Die Risikoanalyse bildet zusammen mit Wesentlichkeitsüberlegungen die Grundlage für weitere Prüfungshandlungen, da der Abschlußprüfer als Ergebnis der Risikoanalyse feststellt, wie wahrscheinlich ein solcher Fehler ist. In der eingangs eingeführten Terminologie ist dies gleichzusetzen mit dem Betrag an innewohnender Sicherheit, verstanden als Gegenstück des innewohnenden Risikos. Diese Größe geht in die Bestimmung der Urteilssicherheit ein. Wesentliche Falschdarstellungen im Jahresabschluß können das Ergebnis von Einflüssen auf **Unternehmens- bzw. Jahresabschlußebene** und/oder auf der Ebene von **Prüffeldern** sein.

Bei der Riskoanalyse auf **Unternehmens- bzw. Jahresabschlußebene** kann der Abschlußprüfer meist auf die Informationen zurückgreifen, die er im Rahmen der Analyse der Geschäftstätigkeit und des wirtschaftlichen Umfeldes des zu prüfenden Unternehmens gewonnen hat. Als Bestimmungsfaktoren für das innewohnende Risiko auf Jahresabschluß- bzw. Gesamtunternehmensebene sind beispielsweise zu nennen:[204]

- die jeweilige Branchenzugehörigkeit,
- die Unternehmensgröße, der Grad der Diversifikation, das Ausmaß der Internationalisierung,

---

204 Vgl. IDW: Wirtschaftsprüferhandbuch 1996, Band I, 11. Aufl. Düsseldorf 1996, S. 1313f.

- die allgemeine Finanz- und Liquiditätslage des Unternehmens,
- die Durchführung größerer Restrukturierungen,
- die Einstellung des Managements zur Rechnungslegung,
- eventuelle Veränderungen im Management und/oder Aufsichtsrat,
- die wirtschaftliche Lage des Unternehmens sowie
- der allgemeine Konjunkturverlauf (Auf- oder Abschwung) und die Branchenkonjunktur.

Einige **Prüffelder** beinhalten ein höheres Risiko für das Auftreten wesentlicher Fehler als andere, so daß eine prüffeldbezogene Risikoanalyse erforderlich ist. Das inhärente Risiko ist bei Vermögensgegenständen, die hoch liquide und anfällig für Unterschlagungen und Diebstahl sind (z.B. Kasse, verschiedene Handelswaren), höher als bei Vermögensgegenständen, die wenig liquide sind (z.B. Kohlenhalden). Umfangreiche und komplexe Berechnungen (z.B. Pensionsrückstellungen, Herstellungskosten) sind mit größerer Wahrscheinlichkeit fehlerbehaftet als einfache Berechnungen (z.B. lineare Abschreibungen).[205]

In einer empirischen Untersuchung unter deutschen Wirtschaftsprüfern ließ sich ermitteln, daß Prüfer vor allem

- den Eigenschaften des Managements (z.B. Risikobereitschaft),
- der Qualifikation des Personals,
- einer fehlenden Prüfungserfahrung des Prüfers beim Mandanten und
- den Fehlererfahrungen der Vergangenheit

eine hohe Bedeutung für ihre Risikoeinschätzung beimessen.[206]

---

205 Vgl. Quick: Risiken der Jahresabschlußprüfung, Düsseldorf 1997, S. 35f. Die Berechnung der Höhe der Pensionsrückstellung erfolgt häufig durch externe Sachverständige. Insoweit nimmt die Wahrscheinlichkeit einer fehlerhaften Berechnung stark ab.

206 Zu Einzelheiten der Untersuchung: vgl. Quick/Monroe/Ng/Woodliff: Risikoorientierte Jahresabschlußprüfung und inhärentes Risiko - Zur Bedeutung der Faktoren des inhärenten Risikos - in: BFuP 1997, S. 209, 218f.

Prüfung des internen Kontrollsystems

Das interne Kontrollsystem ist Teil des betrieblichen Überwachungssystems. Es hat als Aufgabe:

- Die Verläßlichkeit und Aussagefähigkeit des Rechnungswesens zu gewährleisten,
- das vorhandene Vermögen zu schützen,
- die Durchführung der unternehmerischen Entscheidungen zu sichern und
- die betriebliche Effizienz zu fördern.

Durch die Prüfung und Beurteilung des unternehmensinternen Kontrollsystems kann der Abschlußprüfer das Kontrollrisiko abschätzen bzw. den Teil der Prüfungssicherheit bestimmen, der aus dem Überwachungssystem des Unternehmens für die Zwecke der Jahresabschlußprüfung gewonnen werden kann.[207] Bei der Prüfung des internen Kontrollsystems werden die Verfahren des Rechnungswesens und die unternehmenseigenen Kontrollen geprüft. Daneben dient sie der Feststellung der Zusammenhänge innerhalb der einzelnen Prüfungsgebiete und der Beziehung zwischen diesen. Der Prüfer muß bei der Systemprüfung die Verarbeitungs- und Kontrollprozesse in der Unternehmung beurteilen, um Aufschluß über die Zuverlässigkeit des Buchführungssystems und die Güte unternehmensinterner Kontrollen zu gewinnen. Bei dieser Prüfung interessieren nicht konkrete Geschäftsvorfälle. Sofern im Rahmen der Systemprüfung konkrete Geschäftsvorfälle untersucht werden, so interessiert nur die Bewährung des Systems am Beispiel.

Die Grundfragen bei der Prüfung des internen Kontrollsystems aus der Sicht des Abschlußprüfers lauten:

---

207 Zur Prüfung des internen Kontrollsystem vgl. auch Beck'scher Bilanzkommentar, 3. Aufl. Erläuterung zu § 317 HGB, Rn. 165-171 mit weiteren Nachweisen.

- Ist das interne Kontrollsystem so aufgebaut, daß mit ordnungsmäßiger Verarbeitung der Geschäftsvorfälle und Weiterverabeitung der Daten gerechnet werden kann? (Systemaufbau).
- Wie sind die unternehmensinternen Kontrollen beschaffen, die das Entstehen von Fehlern verhindern oder entstandene Fehler wieder beseitigen? (Beschaffenheit der Kontrollen).
- Sind die unternehmensinternen Kontrollen zweckentsprechend (Angemessenheit der Kontrollen) und
- werden diese tatsächlich angewandt? (Funktionsfähigkeit der Kontrollen).

Die Prüfung des internen Kontrollsystems befaßt sich mit der Organisation, mit den Vorbedingungen richtiger Behandlung der Geschäftsvorfälle und der Verhinderung und Aufdeckung von Fehlern. Die Prüfung ist abstrakt und überwiegend formell. Prüfungshandlungen sind beispielsweise die Aufnahme von Arbeitsabläufen (z.B. wie wird eine Bestellung vom Eingang der Bestellung über Warenlieferung bis zur Bezahlung der Rechnung bearbeitet), die Analyse der Arbeitsabläufe nach Schwachstellen und die Überprüfung, ob das System in der Praxis so gehandhabt wird (z.B. gibt es Unterlagen zu den einzelnen vorgenommenen Kontrollen). Der Prüfer verschafft sich in Gesprächen mit den Mitarbeitern der entsprechenden Abteilungen einen Einblick und nimmt Einsicht in Organisationsunterlagen und Unterlagen zu einzelnen Geschäftsvorfällen.

Ergebnisorientierte Prüfungshandlungen

Die **ergebnisorientierten Prüfungshandlungen** werden oft auch als **Einzel(fall)prüfungen** oder Nachweisprüfungshandlungen bezeichnet. Sie dienen dem Nachweis der vollständigen und richtigen Erfassung und Verarbeitung der Daten, die in den Jahresabschluß eingehen. Das Fachgutachten[208] unterscheidet hierbei zwischen

- Plausibilitätsbeurteilungen[209] (s. analytische Prüfungshandlungen) und
- Einzelfallprüfungen.

Analytische Prüfungshandlungen

Analytische Prüfungshandlungen sind Prüfungsverfahren, welche Jahresabschlußdaten bzw. Zahlen des Rechnungswesens oder darauf basierende Verhältniszahlen oder Trends mit anderen Zahlengrößen innerhalb oder außerhalb des Rechnungs- und Finanzwesens vergleichen, um außergewöhnliche Veränderungen festzustellen oder zu ermitteln, warum erwartete Veränderungen nicht vorliegen. Analytische Prüfungshandlungen stellen damit eine indirekte Prüfung dar, da der in den Jahresabschluß eingeflossene Sachverhalt nicht direkt, sondern indirekt über eine Ersatzgröße geprüft wird.

Bei analytischen Prüfungshandlungen wird in einem ersten Schritt eine Erwartungsgröße für den zu prüfenden Betrag auf Basis innerhalb oder außerhalb des Rechnungswesens erstellter Daten entwickelt. Im zweiten Schritt wird der maximale Abweichungswert zwischen Erwartungsgröße und zu prüfendem Betrag festgelegt, der ohne weitere Prüfungshandlungen akzeptiert

---

208 Vgl. IDW: FG 1/88: D.II.1.

209 Vgl. hierzu Lachnit: Globalabstimmung und Verprobung, in: Handwörterbuch der Revision, hrsg. von Coenenberg/v. Wysocki, 2. Aufl. Stuttgart 1992, Sp. 719-742; Müller/Kropp: Die Überprüfung der Plausibilität von Jahresabschlüssen, in: DB 1992, S. 149ff.

werden kann. Danach findet der eigentliche Vergleich zwischen der Erwartungsgröße und dem zu prüfenden Betrag statt, wobei auch das Ausmaß der Abweichung bestimmt wird. Werden keine oder nur geringe Abweichungen, d.h. solche, die innerhalb des Grenzwertes liegen, festgestellt, so können weitere Prüfungshandlungen eingeschränkt und bei Verprobungen, die mit einem hohen Genauigkeitsgrad durchführbar sind (z.B. Abstimmung der Zinsaufwendungen und der ausgegebenen festverzinslichen Anleihen), möglicherweise weitere Detailprüfungen überflüssig werden. Bei wesentlichen Abweichungen, d.h. solchen, die außerhalb des Grenzwertes liegen (z.B. Abweichung von mehr als 10 % vom erwarteten Wert und zugleich mehr als DM 100.000), sind weitere Maßnahmen durchzuführen.[210] Zuerst sind Erklärungen von Mitarbeitern bzw. der Geschäftsleitung des zu prüfenden Unternehmens einzuholen, um mögliche, bisher noch nicht berücksichtigte Informationen, in die Analyse einzubeziehen. Wenn diese Erläuterungen nicht ausreichen, die Abweichungen zu erklären, muß der Prüfer durch weitere Prüfungshandlungen versuchen, die Abweichungsursache zu identifizieren. Zum Abschluß sind die Ergebnisse der analytischen Prüfungshandlung zu beurteilen, um festzustellen, ob das angestrebte Prüfungsziel bzw. das angestrebte Maß an Prüfungssicherheit erreicht wurde.

Zur Verdeutlichung dieses Prüfungsverfahren sei beispielhaft für einen Automobilhersteller für den Absatz und Teile des Wareneinsatzes eine Verprobung durchgeführt. Werden Autos mit fünffacher Bereifung geliefert, so ist

210 Die Bestimmung von Wesentlichkeitsgrenzen liegt im Ermessen des Prüfers. Wesentlichkeitsbetrachtungen können sich auf der Ebene des einzelnen Prüffeldes z.B. an der Höhe des Kontensaldos zum Stichtag, an der Art und Auswirkung möglicher Fehler im Prüffeld und an der Bedeutung des untersuchten Prüffeldes für das Gesamturteil orientieren. Bei der Gesamtbeurteilung der Wesentlichkeit werden verschiedene Konzepte diskutiert. Als Bezugsgröße werden zum Teil erfolgsabhängige Größen vorgeschlagen (Gewinn vor Steuern, Rohertrag oder Einnahmen), zum Teil erfolgsunabhängige Größen (Eigenkapital, Bilanzsumme) und Kombinationen aus beiden Größen. Aufgrund der Unterschiedlichkeit der Unternehmen (Erfolgssituation, Kapitalintensität, Umsatzrentabilität, spezifische Branchenrisiken) sind die bislang entwickelten Konzepte nur als Anhaltspunkte für den Prüfer zu verstehen.

zwischen den verkauften Autos und den zugekauften Reifen bzw. Felgen ein Verhältnis von 1 : 5 zu erwarten. Bestehen Abweichungen zwischen dem erwarteten und dem tatsächlichen Ergebnis, so läßt sich dies möglicherweise durch Lagerveränderungen erklären. Eine andere Möglichkeit besteht darin, daß vielleicht Reifen und Felgen als Ersatzteile an Werkstätten und Händler geliefert wurden oder das Werk als Systemlieferant von Achsen (inkl. Reifen und Felgen) an andere Werke tätig ist. Führen diese Erklärungsansätze nicht zum Ziel, sind weitere Prüfungshandlungen durchzuführen.

Neben diesen funktionalen Zusammenhängen kann der Prüfer Vergleiche mit Vorjahreszahlen durchführen, z.B. die Gegenüberstellung der Gewinn- und Verlustrechnungen der Monate Januar bis November des Vorjahres mit den korrespondierenden Vergleichszahlen diesen Jahres. Weiter kann er entsprechende Kennzahlen aus dem Rechnungswesen bilden und diese mit entsprechenden Kennziffern branchengleicher Unternehmen abstimmen.

Grundsätzlich wird bei analytischen Prüfungshandlungen ein nicht so hoher Sicherheitsgrad gewonnen, wobei diese Prüfungsmethode tendenziell aber kostengünstig ist, mit ihr meist sehr rasch geprüft werden kann und der Prüfer sich mit den wirtschaftlichen Ursachen von abweichenden Kennzahlen beschäftigen muß und dadurch zwangsläufig einen Gesamtüberblick über die Geschäftstätigkeit des Mandanten erhält.

Einzelfallprüfungen

Bei Einzelfallprüfungen handelt es sich um Prüfungshandlungen, die sich direkt auf Sachverhalte richten, die in den Jahresabschluß einfließen.[211] Im Gegensatz dazu stehen die bereits beschriebenen analytischen Prüfungshandlungen, die eine indirekte Prüfung darstellen. Einzelfallprüfungen können zur

211 Zu Einzelfallprüfungen vgl. auch Beck'scher Bilanzkommentar, 3. Aufl. Erläuterung zu § 317 HGB, Rn. 178 mit weiteren Nachweisen.

Überprüfung einzelner Abschlußposten, Kontensalden oder Gruppen von Geschäftsvorfällen durchgeführt werden. Zugleich lassen sich durch die Erkenntnisse aus der Einzelfallprüfung die Annahmen der Risikoeinschätzung überprüfen. Beispiele für Einzelfallprüfungen sind Belegeinsichtnahmen und Belegprüfungen (vgl. dazu Abschnitt 4.3.3.), Beschaffung externer Informationen, Befragung von Mitarbeitern des zu prüfenden Unternehmens, Inaugenscheinnahmen, eigene Beobachtungen (vgl. dazu Inventurbeobachtung in Abschnitt 4.3.4.) und das Einholen von Bestätigungen (vgl. dazu Einholen von Saldenbestätigungen in Abschnitt 4.3.5.). Generell sind externe Belege und Informationen bzw. selbst durchgeführte Beobachtungen zuverlässiger als unternehmensinterne Belege oder die Befragung von Angehörigen des zu prüfenden Unternehmens.

Zu den Einzelfallprüfungen gehört auch das Nachvollziehen von Geschäftsvorfällen oder das Nachrechnen von Berechnungen, die das Unternehmen durchgeführt hat. Beispielsweise kann die Ableitung der bilanziellen Herstellungskosten aus der Kostenrechnung nachvollzogen werden. Gleichfalls kann die Berechnung der Abschreibungen oder die Periodenabgrenzung bestimmter Geschäftsvorfälle (z.B. die Aufteilung vorausbezahlter Autoversicherung) nachgerechnet werden.

Die Zielsetzung der Jahresabschlußprüfung erfordert keine lückenlose Prüfung.[212] Wäre dem nicht so, müßte der Abschlußprüfer alle Geschäftsvorfälle und Buchungen des Unternehmens prüfen, was einer zweiten Erstellung des Jahresabschlusses gleichkäme. Vielmehr wird der Abschlußprüfer daher seine Prüfungshandlungen unter Berücksichtigung der Grundsätze der Wirtschaftlichkeit, Wesentlichkeit und des Fehlerrisikos auf der Grundlage von Stichproben durchführen.[213] Stichprobenprüfungen werden hier in die Gruppe der Einzelfallprüfungen einbezogen, da die ausgewählten

---

212 Vgl. IDW: 1/88, Abschnitt D.II. Anmerkung 1.

213 Vgl. IDW: Wirtschaftsprüferhandbuch 1996, Band I, 11. Aufl. Düsseldorf 1996, S. 1319.

Stichprobenelemente jeweils einzeln geprüft werden und die Stichprobenprüfung keine indirekte Prüfung wie analytische Prüfungshandlungen darstellt.

Bei der Aufdeckung von Fehlern sind Einzelfallprüfungen wirksamer als analytische Prüfungshandlungen. Gleichzeitig sind Einzelfallprüfungen aber zeitraubender und daher teurer.

Die Auswahl der Prüfungsmethoden durch den Abschlußprüfer

Der Abschlußprüfer muß die eben vorgestellten Prüfungsmethoden so kombinieren, daß er zu einem Prüfungsurteil mit hinreichender Urteilssicherheit bei einer wirtschaftlichen Prüfungsdurchführung gelangt. Eine idealtypische Kombination der verschiedenen Prüfungstechniken, bei welcher der Abschlußprüfer in wirtschaftlicher Weise zu einer hinreichenden Prüfungssicherheit gelangt, wurde in Abschnitt A.4.2.1. graphisch dargestellt.

Oft werden in der Praxis das inhärente Risiko und das Kontrollrisiko nach qualitativen Merkmalen beurteilt und eingestuft (z.B. mit den Stufen „minimal", „gering", „mittel", „hoch").[214] Um den Umfang ergebnisorientierter Prüfungshandlungen zu bestimmen, werden diese Risikostufen in quantitative Aussagen transformiert. Häufig werden die Prüfungsrisikofaktoren oder Sicherheitskomponenten in Tabellen zusammengestellt. Anhand der Tabellenwerte kann der Abschlußprüfer unter Berücksichtigung der Wesentlichkeitsgrenze den Umfang der erforderlichen ergebnisorientierten Prüfungshandlungen sehr einfach ableiten.

---

214 Vgl. dazu Diehl: Strukturiertes Prüfungsvorgehen durch risikoorientierte Abschlußprüfung, in: Aktuelle Fachbeiträge aus Wirtschaftsprüfung und Beratung, Festschrift für Hans Luik, Stuttgart 1991, S. 201. Zur Quantifizierung des inhärenten Risikos und des Kontrollrisikos vgl. Stibi: Prüfungsrisikomodell und risikoorientierte Abschlußprüfung, Düsseldorf 1995, S. 191ff.

4.2.4. Prüfungshandlungen während der Vorprüfung

Die **Vor- oder Zwischenprüfung** ist der Teil der Jahresabschlußprüfung, der vor der eigentlichen Fertigstellung des Jahresabschlusses durchgeführt wird. Die Vorprüfung kann frühestmöglich nach der Bestellung als Abschlußprüfer begonnen werden. Soll die Hauptversammlung schon bald nach dem Abschlußstichtag festgestellt und die Hauptversammlung einberufen werden, ergeben sich verhältnismäßig kurze Fristen für die Durchführung der Prüfung des Jahresabschlusses.[215] Eine ordnungsmäßige Durchführung der Jahresabschlußprüfung ist bei Unternehmen einer bestimmten Größe und Organisation ohne eine Vorprüfung nicht mehr möglich. Durch die Vorprüfung soll die Hauptprüfung, siehe dazu den nächsten Abschnitt, sachlich und zeitlich entlastet werden.

Für die **Vorprüfung** besteht die rechtliche Grundlage in § 320 Abs. 2 HGB, wonach der Abschlußprüfer das Recht hat, auch vor Aufstellung des Jahresabschlusses von den Unternehmensvertretern sämtliche Unterlagen und Auskünfte zu fordern, die zur Durchführung der Abschlußprüfung erforderlich sind, wenn die Vorbereitung der Abschlußprüfung diese vorzeitigen Prüfungshandlungen notwendig erscheinen läßt.

Im Rahmen der Vorprüfung werden regelmäßig Informationen über die aktuelle Geschäftstätigkeit des zu prüfenden Unternehmens eingeholt und weitere Riskoanalysen vorgenommen. Untersucht wird u.a. die wirtschaftliche Lage des Unternehmens, Auswirkungen wesentlicher neuer Verträge oder Sachverhalte (z.B. die Unternehmung setzt erstmals Finanzderivate ein, beginnt alle seine Forderungen im Wege des Factoring zu verkaufen, plant oder beginnt große Rationalisierungsmaßnahmen, die ggf. einen Sozialplan erforderlich machen u.a.).

---

215 Vgl. Kassebohm: Lean Auditing, in: BB 1994, S. 2174-2176; Loitz: Jahresabschlußerstellung und Prüfung im Umbruch, in: BB 1996, S. 2507ff.

Im Rahmen der Vorprüfung wird zweckmäßigerweise die Prüfung des internen Kontrollsystems durchgeführt. Aufgrund der Ergebnisse der Prüfung des internen Kontrollsystems ist Art und Umfang der durchzuführenden ergebnisorientierten Prüfungshandlungen festzulegen und es sind Schlüsse auf den Umfang und die Zulässigkeit einer stichprobengestützten Prüfung des Abschlusses zu ziehen.[216]

Neben der Risikoanalyse und der Prüfung des internen Kontrollsystems können während der Vorprüfung auch ergebnisorientierte Prüfungshandlungen durchgeführt werden. Generell kann im Rahmen der Vorprüfung die Prüfung der Saldenvorträge durchgeführt werden (siehe dazu auch Abschnitt 4.3.2.). Weiter bietet es sich an, eine Prüfung der Geschäftsvorfälle vorzunehmen, die sich bis zum Zeitpunkt der Vorprüfung ereignet haben. Endgültig können beispielsweise geprüft werden: Abgänge bzw. Zugänge im Anlagevermögen, unterjährige Wertpapierkäufe und -verkäufe, unterjährige Zins- und Dividendenzahlungen oder die Prüfung der Forderungen und Verbindlichkeiten anhand von Saldenbestätigungen zu einem vorgezogenen Stichtag (zur Prüfung anhand von Saldenbestätigungen vgl. Abschnitt 4.3.5.).

Ergeben sich während der Vorprüfung wesentliche Beanstandungen, so wird der Abschlußprüfer diese der Unternehmensleitung und den Organen der Gesellschaft mitteilen.[217] Zudem kann es notwendig werden, für die Hauptprüfung die Prüfungsstrategie zu ändern, den Prüfungsumfang erheblich auszuweiten oder Sachverständige oder zusätzliche Prüfer hinzuzuziehen.

---

[216] Vgl. FG 1/88 Tz. II.
[217] Vgl. IDW: FG 2/88, Abschnitt B, Anmerkung 1.

4.2.5. Prüfungshandlungen während der Hauptprüfung

Die Hauptprüfung ist der Teil der Jahresabschlußprüfung, der nach der Aufstellung des Jahresabschlusses durchgeführt wird. Sie findet mit der Vorlage des Prüfungsberichtes ihren Abschluß. Die im Rahmen der **Hauptprüfung** durchzuführenden Prüfungshandlungen sind davon abhängig, ob eine Vorprüfung stattgefunden hat, gegebenenfalls welche Prüfungshandlungen dabei stattgefunden haben und welche Erkenntnisse sich aus den Prüfungshandlungen während der Hauptprüfung ergeben.

Wenn eine Vorprüfung in dem im vorigen Abschnitt beschriebenen Umfang stattgefunden hat, wird in der Hauptprüfung im wesentlichen nur der Teil des Geschäftsjahres geprüft, der zwischen Vorprüfung und dem Bilanzstichtag liegt. In überwiegendem Umfang kommen ergebnisorientierte Prüfungshandlungen zum Einsatz.

Prüfungshandlungen der Hauptprüfung können nicht immer in den Zeitraum der Vorprüfung verlagert werden, da z.B. meist erst unmittelbar vor Jahresende die Bilanzpolitik des Unternehmens, die durch Ausnutzung von Bilanzierungs- und Bewertungswahlrechten den endgültigen Jahresabschluß nicht unmaßgeblich beeinflussen kann, festgelegt wird. Weiter können einzelne Sachverhalte wie z.B. die Höhe der Rückstellung für die einzelnen Steuerarten durch das Unternehmen erst nach vollständiger und endgültiger Erstellung des Jahresabschlusses ermittelt und vom Abschlußprüfer geprüft werden.

Mit den ergebnisorientierten Prüfungshandlungen wird der Abschlußprüfer die außergewöhnlichen Ereignisse und Buchungen vor dem Bilanzstichtag und die vom Unternehmen vorgenommenen Abschlußbuchungen (z.B. Abschreibungen, Bestandsbewertungen, Rückstellungsbuchungen) intensiv prüfen. Im Rahmen der Hauptprüfung wird auch die Aufnahme des Vorratsvermögens durch eine gesonderte Inventurbeobachtung (vgl. dazu Abschnitt

4.3.4.) sowie der Rücklauf und der Inhalt von Saldenbestätigungen (vgl. dazu Abschnitt 4.3.5.) gesondert geprüft.

Wenn keine Vorprüfung stattgefunden hat, muß das gesamte Geschäftsjahr geprüft werden. Dabei sind während der Hauptprüfung die normalerweise in der Vorprüfung durchzuführenden Prüfungshandlungen, wie die Risikoanalyse oder die Prüfung des internen Kontrollsystems, gleichfalls vorzunehmen.

Vor Abschluß der Prüfung muß nach FG 1/88 Tz II.4.c3) eine **Vollständigkeitserklärung** der Geschäftsleitung eingeholt werden. Diese bezieht sich z.B. darauf, daß alle Sachverhalte offengelegt wurden und daß keine Geschäftsvorfälle existieren, die aus den Büchern nicht ersichtlich sind und in der Vollständigkeitserklärung nicht angegeben wurden (z.B. Bürgschaften, Patronatserklärungen). An dieser Stelle kann die Geschäftsleitung auch erklären, ob sich wesentliche Vorfälle im neuen Geschäftsjahr ereignet haben. Der Prüfer hat jedoch zu beachten, daß die Einholung einer Vollständigkeitserklärung die Vornahme von eigenen Prüfungshandlungen nicht ersetzen kann.

4.2.6. Besonderheiten bei der Prüfung von konventionellen und computergestützen Buchführungen

Der Wirtschaftsprüfer hat im Rahmen der Jahreabschlußprüfung u.a. festzustellen, ob die Buchführung den gesetzlichen Vorschriften, hier besonders §§ 238ff. HGB, entspricht. Damit muß sich der Prüfer mit der Organisation und Durchführung der Buchführung des Unternehmens beschäftigen, um die Jahresabschlußprüfung entsprechen zu planen und bewerkstelligen zu können.

In der Vergangenheit führten die Unternehmen das Rechnungswesen mit **konventionellen Buchführungsmethoden.**[218] Eine Methode war die Verwendung gebundener Bücher in einer Übertragungsbuchführung, bei der die durch Belege dokumentierten Geschäftsvorfälle zunächst im Grundbuch[219] erfaßt und von dort in das Hauptbuch[220] übertragen wurden. In der Variante der Lose-Blatt-Buchführung werden Grundbuch, Hauptbuch und Nebenbuch[221] im Wege der Durchschrift bei nicht gebundenen Kontenblättern mit Hilfe von Blaupapier in einem Arbeitsschritt erstellt. Wenn die Buchführung anhand von Konto und Grundbuch durch die geordnete Sammlung von Belegen ersetzt wird, wird von einer Offene-Posten-Buchführung gesprochen. Hauptanwendungsgebiet dieser Methode ist häufig die Kontokorrentbuchführung. Konventionelle Buchführungstechniken sind normalerweise mit einem hohen Personal- und Zeitaufwand verbunden und führen häufig zu Rechen- und Übertragungsfehlern.

Der Wirtschaftsprüfer hat diese Sachverhalte bei der Jahresabschlußprüfung zu berücksichtigen. Aus Sicht des risikoorientierten Prüfungsansatzes liegt bei dieser Buchführungsform ein hohes inhärentes Risiko bei der Verarbeitung des Buchungsstoffes vor. Gleichfalls gibt es keine automatischen Abstimmkontrollen, so daß auch von einem gewissen Kontrollrisiko auszugehen ist. In der Prüfungsplanung ist der hohe Zeitbedarf der manuellen Prüfung einer solchen konventionellen Buchführung zu berücksichtigen.

---

218 Zu den verschiedenen Buchführungsmethoden vgl. auch Buchner: Buchführung und Jahresabschluß, 4. Aufl. München 1993, S. 343ff.

219 Im Grundbuch werden die buchungspflichtigen Geschäftsvorfälle in chronologischer Folge z.B. durch Eintragung in die Spalten Belegnummer, Datum, Geschäftsvorgang und Betrag erfaßt.

220 Im Hauptbuch werden buchungspflichtige Vorgänge entsprechend dem Kontenformalismus auf den anzusprechenden Vermögens-, Kapital-, Aufwands- bzw. Ertragskonto in systematischer Weise aufgezeichnet.

221 Nebenbücher sind ihnen entsprechenden Konten der Hauptbuchführung vorgelagert. Diese Hauptbuchkonten haben dann den Charakter von Sammelkonten und nehmen den Buchungsstoff summarisch auf. Das Nebenbuch stellt damit eine Untergliederung der Hauptbuchkonten dar. Nebenbücher finden sich häufig in der Material-, Anlagen-, Personal- und Kontokorrentbuchführung.

Bei der Prüfungsdurchführung wird der Abschlußprüfer insbesondere Abstimmprüfungen, Übertragungsprüfungen sowie rechnerische Prüfungen manuell durchführen.[222]

Die genannten traditionellen Buchführungstechniken sind in der Gegenwart allerdings bei allen größeren Unternehmen, d.h. in der Regel bei prüfungspflichtigen Kapitalgesellschaften, durch **computergestütze Buchführungssysteme** abgelöst worden. Begründet liegt dies in der Rationalisierung, Fehlerreduzierung und Informationssteigerung, welche durch den Computereinsatz erreicht werden können.

Der Wirtschaftsprüfer muß daher die computergestützte Buchführung beurteilen, um dies bei der Planung und Durchführung entsprechend der Jahreabschlußprüfung zu berücksichtigen. Generell können **einfache** und **komplexe computergestützte Buchführungssysteme** unterschieden werden.

Bei **einfachen computergestützten Buchführungssystemen** und bei einer überschaubaren Anzahl von Geschäftsvorfällen kann die Gesamtheit der Buchungen in chronologischer Weise als Grundbuch und sachlich geordnet nach Konten auf Papier ausgedruckt werden. Durch den vollständigen Ausdruck ergibt sich auf diesen EDV-Listen ein lückenloser "Prüfungspfad", bei dem der Buchungsweg wie bei manuellen Buchführungssystemen geprüft werden kann. Der Wirtschaftsprüfer prüft anhand der Buchungsergebnisse "um den Computer herum", so daß der Prüfer sich normalerweise nicht mit dem Computer und dem Buchführungsprogramm beschäftigt. Vorteilhaft ist hierbei, daß der Prüfer über keine speziellen Computerkenntnisse verfügen muß. Nachteilig ist aber der größere Umfang der Prüfungshandlungen und der entsprechende Zeitbedarf bei dieser manuelle

---

[222] Zur Prüfung manueller und mechanischer Buchführungssysteme vgl. unter anderem Buchner: Rechnungslegung und Prüfung der Kapitalgesellschaft, 3. Aufl. 1996, S. 128-130.

Prüfungsdurchführung.[223] Im Ergebnis wird bei einfachen computergestützten Buchführungssystemen die gleiche Vorgehensweise wie bei der Prüfung von konventionellen Buchführungssystemen gewählt.

Bei **komplexen computergestützten Buchführungssystemen** muß der Wirtschaftsprüfer in einer anderen Weise vorgehen. Dies gilt deshalb, da diese Systeme Datenmengen produzieren, die allein mit konventionellen Prüfungsmethoden nicht mehr bewältigt werden können.

In einem ersten Schritt hat der Wirtschaftsprüfer sich einen **Überblick** über das Computersystem des Mandanten im allgemeinen und seine computergestützte Buchführung im besonderen **zu verschaffen**.

Der Wirtschaftsprüfer hat sich darüber zu informieren,

- wie die Datenverarbeitung im Unternehmen organisatorisch aufgebaut ist (Konzentration auf eine zentrale Abteilung oder weitgehende Dezentralisierung in den Unternehmensteilen),
- wie die Datenverarbeitung ablauftechnisch durchgeführt wird (Frage des Datenflusses und der Arbeitsteilung),
- ob und gegebenenfalls welche Computeranwendungen in den Bereichen Einkauf, Produktion, Lagerverwaltung, Verkauf, Personal, Finanzverwaltung und Rechnungswesen eingesetzt werden,
- ob und gegebenenfalls wie die verschiedenen Computersysteme des zu prüfenden Unternehmens zusammenwirken (Existenz eines umfassenden Programmpaketes mit verschiedenen Modulen oder Anwendung unterschiedlicher Spezialprogramme),

---

223 Vgl. Buchner: Rechnungslegung und Prüfung der Kapitalgesellschaft, 3. Aufl. 1996, S. 132.

- ob und gegebenenfalls welche Verbindungen es mit externen Datenverarbeitern gibt (evtl. findet die gesamte Datenverarbeitung bei auswärtigen Rechenzentren statt),
- welche Bedeutung die gesamte Computerausstattung auf die Weiterführung der Geschäftstätigkeit des Mandanten hat (z.B. Banken können heute kaum noch ohne Computersysteme weiterarbeiten; in der chemischen Industrie kann bei Ausfall der Prozeßsteuerung möglicherweise nicht mehr produziert werden) und
- inwieweit gewisse EDV-Anwendungen automatische Vorgänge wie Auszahlungen oder Buchungen generieren.

Im allgemeinen sind für den Wirtschaftsprüfer bei der Untersuchung dieser Sachverhalte die folgenden Informationen wichtig:[224]

- eingesetzte Hardware (Hersteller und Modell),
- eingesetzte Software (Standard-Software, modifizierte Standard-Software, eigenerstellte Software),
- Verbindung zu anderen Computersystemen oder Endverarbeitersystemen bzw. bestehende Netzwerkverbindungen,
- Organisationsplan und Datenflußpläne zwischen den Systemen,
- Gestaltung des Zugriffsschutzes,
- Gestaltung der Datensicherung,
- bekannte Probleme oder Grenzen der Anwendung und
- bedeutende geplante Modifikationen der Hard- oder Software.

In einem zweiten Schritt hat der Wirtschaftsprüfer gemäß dem risikoorientierten Prüfungsansatz die **Auswirkung** des EDV-Einsatzes bei der Buchführung **auf** die **Risikolage** bei der Jahresabschlußprüfung **abzuschätzen**. Gemäß dem risikoorientierten Prüfungsansatz ist besonders die Einschätzung des inhärenten Risikos und des Kontrollrisikos von Bedeutung.

---

[224] Vgl. dazu u.a. Beck'scher Bilanzkommentar, 3. Aufl. § 317 HGB, Rn. 148f.

Bei der Bewertung des **inhärenten Risikos** von komplexen computergestützten Buchführungssystemen ist zwischen allgemeinen und prüffeldbezogenen Faktoren zu unterscheiden. Bei den allgemeinen Faktoren ist die Größe der EDV-Abteilung, die Qualität und Integrität der Mitarbeiter aus der EDV-Abteilung, die Neuheit bzw. Ausgereiftheit der verwendeten Computerausstattung und Computerprogramme zu berücksichtigen. Bei den prüffeldbezogenen Faktoren ist das Volumen der verarbeiteten Daten und die Komplexität der Verarbeitungsschritte zu würdigen.

Zur Bewertung des **Kontrollrisikos** hat der Wirtschaftsprüfer die Kontrollverfahren des Unternehmens zu bewerten. Grundsätzlich können anwendungsunabhängige Kontrollen und anwendungsbezogene Kontrollen unterschieden werden, die sich aber gegenseitig ergänzen. **Anwendungsunabhängige Kontrollen** betreffen die generelle Funktionsfähigkeit des Datenverarbeitungsprozesses. Hierbei handelt es sich um Kontrollen im Rahmen der Entwicklung und Einführung von Computersystemen, der allgemeinen Überwachung des EDV-Betriebes, der Datenverwaltung, der Datensicherung. **Anwendungsabhängige Kontrollen** bestehen aus Kontrollen in einer bestimmten Computeranwendung. Dies sind unter anderem Kontrollen zur Belegaufbereitung und zur Dateneingabe, automatische Abstimmungen innerhalb der maschinellen Verarbeitung, automatische Erstellung von Fehlerlisten, Wiederherstellung von Verarbeitungsfehlern, Ergebniskontrollen des Datenverarbeitungsprozesses.

Der Wirtschaftsprüfer muß feststellen, wo diese Kontrollen vorgenommen werden, wie sie beschaffen sind und ob sie wirksam funktionieren. Nur nach Überprüfung und Bewertung dieser Kontrollen, die gegebenenfalls auch in Stichproben erfolgen kann, kann er das Kontrollrisiko einschätzen.

Im dritten Schritt hat der Wirtschaftsprüfer die eigentliche **Prüfungsplanung** vorzunehmen. Im Rahmen der Personalplanung muß sichergestellt werden, daß mit Computersystemen erfahrene und qualifizierte Prüfer zur

Verfügung stehen und bei Bedarf auch EDV-Spezialisten (Informatiker, Wirtschaftsinformatiker oder Programmierer) hinzugezogen werden. Bei der Planung des Prüfungsprogrammes hat der Wirtschaftsprüfer zu entscheiden, welche Computerkontrollen er wie prüft, auf welche Computerkontrollen er sich näher verläßt und wo er Prüfungsschwerpunkte setzen möchte.

Ferner muß die Art der Prüfungsdurchführung geplant werden. Sollen bei der Prüfungsdurchführung im Rahmen ergebnisorientierter Prüfungshandlungen computergestützte Prüfungsverfahren zum Einsatz kommen, so sind diese detailliert zu planen, da hierzu meist die Zusammenarbeit mit dem zu prüfenden Unternehmen bei der Bereitstellung der zu prüfenden Daten erforderlich ist.

Im vierten Schritt erfolgt die eigentliche **Prüfungsdurchführung**. Im allgemeinen können bei der Prüfung komplexer computergestützter Buchführungssysteme Verfahrensprüfungen und Einzelfallprüfungen unterschieden werden.[225] Der Prüfer kann dabei grundsätzlich manuelle, computergestützte oder eine Kombination von manuellen und computergestützten Prüfungshandlungen durchführen.

Bei **Verfahrensprüfungen** kann beispielsweise die Prüfung der Programmfunktion manuell durch das Nachvollziehen der Verarbeitungsschritte erfolgen, wobei auch die Kontrolle eines Verarbeitungsergebnisses erfolgt. Diese Vorgehensweise ist sehr zeitaufwendig. Es existieren Vorschläge z.B. durch den Einsatz von Flow-charting Software aus dem Programmcode des eingesetzten Programmes einen Programmablaufplan zu erstellen. Der Prüfer kann dann anhand dieses Programmablaufplanes die Systematik der Programmverarbeitungsschritte aufzeigen und diese dann auf ihre Sachgerechtigkeit überprüfen.[226]

---

225 Vgl. IDW: FAMA 1/1987, Abschnitt C.

226 Vgl. IDW: FAMA 1/1987, Abschnitt C.1.2.2 mit weiteren Vorschlägen.

Bei der Durchführung **ergebnisorientierter Prüfungshandlungen** stehen dem Wirtschaftsprüfer bei der Prüfung komplexer computergestützter Buchführungssysteme spezielle Prüfprogramme zur Verfügung.[227] So können für typische Fragestellungen bei der Prüfung der Debitoren bzw. Kreditoren, wie die Schichtung der Forderungen nach Fälligkeit oder Höhe, kreditorische Debitoren,[228] debitorische Kreditoren[229] auch bei großen Datenbeständen schnell beantwortet werden. Bei der computergestützten Analyse der Lagerverwaltung können Selektionen nach nicht bewegten Artikeln oder Artikeln mit negativen Beständen vorgenommen werden. Weiter können mittels spezieller Prüfungssoftware aus den vom Mandanten aufbereiteten Dateien Stichproben nach mathematisch-statistischen Verfahren gezogen werden.[230]

4.2.7. Besonderheiten bei der Prüfung kleiner Unternehmen

Die Größe eines Unternehmens hat auch Einfluß auf die Durchführung einer Jahresabschlußprüfung. Nachdem bisher auf die Prüfung "größerer" Unternehmen eingegangen wurde, sollen nunmehr die Besonderheiten bei der Prüfung "kleinerer" Unternehmen betrachtet werden. Als kleine Unternehmen werden nicht solche im Sinne der Größenbeschreibung von § 267 Abs. 1

---

227 Vgl. IDW: Wirtschaftsprüferhandbuch 1996, Band I, 11. Aufl. Düsseldorf 1996, S. 1325f.

228 Hierunter versteht man den passivischen Ausweis eines Kontos, das normalerweise auf der Aktivseite ausgewiesen wird. Grund hierfür ist z.B., daß einem Kunden eine Gutschrift erteilt wurde.

229 Die debitorischen Kreditoren umfassen Konten, die normalerweise auf der Passivseite ausgewiesen werden, aufgrund bestimmter Vorgänge aber zum Abschlußstichtag eine Forderung gegenüber diesen Kunden besteht, so daß die Konten auf der Aktivseite auszuweisen sind.

230 Siehe auch Abschnitt A.4.2.2. zum Einsatz der EDV.

HGB verstanden, sondern Unternehmen, welche durch folgende Besonderheiten gekennzeichnet sind: [231]

- Die Leitung des Unternehmens befindet sich in der Hand einer oder weniger Personen, welche alle oder die entscheidenden Funktionen im Bereich Einkauf, Absatz, Produktion, Personalwesen sowie Finanz- und Rechnungswesen auf sich vereinigen.
- Die Geschäftsleitung und ihre Familienangehörigen sind Eigentümer des gesamten oder des größeren Teils des Unternehmens.
- Die Eigentumsrechte und die Fähigkeiten der Geschäftsleitung sichern ihr einen wesentlichen Einfluß auf die Geschicke des Unternehmens in allen entscheidenden Bereichen.
- Die Eigentümer bzw. Geschäftsführer sind in die wesentlichen täglichen Routineangelegenheiten eingeschalten.
- Es sind nur wenige Mitarbeiter beschäftigt, so daß eine angemessene Funktionstrennung nicht gewährleistet werden kann.
- Es existieren keine speziellen internen Kontrollabteilungen.
- Im Bereich des Rechnungswesens sind die Verfahrensabläufe des Unternehmens einfach angelegt.
- Die Eigentümer bzw. Geschäftsführer vertrauen in großem Maße auf die von externen Beratern erbrachten Dienstleistungen.

Die Organisationsstruktur gewährleistet zwar ein schnelles Reagieren auf die Bedürfnisse der Märkte und verhältnismäßig geringe Verwaltungskosten. Zugleich haben diese Besonderheiten im Bereich des betrieblichen Rechnungswesens und der internen Kontrollen zur Folge, daß Eigentümer bzw. Geschäftsleitung in größerem Umfang persönlich mitwirken. Die vom Unternehmen angewandten Verfahren der Analyse, Planung, Berichterstattung und

---

231 Vgl. UEC: Revidierter Vorschlag der Empfehlung zur Abschlußprüfung ASB 14: Besonderheiten der Prüfung des Jahresabschlusses eines kleinen Unternehmens, in: WPg 1985, S. 149.

Kontrolle sind stark vereinfacht und erfolgen meist wenig standardisiert und formell. Wegen der geringen Anzahl der Mitarbeiter ist eine Funktionstrennung meist nicht gewährleistet und die Kontrollen im Bereich des Rechnungswesens sind meist einfach angelegt.[232]

Der Jahresabschluß eines kleinen Unternehmens ist vom Abschlußprüfer mit dem gleichen Grad an Prüfungssicherheit zu beurteilen wie der von großen Unternehmen. Die genannten Besonderheiten kleiner Unternehmen haben Auswirkungen auf die Risikolage und das prüferische Vorgehen, so daß der Prüfer die notwendige Prüfungssicherheit auf andere Weise als bei der Prüfung großer Unternehmen gewinnen muß. Wegen den einfachen und zum Teil informellen Kontrollen kann sich der Abschlußprüfer nicht oder nur wenig auf das interne Kontrollsystem verlassen, so daß die Prüfung und Beurteilung der internen Kontrollen einen geringen Stellenwert einnehmen wird. Stattdessen sollte der Schwerpunkt der Prüfungshandlungen auf die Vornahme von Risikoanalysen und die Durchführung von analytischen Prüfungshandlungen und Einzelfallprüfungen gelegt werden.[233] Die Stellungnahme Nr. 1005 des International Auditing Practices Committee zur Prüfung von kleinen Unternehmen, die für deutsche Prüfer lediglich eine Erkenntnisquelle darstellt, sieht neben dem Kontrollrisiko als besondere Problembereiche die Trennung von betrieblich verursachten Ausgaben und nicht betrieblich verursachten Ausgaben (1005.18).[234] Eine weitere Schwierigkeit stellt die vollständige Erfassung der Umsätze dar. Liegen in überwiegendem Umfang Barverkäufe bei veränderlichen Kostenstrukturen und Gewinnmargen vor, so kann kein geeignetes Sollobjekt gebildet werden. Nach IAPC 1005.19 könnte dies zu entsprechenden Zusätzen zum Bestätigungsvermerk führen.

---

232 Vgl. Nieman: Prüfungstechnik, in: Beck'sches Steuerberater-Handbuch 1996/97, München 1996, S. 659.

233 Vgl. Nieman: Prüfungstechnik, aaO, S. 659f.

234 Zum Verpflichtungscharakter der Stellungnahmen der International Federation of Accountants (IFAC) vgl. Ruhnke: Internationale Normen der Abschlußpüfung, in: WPK-Mitteilungen 1997, S. 78-89.

4.3. Ausgewählte typische Prüfungshandlungen

4.3.1. Risikoanalyse

Der Analyse des inhärenten Risikos kommt im risikoorientierten Prüfungsansatz die zentrale Bedeutung zu. Wie bereits gezeigt, verlangt ein hohes Maß an inhärentem Risiko entsprechend hohe Beiträge an Urteilssicherheit aus Systemprüfungen und Einzelfallprüfungen. Dementsprechend ist das inhärente Risiko eingehend von Wirtschaftsprüfern mit entsprechend großer Berufserfahrung zu prüfen und die Prüfungsstrategie (z.B. Festlegung der Prüfungsgebiete, Prüfungsmethoden und der Prüfungsintensität) daraufhin abzustimmen. Der Prüfer wird sich aufgrund der Bedeutung dieser Analyse nicht allein auf sein subjektives Urteilsvermögen verlassen, sondern die Analyse anhand von Checklisten zu objektivieren versuchen.[235] Im Mittelpunkt steht dabei die (vermutete) Qualität der Rechnungslegung. Wichtigste Erkenntnisquelle sind dabei die Aufzeichnungen und Feststellungen der Prüfer aus dem Vorjahr und eigene Überlegungen des Prüfers. So dürfte die Buchführung und Rechnungslegung von jungen Unternehmen, die noch über wenig Erfahrung verfügen, mehr Fehler aufweisen; gleichfalls könnte z.B. ein häufiger Personalwechsel in der Buchhaltung, ein Systemwechsel in der elektronischen Datenverarbeitung oder die Änderung von Betriebsabläufen zu erhöhter Fehlerhäufigkeit bei der Rechnungslegung führen. Aus einer Analyse der wirtschaftlichen Rahmenbedingungen der Geschäftstätigkeit des Mandanten kann sich z.B. ergeben, daß bei spezifischen Abnehmergruppen (bestimmtes Land oder Konzernkreis) mit Zahlungsschwierigkeiten zu rechnen ist und daher die Bewertung dieser Forderungen eingehender zu prüfen ist. Gleichfalls ist auf besondere Ereignisse zu achten, die sich z.B. in Rückstellungen für Prozeß- und Schadenersatzrisiken niederschlagen (sollten).

---

[235] Vgl. Wiedmann: Der risikoorientierte Prüfungsansatz, in: WPg 1993, S. 22.

Aus der Systematisierung der Arten von Fehlern in der Rechnungslegung ergibt sich, daß Fehler nicht nur unbewußt verursacht sein können, sondern Ergebnis gezielten Handelns sind. Hierunter fallen die unter den Prüfungshandlungen zur Aufdeckung von Unterschlagungen beschriebenen Sachverhalte. Dementsprechend sind ggf. unterschlagungsgefährdete Bestände, z.B. Bargeld und Handelswaren, eingehend zu prüfen. Zusätzlich könnten unter diesen Punkt aber auch die Tatbestände gefaßt werden, daß sich ggf. Löhne und Gehälter im wesentlichen aus erfolgsabhängigen Bestandteilen zusammensetzen, die Gesellschaft von ihrer Muttergesellschaft abhängig ist und der Fortbestand des Unternehmens vom Erreichen bestimmter Planzahlen abhängt. Werden diese Punkte bejaht, sind z.B. Beurteilungsspielräume bei der Bemessung von Rückstellungen einer eingehenden Prüfung zu unterziehen.

Unabhängig von möglichen Fehlern sind Überlegungen, inwieweit das Unternehmen wirtschaftlich überlebensfähig ist und im Konkursfall mit entsprechenden gerichtlichen Auseinandersetzungen zu rechnen ist. Dies betrifft insbesondere US-Prüfungsgesellschaften, die einem deutlich erhöhten Prozeß- und Haftungsrisiko ausgesetzt sind. Letztere Betrachtung erfolgt jedoch zur Bewältigung des unternehmerischen Risikos der Prüfungsgesellschaft und steht nicht unbedingt im Zusammenhang mit dem inhärenten Risiko. Gleichfalls ist die Risikoanalyse die geeignete Methode zur Beherrschung dieses Risikos.[236]

Die Analyse des inhärenten Risikos ist nicht allein auf die Annahme des Prüfungsauftrages und die erstmalige Festlegung der Prüfungsstrategie beschränkt. Sie ist parallel zur Prüfung weiterzuführen, damit auf Veränderungen durch eine Anpassung der Strategie reagiert werden kann. Nach Abgabe des Prüfungsberichts ist die Prüfung zwar beendet, der verant-

236 Vgl. Dörner: Risikoorientierte Abschlußprüfung, in: Risiken erkennen, Risiken bewältigen. Eine Aufgabe für Unternehmen, Berater und Prüfer, Bericht über die IdW-Fachtagung vom 26.-28.10.1988 in Hamburg, Düsseldorf 1989, S. 340.

wortliche Prüfer sollte aber weiterhin die wirtschaftliche Entwicklung des Unternehmens z.B. in der Presse verfolgen, um Erkenntnisse zu bereits abgewickelten Prüfungsaufträgen zu erhalten, die ggf. einen Widerruf des bereits erteilten Bestätigungsvermerks verlangen oder um sich auf die nächste Prüfungssaison entsprechend vorzubereiten.

4.3.2. Saldenvortragsprüfung

Bei dieser Prüfungshandlung ist der Saldo auf den Konten zum 31.12. des Vorjahres zu ermitteln und mit den Eröffnungswerten zum 1.1. des laufenden Jahres zu vergleichen. Ziel der Prüfung ist festzustellen, ob alle Konten des alten Jahres mit den richtigen Salden auch im neuen Jahr wieder eröffnet wurden und somit, ob die Eröffnungswerte in den Büchern des neuen Jahres ordnungsgemäß sind. Diese Prüfung ist bei manuellen Buchführungssystemen von großer Bedeutung, da es durchaus möglich ist, daß bei der Übertragung der Schlußbestände auf das neue Geschäftsjahr Fehler auftreten. Bei den heute üblichen EDV-Buchhaltungsprogrammen erfolgt der Saldenvortrag der Bestandskonten in der Regel automatisch anhand der Schlußwerte des abgelaufenen Geschäftsjahres. Dennoch besitzt die Saldenvortragsprüfung heute noch ihre fundamentale Bedeutung. Der Prüfer muß deshalb auch heute Prüfungshandlungen durchführen, um hinreichende Sicherheit darüber zu gewinnen, daß der automatische Saldenvortrag ordnungsgemäß durchgeführt wurde.

Bei der Durchführung der Saldenvortragsprüfung sind zwei verschiedene Vorgehensweisen möglich. Bei der einen Möglichkeit kann ausgehend von der Schlußbilanz und dem Schlußbilanzkonto des vergangenen Geschäftsjahres die Eröffnungsbilanz und das Eröffnungsbilanzkonto des zu prüfenden Geschäftsjahres auf Übereinstimmung geprüft werden. Dabei wird festgestellt, ob der Grundsatz der Bilanzidentität, d.h. die wert- und bestandsmäßige Übereinstimmung der Bilanzposten der Schlußbilanz und der Eröffnungsbilanz, gewahrt ist. Wenn dies der Fall ist, kann ausgehend vom Eröffnungsbilanzkonto problemlos die Eröffnung der Bestandskonten, d.h. der eigentliche Saldenvortrag, geprüft werden. Bei dieser Vorgehensweise überprüft in der Regel ein Prüfer alle Saldenvorträge allein. Bei der anderen Prüfungsvorgehensweise findet die Saldenvortragsprüfung im Rahmen der Bearbeitung der einzelnen Prüffelder statt. Der jeweilige Prüfer stellt fest, ob in seinem Prüffeld, meist ein Bilanzposten, die Anfangswerte des zu prüfenden Geschäftsjahres, d.h. der Saldovortrag, mit dem Endwert des Vorjahres übereinstimmen.

Mit beiden Vorgehensweisen der Saldenvortragsprüfung läßt sich die notwendige Prüfungssicherheit gewinnen. Der Unterschied liegt darin, daß bei der ersteren Vorgehensweise die Saldenvortragsprüfung ein eigenes Prüffeld bildet, während bei der zweiten Vorgehensweise die Saldenvortragsprüfung in die Bearbeitung der einzelnen Prüffelder integriert ist.

4.3.3. Belegprüfung

Die Belegprüfung ist eine wesentliche Prüfungshandlung, da sie bei der Informationserfassung und Informationsverarbeitung des Rechnungswesens (Belegprinzip: Keine Buchung ohne Beleg!) ansetzt. Die Belegprüfung vereinigt in sich die Elemente der Abstimmungs- und Übertragungsprüfung sowie der rechnerischen Prüfung. Sie bezieht sich stets auf Belege, die sich in externe oder Orginalbelege (z.B. Bankauszüge, Rechnungen o.ä.) und interne oder Eigenbelege (z.B. Buchungsanzeigen, Materialverbrauchsmeldungen o.ä.) unterscheiden lassen. Von der Vertrauenswürdigkeit stehen Originalbelege von unternehmensfremden Dritten an erster Stelle, während Eigenbelege des Unternehmens einen nicht ganz so hohen Stellenwert besitzen. Allen Belegen ist aber gemein, daß ihnen der Prüfer mit der notwendigen berufsüblichen Skepsis begegnen sollte.

Bei der Belegprüfung lassen sich die beiden folgenden Teile unterscheiden:

- Prüfung des Beleges hinsichtlich der formellen und materiellen Richtigkeit,
- Vergleich des Beleges mit der entsprechenden Buchung.

Bei der formellen Belegprüfung wird u.a. darauf abgestellt, ob der Geschäftsvorfall im Belegtext verständlich erläutert, der Beleg ordnungsgemäß autorisiert und sachgerecht abgelegt wurde. Von Bedeutung sind auch die Merkmale, wie der formelle Zusammenhang zwischen Beleg und Buchung gewährleistet wird (z.B. Beleg- und Buchungsnummer, Prima nota). Bei der materiellen Belegprüfung geht es um die zahlenmäßige und inhaltliche Wiedergabe des Geschäftsvorfalles im Beleg, d.h. um die Frage, ob wirtschaftlicher Sachverhalt und Beleginhalt übereinstimmen. Beim Abgleich des Beleges mit der zugehörigen Buchung wird die zahlenmäßige Übereinstimmung und die dem Geschäftsvorfall entsprechende Kontierung geprüft. Daneben wird beurteilt, ob die Buchung zeitnah, d.h. unverzüglich erfolgte.

Der Prüfer hat sich bei der Belegprüfung davon zu überzeugen, daß die in der Belegsammlung (lückenlos) vorhandenen Belege sämtliche buchungspflichtigen Geschäftsvorfälle umfassen. Der Prüfer wird bestrebt sein, sich anhand geeigneter Informationen (Vorstands- und Aufsichtsratsprotokolle, Schriftverkehr, Berichte der Innenrevision, Befragung von Dritten o.ä.) einen zuverlässigen Eindruck über die vollständige Erfassung der Geschäftsvorfälle zu verschaffen.

Insgesamt bildet die Belegprüfung das Rückgrat jeder Jahresabschlußprüfung, ist jedoch sehr zeitaufwendig. Um eine effektive und effiziente Prüfungsdurchführung zu erreichen, wird sie in der Regel gemeinsam mit anderen Prüfungstechniken eingesetzt.

4.3.4. Inventurbeobachtung

> "Bei der Prüfung der Vorräte ... hat der Abschlußprüfer neben der buchmäßigen Nachweise zusätzliche Prüfungshandlungen vorzunehmen, die sich auf die Planung und Durchführung der Inventur erstrekken. ... Sind die Vorräte des Unternehmens absolut oder relativ von Bedeutung, so soll der Abschlußprüfer bei der körperlichen Bestandsaufnahme anwesend sein." FG 1/88 Tz. D.II.4.b.

Unter **Inventur** versteht man die Tätigkeit des Feststellens der tatsächlich vorhandenen Bestände zum Abschlußstichtag. Technisch erfolgt dies im Vorratsbereich in erster Linie durch Zählen, Messen, Wiegen und ggf. Schätzen der einzelnen Vermögensgegenstände. Je nach Art des Bilanzpostens werden unterschiedliche Inventurverfahren angewandt, so z.B. die Einsichtnahme in Urkunden bei Rückstellungen oder die Einholung von Saldenbestätigungen bei Forderungen und Verbindlichkeiten (siehe 4.3.5.). Eine solche jährliche Bestandsermittlung ist dem Kaufmann nach § 240 HGB für alle Vermögensgegenstände und Schulden vorgeschrieben.[237] Die Ergebnisse der Inventur werden in das Verzeichnis der Vermögensgegenstände und Schulden, dem **Inventar**, eingetragen.

Grundsätzlich erfolgt die Inventur durch eine körperliche Aufnahme der Bestände am Abschlußstichtag (sog. Stichtagsinventur). Diese Vorgehensweise wird in ihrer Genauigkeit durch kein anderes Verfahren erreicht und ist daher z.B. für Bestände zwingend anzuwenden,

- die dem Risiko des unkontrollierten Abgangs unterliegen (z.B. Schwund, Verderb, Verdunsten usw.),
- die von hohem Wert sind (z.B. Edelmetalle, Juwelen usw.) und wenn

[237] Zu Ausnahmen s. ADS, 5. Aufl., § 241 HGB Tz. 28.

- andere Verfahren wegen des Fehlens ausreichender Unterlagen nicht anwendbar sind.[238]

Da die Inventur zeitaufwendig sein kann, ist es unter bestimmten Voraussetzungen zulässig, sie nicht nur in klassischer Weise am Bilanzstichtag und/oder an einem davor oder danach liegenden Tag vorzunehmen, sondern auch in Form von verschiedenen bestimmten sog. **Inventurverfahren**.[239]

Bei Anwendung einer ausgeweiteten Stichtagsinventur, einer Variante der klassischen Stichtagsinventur, können die Bestände innerhalb von bis zu 10 Tagen um den Bilanzstichtag erfaßt werden. Mit einer art-, mengen- und wertmäßigen Fortschreibung der Bestände wird erreicht, daß die am Abschlußstichtag ausgewiesenen Bestände richtig erfaßt werden.

Eine weitergehende zeitliche Flexibilität läßt das Verfahren der vor- bzw. nachverlegten Inventur zu. Unter den Voraussetzungen des § 241 HGB ist es zulässig, verschiedene Inventurbezirke zu bilden und diese innerhalb eines Zeitraums von drei Monaten vor bis zu zwei Monaten nach dem Bilanzstichtag zu zählen. Art, Menge und Wert der erfaßten Bestände werden zu dem jeweiligen Tag der Bestandsaufnahme in einem besonderen Verzeichnis erfaßt. Eine wertmäßige Fortschreibung bzw. Rückrechnung auf den Abschlußstichtag gewährleistet, daß die Bestände mit den richtigen Werten ausgewiesen werden.[240] Im Unterschied zu anderen Verfahren liegt damit kein Inventar zum Abschlußstichtag vor.

Eine noch größere zeitliche Freiheit in der Aufnahme der Bestände gewährt § 241 HGB unter den dort genannten Voraussetzungen. Im Rahmen einer

---

238 Vgl. ADS, 5. Aufl. § 240 HGB Tz. 41.

239 An Stelle der Bezeichnung Inventurverfahren wird auch die Bezeichnung Inventursysteme verwendet.

240 Zu den Mindestanforderungen an eine solche Fortschreibung: vgl. ADS, 5. Aufl. § 241 HGB Tz. 40.

sog. permanenten Inventur sind die Bestände zu einem beliebigen Zeitpunkt innerhalb des Geschäftsjahres zu zählen. Bei einer entsprechend zuverlässigen Bestandsbuchführung wird auch nicht ausgeschlossen, daß diese Aufnahme sich auf einen längeren Zeitraum erstrecken oder auf sie ganz verzichtet werden kann.[241] Die Zu- und Abgänge sind nach Art und Menge fortzuschreiben. Am Abschlußstichtag genügt dann eine buchmäßige Aufnahme. An das Bestandsbuchführungsverfahren sind hohe Anforderungen zu stellen, da die Richtigkeit der im Inventar (und im Jahresabschluß) ausgewiesenen Bestände auf den Ergebnissen der Buchführung beruht und die körperliche Bestandsaufnahme nur ein Kontrollinstrument für die Zuverlässigkeit der Buchführung darstellt.[242]

Eine besondere Variante der permanenten Inventur ist die sog. Einlagerungsinventur bei vollautomatischen Regallagern. Da diese Lager während des Betriebs nicht betreten werden können, erfolgt die Inventur üblicherweise allein durch eine inventurmäßige Erfassung der Einlagerungen in das Regallager.[243]

Allen genannten Verfahren ist gemeinsam, daß sie den Aufwand der Aufnahmearbeiten nicht reduzieren können. Sie schaffen lediglich eine Erleichterung hinsichtlich der Zeitplanung der Inventur. Ferner ist bei allen Verfahren zu berücksichtigen, daß die Aufnahme zwar zu einem vom Bilanzsstichtag abweichenden Tag erfolgen kann, stets ist jedoch durch eine entsprechende Rechnung der Bestand zum Abschlußstichtag zu ermitteln.

Unabhängig davon kann durch eine entsprechende **Planung der Inventur** die Qualität und Effizienz deutlich gesteigert werden. So sollten durch entsprechende Inventurrichtlinien die Aufgaben der Mitarbeiter zu den entspre-

---

241 Vgl. ADS, 5. Aufl. § 241 HGB Tz. 28.

242 Zu den Anforderungen an eine solche Buchführung: vgl. ADS, 5. Aufl. § 241 HGB Tz. 26.

243 Vgl. ADS, 5. Aufl. § 241 HGB Tz. 32.

chenden Tagen feststehen und mit der Urlaubsplanung entsprechend abgestimmt werden. Besonderes Augenmerk sollte auf die Frage gelegt werden, ob und für wie viele Tage der Betrieb ruhen soll. Ist es nicht möglich, den Geschäftsbetrieb für eine gewisse Zeit zu unterbrechen, sind entsprechende Überlegungen anzustellen, wie die Vermögensgegenstände zu erfassen sind, die sich gerade im Produktionsablauf befinden.[244] Es muß ferner ein bestimmter Ablaufplan der Zählung festgelegt werden, um Mehrfachzählungen an verschiedenen Lagerplätzen, beim Absender und Empfänger der Lieferung oder im Lager und zugleich beim Transporteur (Spedition, Reederei, Airline) zu vermeiden.

Eine bedeutende Vereinfachung der Inventur stellt die Durchführung einer **Stichprobeninventur** dar. Sie darf nach § 241 HGB angewandt werden, wenn ihr ein anerkanntes mathematisch-statistisches Verfahren zugrunde liegt, sie den Grundsätzen ordnungsmäßiger Buchführung entspricht und ihr Aussagewert einer vollständigen Inventur entspricht. Die Vereinfachung ergibt sich daduch, daß bei einer Stichprobeninventur lediglich eine Teilmenge (die Stichprobe) erfaßt wird und die Ergebnisse auf den Gesamtbestand (Grundgesamtheit) hochgerechnet werden.

Eine weitere Vereinfachung stellt das nach § 240 HGB zulässige **Festwertverfahren** dar. Danach darf für einen bestimmten Bestand an Vermögensgegenständen des Sachanlagevermögens sowie von Roh-, Hilfs- und Betriebsstoffen ein fester Wert und eine feste Menge angesetzt werden. Eine solche Vorgehensweise ist jedoch nur zulässig, wenn davon ausgegangen werden kann, daß die Zugänge den Abgängen entsprechen, der Gesamtwert von nachrangiger Bedeutung ist, der Bestand in seiner Größe, seinem Wert und seiner Zusammensetzung nur geringen Veränderungen unterliegt und in der Regel alle drei Jahre eine tatsächliche Bestandsaufnahme erfolgt. (Seltene)

---

244 Z.B. können Prozesse in der chemischen Industrie kaum unterbrochen werden oder das Unternehmen unterhält ein Lager aus dem jederzeit Teile abgerufen werden, um die Produktion in anderen Unternehmen zu beliefern.

Anwendungsfälle sind z.B. die Erfassung von Gerüsten in der Bauindustrie, von Wäsche in Hotels oder von Gleisanlagen und Werkzeugen.

Die **Gruppenbewertung** (§ 240 HGB) bezieht sich insbesondere auf eine Vereinfachung der Bewertung. Bestimmte Vermögensgegenstände, aber auch Schulden dürfen zusammengefaßt und mit einem gewogenen Durchschnittswert bewertet werden. Voraussetzung ist, daß es sich um gleichartige Vermögensgegenstände des Vorratsvermögens oder andere gleichartige oder annähernd gleichwertige bewegliche Gegenstände des Anlage- oder Umlaufvermögens bzw. Schulden handelt (z.B. Forderungen, Wechsel, Wertpapiere).

Die **Prüfung der Vorratsinventur** ist u.a. Gegenstand des FG 1/88. Sind die Vorräte des Unternehmens absolut oder relativ von Bedeutung, so verlangt das FG die Anwesenheit des Prüfers bei der Inventur.[245]

Grundsätzlich kann auch dieses Prüffeld als **System** oder durch Einzelnachweise geprüft werden. Bei einer Prüfung der Inventur als System kann Einsicht in die Planung der Inventur, die Inventuranweisungen und die Aufteilung des Betriebs in Inventurbezirke genommen werden. Die zählenden Teams des Mandanten können bei der Inventur beobachtet werden, um ggf. auftretende Unklarheiten und Schwächen in der Erfassung sofort zu beseitigen. Auf diese Weise kann der Prüfer feststellen, ob die Bestände planmäßig gezählt werden, eine Einteilung in Zählbezirke vorgenommen wird, die bereits gezählten Bestände markiert werden, Fremdbestände (im wirtschaftlichen Eigentum eines anderen) besonders gekennzeichnet sind, Zähllisten mit Kugelschreiber ausgefüllt werden und ob jeweils zwei Personen (sog. Ansager und Aufschreiber) zählen.

Eigene Kontrollaufnahmen des Prüfers dienen in diesem Zusammenhang der Kontrolle des Systems und der Motivation der Zählenden. Mit einzelnen

245 Vgl. IDW: FG 1/88, D. II 4. b).

Nachweisprüfungshandlungen, so z.B. der Zählung von wertvollen Beständen, kann die Ordnungsmäßigkeit der Inventur beurteilt werden. Das FG 1/88 sieht eine solche Überprüfung des tatsächlich vorhandenen Bestands mit dem gezählten nur in Einzelfällen vor. Da die Anforderungen an die Ordnungsmäßigkeit der Inventur sehr umfangreich sind, wird an dieser Stelle auf eine detaillierte Wiedergabe verzichtet. Zudem läßt sich das prüferische Vorgehen nur schwer allgemein darstellen, da es stark vom Einzelfall abhängt (z.B. von der Art und dem Wert der zu zählenden Bestände und ob ggf. ein vollautomatisches Hochregallager verwendet wird).[246]

Die Inventur bezieht sich grundsätzlich auf alle Vermögensgegenstände und Schulden des Unternehmens. In vielen Fällen ist jedoch eine Aufnahme allein durch Einsichtnahme in Urkunden oder Verträge u.U. hinreichend.[247] Aus diesem Grund ist die Inventurbeobachtung des Prüfers im Regelfall auf das Vorratsvermögen beschränkt.

4.3.5. Einholen von Saldenbestätigungen

> „Ist die Höhe der Forderungen oder Verbindlichkeiten absolut oder relativ von Bedeutung, so sind zur Prüfung ihres Nachweises Saldenbestätigungen heranzuziehen." FG 1/88 Tz. D.II.4.c2).

Bei der Prüfung von Forderungen oder Verbindlichkeiten wird regelmäßig das Instrument der Saldenbestätigung eingesetzt. Zweck der Saldenbestätigung ist es, den im Rechnungswesen des Unternehmens ausgewiesenen Be-

---

246 Zur Inventur vgl. z.B. Quick: Grundsätze odnungsmäßiger Inventurprüfung, Düsseldorf 1991; Riedel: So macht man Inventur, 4. Aufl. Stuttgart 1993.

247 Aus technischen Gründen muß die Bestandszählung bei unterwegs befindlicher Ware, die sich noch bzw. schon im wirtschaftlichen Eigentum des Mandanten befindet, auf Einsichtnahme in entsprechende Unterlagen (Kaufverträge, Speditionsdokumente) beschränkt werden.

stand von Forderungs- und Verbindlichkeitsposten durch externe Bestätigungen, d.h. Dokumente mit höherer Glaubwürdigkeit, nachzuweisen. Hierbei werden drei Methoden der Saldenbestätigung unterschieden:[248]

- die positive Methode, bei welcher der Empfänger der Saldenbestätigung gebeten wird, seine Übereinstimmung oder Nichtübereinstimmung mit dem ausgewiesenen Saldo schriftlich zu bestätigen;
- die negative Methode, bei welcher der Empfänger der Saldenbestätigung gebeten wird, nur dann zu antworten, wenn er mit dem ausgewiesenen Saldo nicht einverstanden ist;
- die offene Methode, bei welcher um die Mitteilung eines Saldos gebeten wird.

In aller Regel wird die Einholung von Saldenbestätigungen stichprobenartig durchgeführt, wobei die Adressaten nach den oben genannten Auswahltechniken ausgewählt werden. In Einzelfällen kann es geboten sein, Saldenbestätigungen lückenlos einzuholen. Der Gläubiger bzw. Schuldner wird angeschrieben und um eine Mitteilung über die Höhe der Forderung/Schuld zu einem Stichtag, z.B. 31.12. oder 1.11., gebeten. Der Bestätigungszeitpunkt kann vom Bilanzstichtag abweichen, wenn Rechnungswesen und internes Kontrollsystem eine ordnungsgemäße und mit vertretbarem Aufwand prüfbare Fortschreibung der Forderungen bzw. Verbindlichkeiten bis zum Bilanzstichtag gewährleisten.

Der Antwortbrief des Gläubigers/Schuldners ist direkt an den Wirtschaftsprüfer adressiert. Auf diese Weise kann der Prüfer in einer Bestandsprüfung unabhängig von den Büchern prüfen, ob die Forderung in dieser Höhe tatsächlich existiert. Ergeben sich Abweichungen, ist diesen auf den Grund zu gehen. So könnten Unterschiede aus zeitlichen Buchungsunterschieden unterwegs befindlicher Lieferungen resultieren. Möglich ist aber auch, daß der Dritte die Forderungen in der genannten Höhe bestreitet, da er die Ware

---

248 Vgl. IDW: FG 1/88, D II 4 c2, Anmerkung 4.

überhaupt nicht, beschädigt oder nicht rechtzeitig erhalten hat. Falls keine Saldenbestätigung eintrifft, muß der Abschlußprüfer den Bestand der Forderung bzw. Verbindlichkeit durch alternative Prüfungshandlungen prüfen. Denkbar ist eine Abstimmung mit Liefer- bzw. Versandpapieren oder Einsichtnahme in Verträge, um Klarheit über die Entstehung der Posten zu gewinnen. Weiterhin können Zahlungseingänge bzw. Zahlungsausgänge nach dem Bestätigungsstichtag überprüft werden, da die erfolgten Zahlungen ein Indiz dafür sind, daß die korrespondierenden Forderungen bzw. Verbindlichkeiten bestanden haben.

Saldenbestätigungen auf den Bilanzstichtag, i.d.R. der 31.12., geben dem Abschlußprüfer darüber Aufschluß, ob die Forderungen zu diesem Tag bestehen. Daneben gewinnt der Prüfer bei der Durchführung der Saldenbestätigungsaktion und der Analyse zurücklaufender Bestätigungen Informationen über die Zuverlässigkeit der Finanzbuchhaltung und des internen Kontrollsystems des zu prüfenden Unternehmens. Wenn die Saldenbestätigung auf einen Termin vor dem eigentlichen Abschlußstichtag erfolgt, z.B. der 1.11., so gewinnt der Prüfer Sicherheit über den Forderungs- bzw. Verbindlichkeitenbestand zu diesem Stichtag und kann gleichfalls die Güte der Finanzbuchhaltung bzw. des internen Kontrollsystems beurteilen. Vorteil einer vorgezogenen Bestätigung der Salden ist die Entlastung der Prüfungstätigkeit kurz nach dem Bilanzstichtag. Daneben ist es wahrscheinlicher, daß ein Kaufmann eher bereit ist, dem Wunsch auf Bestätigung eines Saldos im November nachzukommen, als am 31.12. oder in den ersten Tagen des neuen Jahres. Damit der Prüfer aber dennoch eine hinreichende Sicherheit des Forderungs- bzw. Verbindlichkeitenbestandes zum Bilanzstichtag gewinnt, muß er, wenn die Saldenbestätigungen anzeigen, daß das interne Kontrollsystem zuverlässig funktioniert, die Entwicklung des Forderungs- bzw. Verbindlichkeitenbestandes zwischen dem Bestätigungstermin und dem Bilanzstichtag prüfen. Denkbar wären analytische Prüfungshandlungen, bei denen die Umsatzentwicklung mit der des Vorjahres verglichen wird, sowie eine Durchsicht der Konten auf außergewöhnliche Saldenentwicklungen. Falls es Anhaltspunkte dafür gibt, daß das interne Kontrollsystem wesentliche Mängel aufweist, muß der Abschlußprüfer möglicherweise eine zweite Saldenbestätigungsaktion auf den Bilanzstichtag durchführen.

4.4. Die Dokumentation der Prüfungshandlungen

Die Dokumentation der Prüfung ist von großer Bedeutung. Eine ordnungsgemäße Dokumentation bedeutet, daß aus den gefertigten Arbeitsunterlagen des Mitarbeiters - die sog. Arbeitspapiere - genau zu erkennen ist:

- wer geprüft hat,
- wann geprüft wurde,
- was geprüft wurde,
- aus welcher Quelle die bearbeiteten Unterlagen stammen,
- wie - insbesondere anhand welcher Listen oder Belege - geprüft wurde und
- wie das Ergebnis der Prüfung lautet.

Zahlen und Zeichen in den Arbeitspapieren müssen lesbar sein. Weiterhin sollte ein Mindestmaß an Übersichtlichkeit der Papiere gegeben sein. Dies könnte z.B. bedeuten, daß die Papiere nach einem Ordnungsschema durchnummeriert werden und mit System abgelegt werden.[249]

Dieser Bereich wird ansatzweise auch durch die WPO in § 51b geregelt.

---

[249] Vgl. IDW: Arbeitspapiere des Abschlußprüfers (HFA 2/1981).

> „Der Wirtschaftsprüfer muß durch Anlegung von Handakten ein zutreffendes Bild über die von ihm entfaltete Tätigkeit geben können.“ (§ 51 b Absatz 1 WPO).

Diese Unterlagen sind nach § 51b Abs. 2 WPO mindestens sieben Jahre aufzubewahren. Über deren Vernichtung ist ein Protokoll zu fertigen.[250] Mit diesen Unterlagen kann der Prüfer die ordnungsgemäße Durchführung der Prüfung nachweisen, die Prüfung laufend überwachen, den Prüfungsbericht erstellen, auf Rückfragen detailliert antworten sowie die Prüfung des Folgejahres vorbereiten. Insbesondere ist zu erwähnen, daß die Arbeitspapiere auch der Information der anderen Mitarbeiter des Prüfungsteams dienen.

Eine Besonderheit stellt die sog. **Dauerakte** dar.

> „Die Dauerakte stellt eine systematische Sammlung derjenigen Unterlagen dar, die über einen Zeitraum von mehreren Jahren Bedeutung haben. Sie dient dem Zweck der schnellen Information des Prüfers über wesentliche Grundlagen der Unternehmung.“ HFA 2/1981 Tz.D.I.

Inhalt einer solchen Dauerakte könnte z.B. die Dokumentation von Rechtsverhältnissen, wirtschaftlichen Grundlagen, Organisationspläne usw. sein.

---

[250] Vgl. IDW: Wirtschaftsprüferhandbuch 1996, Band I, 11. Aufl. Düsseldorf 1996, S. 50.

5. Das Prüfungsergebnis

Die Prüfungsergebnisse sind die Gesamtheit der Feststellungen, die der Prüfer hinsichtlich des Prüfungsgegenstandes und der Urteile, die er sich durch den Vergleich dieser Feststellungen mit den Prüfungsnormen gebildet hat. Der Abschlußprüfer kann über die getroffenen Feststellungen und ihre Wertungen schriftlich oder mündlich berichten.[251] Im HGB sind zwei Formen der Mitteilung des Prüfungsergebnisses geregelt: Der Abschlußprüfer hat für die Öffentlichkeit gem. § 322 HGB den Bestätigungsvermerk zu erteilen und für einen begrenzten Personenkreis gem. § 321 HGB den Prüfungsbericht zu erstellen. Ergänzend zu diesen beiden Mitteilungsformen haben sich in der Praxis die Schlußbesprechung und der Management Letter als Formen der Übermittlung des Prüfungsergebnisses herausgebildet. Im Regelfall nimmt der Abschlußprüfer an der Hauptversammlung und u.U. an der Sitzung des Aufsichtsrats teil, in dem der Abschluß unter Zugrundelegung des Prüfungsberichts besprochen wird. Nachfolgend wird auf Schlußbesprechung, Bestätigungsvermerk, Prüfungsbericht, Management Letter und die Teilnahme an Sitzungen eingegangen.

Schlußbesprechung

Die Schlußbesprechung ist gesetzlich nicht vorgeschrieben, sie hat sich aber als allgemeine Berufsausübung etabliert und bewährt. An Schlußbesprechungen nehmen seitens des Prüfungsunternehmens neben dem verantwortlichen Prüfungsleiter sowie möglicherweise einem Mitglied der Geschäftsleitung i.d.R. auch die Prüfer teil, welche die Prüffelder bearbeitet haben, in denen Probleme bzw. Beanstandungen aufgetreten sind. Schlußbesprechungen erfolgen meist anhand eines Prüfungsberichtsentwurfes. Es

---

[251] Vgl. IDW: Wirtschaftsprüferhandbuch 1996, Band I, 11. Aufl. Düsseldorf 1996, S. 1075.

ist üblich, dem Unternehmen beabsichtigte Diskussionspunkte vorab mitzuteilen. Die Schlußbesprechung dient dazu, das geprüfte Unternehmen über die vorgenommenen Prüfungshandlungen und hierbei festgestellte Unklarheiten zu informieren und um ggf. eine Verbesserung der Rechnungslegung oder Abstimmungen zu erreichen. Insbesondere in den Sachverhalten, bei denen Prüfer und Unternehmen unterschiedlicher Auffassung sind, hat die Unternehmensleitung noch einmal Gelegenheit zu einer endgültigen Stellungnahme, die vom Prüfer bei der Abfassung des Prüfungsberichtes einbezogen werden kann. Daneben kann der Wirtschaftsprüfer während der Prüfung festgestellte unwesentliche Sachverhalte ansprechen und Verbesserungsempfehlungen abgeben, die darauf abzielen, zukünftige Beanstandungen zu vermeiden.

Die Schlußbesprechung hat eine besondere Bedeutung, wenn das Prüfungsergebnis zur Einschränkung oder sogar zur Versagung des Bestätigungsvermerkes führt, weshalb sich dann eine Protokollierung der Schlußbesprechung empfiehlt.

Neben der formellen Schlußbesprechung wird gelegentlich ein informelles Abschlußessen vom Mandanten für alle Mitarbeiter des Prüfungsteams ausgerichtet. Damit ist der offizielle Einsatz der Mitarbeiter faktisch im wesentlichen beendet. Im Anschluß ist lediglich der Prüfungsbericht endgültig fertigzustellen und ggf. noch eintreffende neue Informationen auf ihre Bedeutung für die Prüfung zu beurteilen.

Bestätigungsvermerk

Der Bestätigungsvermerk ist das an die Öffentlichkeit gerichtete schriftliche und formelhaft standardisierte zusammengefaßte Prüfungsurteil des Wirtschaftsprüfers, wobei der Wirtschaftsprüfer den Bestätigungsvermerk oder den Vermerk über seine Versagung unter Angabe von Ort und Datum handschriftlich zu unterzeichnen hat.[252] Der Bestätigungsvermerk ist das nicht wie der Prüfungsbericht für einen beschränkten Adressatenkreis, sondern für einen größeren Personenkreis bestimmte Ergebnis der Abschlußprüfung. Der Bestätigungsvermerk ergibt sich nicht als Summe der Urteile zu den verschiedenen Prüffeldern, sondern erfordert eine Gewichtung der einzelnen Feststellungen des Wirtschaftsprüfers. Der Inhalt des uneingeschränkten Bestätigungsvermerkes ist gesetzlich vorgeschrieben[253] und besagt, daß die Buchführung und der Jahresabschluß den gesetzlichen Vorschriften entsprechen, der Jahresabschluß ein den tatsächlichen Verhältnissen entsprechendes Bild der Vermögens-, Finanz- und Ertragslage des geprüften Unternehmens vermittelt und der Lagebericht mit dem Jahresabschluß im Einklang steht. Der uneingeschränkte Bestätigungsvermerk ist zu erteilen, wenn keine wesentlichen Beanstandungen vorliegen und gegebenenfalls um eine sog. **Ergänzung** zu erweitern, um einen falschen Eindruck über den Prüfungsinhalt und die Tragweite des Bestätigungsvermerkes .zu vermeiden. Ergänzungen stellen jedoch keine **Einschränkung** des Bestätigungsvermerkes dar. Der Wirtschaftsprüfer hat den Prüfungsvermerk einzuschränken, wenn nach dem abschließenden Ergebnis der Prüfung wesentliche Beanstandungen zu erheben sind, aber zu wesentlichen Teilen der Rechnungslegung noch ein Positivbefund möglich ist. Einschränkungen müssen so dargestellt werden, daß deren Tragweite deutlich erkennbar wird. Der Wirtschaftsprüfer hat den Bestätigungsvermerk zu versagen, wenn aufgrund des abschließenden Prüfungsergebnisses zu wesentlichen Teilen der Rechnungslegung kein Positivbefund mehr möglich ist. Bei der Nichtigkeit des Jahresabschlusses ist grundsätzlich

---

252 Zum Bestätigungsvermerk vgl. § 322 HGB und IDW: Fachgutachten 3/1988: Grundsätze für die Erteilung von Bestätigungsvermerken bei Abschlußprüfungen, in: WPg 1989, S. 27-36. Vgl. auch Hömberg: Methoden und Probleme der Urteilsbildung bei Unternehmensprüfungen, Wien 1981. Eine vergleichbare Funktion erfüllte das Abhaken oder Ankreuzen von geprüften Buchführungsergebnissen. Zu den Formulierungen seit dem Jahr 1370 vgl. die Beispiele in: Karoli: Bilanzprüfung und Prüfungsergebnis, Leipzig 1934, S: 79-85.

253 Vgl. § 322 Abs. 1 HGB.

die **Versagung** des Bestätigungsvermerkes geboten.[254] Die Einschränkung oder Versagung des Bestätigungsvermerkes hat der Wirtschaftsprüfer zu begründen.

Nach der Begründung des KonTraG hat sich die bisherige Praxis der Erteilung von formelhaften Bestätigungsvermerken nicht bewährt. Zudem ist die Verpflichtung zur Ergänzung des Bestätigungsvermerks in bestimmten Fällen nur in geringem Umfang beachtet worden. Dementsprechend sieht der Entwurf vor, Gegenstand, Art und Umfang der Prüfung zu beschreiben und eine allgemeinverständliche und problemorientierte Beurteilung des Prüfungsergebnisses enthalten.[255]

Prüfungsbericht

Der Prüfungsbericht dient hauptsächlich der Unterrichtung der Unternehmensleitung und der Aufsichtsgremien über das Ergebnis der Jahresabschlußprüfung.[256] Für das Aufsichtsgremium ist der Bericht ein wichtiges Instrument bei der Überwachung der Unternehmensführung und bildet faktisch die Grundlage für die Feststellung des Jahresabschlusses. Im Prüfungsbericht führt der Wirtschaftsprüfer Nachweis über die Erfüllung des Prüfungsauftrages, die wesentlichen Prüfungsfeststellungen werden mitgeteilt und das Prüfungsergebnis begründet und erläutert. Der Prüfungsbericht kann für den Leiter des Rechnungswesens und seine Mitarbeiter ein wertvolles Nachschla-

---

254 Zu den Fällen, bei denen unter Anwendung internationaler Rechnungslegungsgrundsätze der Jahresabschluß nichtig sein kann, vgl. Helmschrott/Buhleier: Die Konsequenzen einer GoB-widrigen Anwendung internationaler Rechnungslegungsnormen aus der Perspektive des Handels- und des Strafrechtes, in: WPg 1997, S. 10-17.

255 Vgl. hierzu auch: Gelhausen: Reform der externen Rechnungslegung und ihrer Prüfung durch den Wirtschaftsprüfer, hrsg. von C&L Deutsche Revision, Frankfurt 1997, S. 28-30.

256 Die Ursprünge des Prüfungsberichtes lassen sich nicht genau bestimmen, da dieser nur für den Auftraggeber bestimmt war und grundsätzlich nicht veröffentlicht wurde. Generell setzt er jedoch ein weit entwickeltes Revisionswesen voraus. Zu Einzelheiten vgl. Karoli: Bilanzprüfung und Prüfungsergebnis, Leipzig 1934, S. 109-111.

gewerk darstellen und ist für externe Gläubiger, z.B. für Banken, von großem Interesse. Generell ist der Prüfungsbericht dem Finanzamt einzureichen, da er gem. § 60 Abs. 3 EStDV der Steuererklärung beizufügen ist. Diese Pflicht zur Kenntnisgabe des Prüfungsberichtes gegenüber der Finanzverwaltung besteht unabhängig davon, ob eine gesetzliche oder freiwillige Jahresabschlußprüfung durchgeführt wurde.

Der Prüfungsbericht ist vom Wirtschaftsprüfer schriftlich zu erstatten, muß von diesem handschriftlich unterzeichnet werden und ist der Unternehmensleitung vorzulegen,[257] die diesen an den Aufsichtsrat einer Aktiengesellschaft bzw. den Beirat einer Gesellschaft mit beschränkter Haftung - sofern er installiert ist und über dem Aufsichtsrat einer Aktiengesellschaft vergleichbare Aufgaben verfügt - weiterleitet. Der Prüfungsbericht ist nach berufsständischen Regelungen[258] in die Darstellung der Vermögens-, Finanz- und Ertragslage, den Ergebnisbericht, den Erläuterungsteil und, falls es die Unternehmenslage erfordert, in die Erläuterung nachteiliger Veränderungen oder besonderer Tatsachen unterteilt.

In der Darstellung der Vermögens-, Finanz- und Ertragslage nimmt der Wirtschaftsprüfer seine Erläuterungen mit Hilfe von zusammengefaßten, betriebswirtschaftlichen Kennzahlen wie Produktions-, Absatzzahlen, Bilanzkennzahlen, Kapitalflußrechnungen o.ä. vor und geht auf die wirtschaftlichen Grundlagen der Unternehmenstätigkeit sowie ihre Entwicklung ein. Ein Mehrjahresvergleich vermittelt dabei wichtige Erkenntnisse.

Im Ergebnisbericht ist das Prüfungsergebnis in zusammengefaßter Form zu nennen und festzustellen, ob Buchführung, Jahresabschluß und Lagebericht den gesetzlichen Vorschriften entsprechen und die Unternehmensleitung die notwendigen Aufklärungen und Nachweise erbracht hat.

---

[257] Vgl. dazu auch § 321 HGB.

[258] IDW: Fachgutachten 2/1988: Grundsätze ordnungsmäßiger Berichterstattung bei Abschlußprüfungen, in: WPg 1989, S. 20-27.

Im Erläuterungsteil werden die Jahresabschlußposten aufgegliedert und der Posteninhalt für den Berichtsempfänger in dem Maße erläutert, wie dies für die Beurteilung durch die Berichtsempfänger von Bedeutung ist.

Bei nachteiliger Veränderung der Unternehmenslage besteht für den Abschlußprüfer die ausdrückliche Verpflichtung, diese und Verluste, die das Jahresergebnis nicht unwesentlich beeinflußt haben, im Prüfungsbericht aufzuführen und mit der gebotenen Klarheit zu erläutern. Falls dem Wirtschaftsprüfer besondere Tatsachen während seiner Prüfungstätigkeit bekannt werden, welche den Unternehmensbestand gefährden, die Unternehmensentwicklung wesentlich beeinträchtigen können oder schwerwiegende Verstöße z.B. gegen Gesetze erkennen lassen, hat er diese darzustellen und sich daraus ergebende Konsequenzen zu schildern, wobei die Ausführungen als deutlich warnende Stimme erkennbar sein müssen.[259]

Im KonTraG wird durch eine problemorientierte und klare Berichterstattung des Prüfers über die Beurteilung der Lage der Gesellschaft eine stärkere Ausrichtung an den Interessen des Aufsichtsrats gefordert. Zur Verbesserung der Zusammenarbeit zwischen Abschlußprüfer und Aufsichtsrat sowie zu dessen Stärkung ist vorgesehen, daß der Aufsichtsrat den Prüfungsauftrag erteilt und dementsprechend Empfänger des Prüfungsberichts ist. Nach derzeit geltendem Recht und Praxis empfiehlt der Vorstand einer Aktiengesellschaft einen Abschlußprüfer, der Aufsichtsrat orientiert sich bei seinem Vorschlag an die Hauptversammlung zur Wahl eines Prüfers an der Empfehlung des Vorstands (§ 124 Abs. 3 Satz 1 AktG) und die Hauptversammlung wählt den vom Aufsichtsrat vorgeschlagenen Prüfer (§ 318 Abs. 1 Satz 1 HGB).[260]

---

259 Vgl. zu den Voraussetzungen, die eine solche Berichtspflicht auslösen: Wolz: Die Krisenwarnfunktion des Abschlußprüfers, Wiesbaden 1997.

260 Vgl. Gelhausen: Reform der externen Rechnungslegung und ihrer Prüfung durch den Wirtschaftsprüfer, hrsg. von C&L Deutsche Revision, Frankfurt 1997, S. 15. Vgl. allgemein: Forster/Scheffler/Schmitz/Theisen: Reform des Aufsichtsrats, in: BFuP 1996, S. 306-322; Pellens: Aktionärsschutz im Konzern, Wiesbaden 1994.

Management Letter

In Deutschland gewinnt mit dem Management Letter eine Berichterstattungsform zunehmend an Bedeutung, die ursprünglich aus den USA stammt.[261] Durch ihn werden der Unternehmensleitung Probleme und Fragestellungen mitgeteilt, die bei der Durchführung der Jahresabschlußprüfung aufgetaucht sind, die im Rahmen des Gesamturteils über den Jahresabschluß bzw. über das Rechnungswesen aber nicht wesentlich oder nicht unmittelbar Gegenstand des Prüfungsauftrags waren. Die Erstellung und Versendung eines Management Letters liegt in der Regel sowohl im Unternehmensinteresse als auch im Interesse des Abschlußprüfers. Aus Unternehmenssicht besteht das Interesse, über Mängel, die nicht unbedingt Bestandteil des Prüfungsberichts sind, und über Verbesserungsmöglichkeiten informiert zu werden. Dem Wirtschaftsprüfer bietet der Management Letter die Möglichkeit, die Beseitigung von Schwachstellen und Verbesserungsmöglichkeiten anzuregen. Die ergänzende Berichterstattung im Management Letter darf sich nur auf unwesentliche Sachverhalte erstrecken, die für das Gesamturteil und für die Berichterstattung durch Bestätigungsvermerk sowie Prüfungsbericht nicht relevant sind. In einem Management Letter können z.B. folgende Punkte angesprochen werden:

- Festgestellte Schwachstellen im internen Kontrollsystem und ggf. Lösungsvorschläge für die Schwachstellenbeseitigung,
- Hinweise auf problembehaftete Systeme oder Abläufe,
- festgestellte Schwachstellen im Rechnungswesen sowie bei den Rechnungslegungs- und Berichterstattungserfordernissen, wobei in der Regel Verbesserungsvorschläge gegeben werden,
- Hinweise zur Verbesserung der rechtlichen oder steuerlichen Gestaltung ,
- der betrieblichen Abläufe oder organisatorischen Gestaltungen.[262]

---

[261] Vgl. hierfür und für das folgende IDW: Wirtschaftsprüferhandbuch 1996, Band 1, 11. Aufl. Düsseldorf 1996, S. 1441f.

[262] Vgl. IDW: Wirtschaftsprüferhandbuch 1996, Band I, 11. Aufl. Düsseldorf 1996, S. 1441f.

Die Schriftform des Management Letters hat im Gegensatz zur mündlichen Darstellung in der Schlußbesprechung den Vorteil, daß diesen Anmerkungen ein größeres Gewicht beigelegt wird und es für die Unternehmensleitung einfacher ist, die Tragweite der angesprochenen Punkte zu überblicken. Vielfach ist es gute Übung, daß das Unternehmen zu dem Management Letter Stellung nimmt.

Teilnahme an Sitzungen

Die Anwesenheit des Prüfers in Sitzungen und die Möglichkeit der Anwesenden, Fragen an den Prüfer zu richten, ist ein weiteres faktisches Element der Berichterstattung über die Prüfungsergebnisse. An der Hauptversammlung einer Aktiengesellschaft wird der Prüfer üblicherweise teilnehmen. Zur Teilnahme ist er lediglich dann verpflichtet, wenn der Abschluß von der Hauptversammlung verhandelt und festgestellt wird und nicht wie üblich vom Aufsichtsrat gebilligt wird und damit festgestellt ist (§§ 172, 176 Abs. 2 AktG). Auch wenn der Prüfer an der Sitzung teilnimmt, ist er nicht verpflichtet, Aktionären Auskunft zu erteilen (§ 176 Abs. 2 AktG). Der Aufsichtsrat erhält vom Vorstand den Jahresabschluß, Lagebericht und den Prüfungsbericht des Abschlußprüfers. Der Aufsichtsrat hat den Abschluß, den Lagebericht und den Vorschlag für die Verwendung des Bilanzgewinnes zu prüfen und der Hauptversammlung schriftlich zu berichten. Auf Verlangen des Aufsichtsrats hat der Prüfer an der Sitzung, in der diese Vorlagen verhandelt werden, teilzunehmen. Von dieser Möglichkeit wird regelmäßig Gebrauch gemacht.[263] Im KonTraG wird diese Entwicklung aufgegriffen und grundsätzlich eine Teilnahmepflicht statuiert, sofern sich der Aufsichtsrat nicht gegen seine Anwesenheit ausspricht.

---

[263] Vgl. Gelhausen: Reform der externen Rechnungslegung und ihrer Prüfung durch den Wirtschaftsprüfer, hrsg. von C&L Deutsche Revision, Frankfurt 1997, S. 20.

C. Varianten der Jahresabschlußprüfung und besondere Prüfungsanlässe

1. "Review"

Neben der klassischen Jahresabschlußprüfung werden - auch in Deutschland - weitere Dienstleistungen nachgefragt. Hierzu zählen u.a. der sog. Review, eine Durchsicht vorgelegter Informationen aus dem Rechnungswesen, der einen geringeren Aussagesicherheitsgrad als eine Jahresabschlußprüfung (full audit) ausweist und daher zu einem Prüfungsergebnis führt, das einen geringeren Sicherheitsgrad besitzt als das Ergebnis einer Abschlußprüfung. In vielen Fällen ist eine Abschlußprüfung jedoch nicht erforderlich und eine solche Aussagesicherheit nicht notwendig. Anwendungsfälle können z.B. die Durchsicht des Jahresabschlusses von nicht wesentlichen ausländischen Beteiligungen eines Konzerns sein.

Weiterhin kann eine Durchsicht von sog. Zwischenberichten erfolgen.[264] Hierbei handelt es sich um Informationen aus dem Rechnungswesen börsennotierter Gesellschaften des Amtlichen Handels und des Neuen Marktes. Mindestens halbjährlich bzw. vierteljährlich müssen diese Unternehmen ihre Aktionäre über den Geschäftsgang und die Lage unterrichten. Aus der Zielsetzung der Zwischenberichterstattung, der Öffentlichkeit möglichst zeitnahe Informationen über einen Abschnitt des Geschäftsjahres des Unternehmens zu geben, ergeben sich besondere sachliche Anforderungen und zeitliche Restriktionen für solche Prüfungen. Eine Prüfung in Form einer umfassenden Abschlußprüfung ist sachlich wegen des Charakters als Zwischenabschluß nicht erforderlich und aufgrund der zeitnahen Veröffentlichung dieser Informationen kaum möglich. Daher wird vom Wirtschaftsprüfer lediglich eine Durchsicht des Zwischenberichts durchgeführt.

---

264 Zu den Pflichten, welche die Zwischenberichterstattung nach sich zieht vgl. Förschle/Helmschrott: Die Zwischenberichterstattung nach HGB, US-GAAP und IAS, in: WPg 1997, S. 553-560.

Die genaue Ausgestaltung der Zwischenberichtsdurchsicht ist aufgrund fehlender spezieller gesetzlicher Regelungen allein in das pflichtgemäße Ermessen des Wirtschaftsprüfers gestellt und orientiert sich an den zu prüfenden Daten und dem beabsichtigten Verwendungszweck. Die Aussagesicherheit beruht auf der Leistungsfähigkeit des internen Kontrollsystems des Unternehmens und auf Plausibilitätsprüfungen. Bei Bedarf sind die Prüfungshandlungen um Nachweisprüfungshandlungen zu ergänzen.

Zur konkreten Vorgehensweise für einen Review gibt International Standard on Auditing No. 910 “Engangement to Review Financial Statements” der International Federation of Accountants oder das Statement on Auditing Standard No. 71 “Interim Financial Information” des US-amerikanischen Wirtschaftsprüferinstitutes Anhaltspunkte. Demnach können Gegenstand der Zwischenberichtsdurchsicht sein:

- Der Aufbau des Internen Kontrollsystems und dessen Veränderungen seit der letzten Jahresabschlußprüfung,
- Unplausibilitäten im Zwischenbericht,
- Protokolle der Hauptversammlung und der Sitzungen von Vorstand und Aufsichtsrat,
- Einholen von Berichten über die Durchsicht von Zwischenabschlüssen der Tochtergesellschaften,
- Einholen von Auskünften zu Änderungen in den angewandten Rechnungslegungsmethoden, Ereignissen nach dem Zwischenberichtsstichtag oder Veränderungen der Geschäftstätigkeit.

Die Besonderheit einer derartigen Prüfung, die nicht den strengen gesetzlichen Anforderungen einer Jahresabschlußprüfung unterliegt, verlangen eine individuelle Formulierung der Review-Auftrages. Aufgrund dieser Umstände darf der Wirtschaftsprüfer keinen Vermerk erteilen oder eine Bescheinigung erstellen,[265] welche mit den gesetzlich geregelten Bestätigungsvermerk verwechselt werden könnte. Bei der Ausfertigung des Berichtes über die Ergebnisse des Reviews ist auf den beschränkten Auftrag und die beschränkte Prüfungsdurchführung hinzuweisen, um für den Berichtsadressaten keine "Erwartungslücke" über den Inhalt des durchgeführten "Reviews" entstehen zu lassen.

2. "Due Diligence"-Analyse

Der Begriff "Due Diligence" bedeutet nach dem Wortsinn eigentlich nur "erforderliche Sorgfalt"; inhaltlich kennzeichnet er den Sorgfaltsmaßstab, der für das Management eines an einer geschäftlichen Transaktion beteiligten Unternehmens und für die eingeschalteten Berater gilt.[266] Unter einer Due-Diligence-Analyse versteht man allgemein die sorgfältige Analyse eines Unternehmens im Rahmen einer beabsichtigten geschäftlichen Transaktion.[267] Ziel der Analyse ist es, dem Auftraggeber der Analyse die wesentlichen Entscheidungsgrundlagen aufzuzeigen. Typische Anwendungsbereiche ergeben sich z.B. bei einem beabsichtigten Unternehmenskauf. Regelmäßig wird sich der Käufer im Einvernehmen mit dem Verkäufer des Unternehmens[268] Gewißheit verschaffen wollen, ob die ihm bislang präsentierten Daten des Unternehmens zutreffend sind und ob mögliche Problembereiche existieren, die den Erfolg der Akquisition und der erfolgreichen Integration des Unterneh-

265 Zur Erteilung von Bescheinigungen über Zwischenberichtsdurchsichten vgl. IDW, Wirtschaftsprüferhandbuch 1996, Band I, 11. Aufl. Düsseldorf 1996, S. 1290; Fachgutachten 3/1988 Abschnitt G II; Raff, Prüfungsbericht, Bestätigungsvermerk, Bescheinigung und Schlußbesprechung in: HdJ Abteilung VI/5, Tz. 190ff.

266 Vgl. Loges: Der Einfluß der "Due Diligence" auf die Rechtstellung des Käufers eines Unternehmen, in: DB 1997, S. 965 mit weiteren Nachweisen.

267 Vgl. Ganzert/Kramer: Due Diligence Review - eine Inhaltsbestimmung, in: WPg 1995, S. 577.

268 Zum Problem der Bereitstellung der für eine Due-Diligence-Analyse benötigten Informationen, vgl. Lutter: Due diligence des Erwerbers beim Kauf einer Beteiligung, in: Zeitschrift für Wirtschaftsrecht 1997, S. 613-620.

mens gefährden.[269] Damit stellt die Due-Diligence-Analyse einen entscheidenden Zwischenschritt dar, von dem der weitere Verlauf der Vertragsverhandlungen und letztlich auch der auszuhandelnde Preis abhängt. Die Due-Diligence-Analyse ist jedoch nicht auf die Bestimmung eines Unternehmenswertes ausgerichtet. Dies geschieht durch eine Unternehmensbewertung.[270]

Eine Due-Diligence Analyse umfaßt üblicherweise neben einer Prüfung der Rechungslegung eine eingehende Betrachtung aller wirtschaftlichen, rechtlichen, organisatorischen und finanziellen Grundlagen des zu erwerbenden Unternehmens.[271] Beispielsweise können die Organisation des Einkaufs, der Produktion und des Verkaufs, die Zusammensetzung der Lieferanten und Kunden, die Produktpalette, die Kostenstruktur, die Forschungs- und Entwicklungsaktivitäten sowie Chancen und Risiken der zukünftigen wirtschaftlichen Entwicklung untersucht werden.[272] In der Praxis werden bei der Durchführung meist detaillierte Checklisten verwendet, die an die jeweilige Aufgabenstellung und das Unternehmen anzupassen sind und die alle Sachverhalte und Unterlagen aufführen, die der Kaufinteressent prüfen will. Für die prakische Durchführung der Unterlageneinsichtnahme haben sich verschiedene Vorgehensweisen herausgebildet: Zum einen werden alle Dokumente in einem Raum des Zielunternehmens, dem sogenannten "Due Diligence Room" oder "Data Room", bereitgestellt und der Kaufinteressent sowie dessen Berater können diese einsehen, für sich Notizen machen oder wesentliche Unterlagen sogar fotokopieren. Eine weitere Möglichkeit besteht

---

269 Vgl. Wagner: Due-Diligence-Analyse, in: Frankfurter Allgemeine Zeitung vom 22.4.1997.

270 Umfassend zur Methodik und Vorgehensweise der Unternehmensbewertung am Beispiel der Bewertung von Wirtschaftsprüfer- und Steuerberaterpraxen, vgl. Englert: Die Bewertung von Wirtschaftsprüfer- und Steuerberaterpraxen, Düsseldorf 1996.

271 Vgl. dazu und für das folgende Loges: Der Einfluß der "Due Diligence" auf die Rechtstellung des Käufers eines Unternehmen, in: DB 1997, S. 965 mit weiteren Nachweisen.

272 Vgl. Peyrollaz: Audit et mission de „Due diligence", in: Der Schweizer Treuhänder 1997, S. 897.

darin, daß die Unterlagen einer neutralen Person, z.B. einem unbeteiligten Wirtschaftsprüfer oder Rechtsanwalt, ausgehändigt werden, wo sie der Kaufinteressent einsehen kann. Eine weitere Möglichkeit besteht darin, daß dem Verkäufer oder dem Zielunternehmen die Informationsanforderungen oder Checklisten übersendet werden. Dieser fertigt dann Fotokopien an und leitet sie dem Interessenten bzw. dessen Berater zu.

Die "Due-Diligence-Analyse" wird sehr häufig von spezialisierten Beratern, vor allem Wirtschaftsprüfern ggf. auch von Investmentbankern, Steuerberatern und Rechtsanwälten durchgeführt. Nach Prüfungsdurchführung erstellen diese in der Regel einen Abschlußbericht, den sogenannten "Due Diligence Report", der bis zu mehrere hundert Seiten umfassen kann.

Ein weiterer typischer Anwendungsbereich für die Due-Diligence-Analyse ist der Börsengang eines Unternehmens. Das die Emission durchführende Kreditinstitut (Emissionsbank) bzw. das Konsortium sichert seine eigene Beurteilung der aktuellen und zukünftigen Vermögens-, Finanz- und Ertragslage regelmäßig durch eine Due-Diligence-Analyse und eine Unternehmensbewertung durch eine Wirtschaftsprüfungsgesellschaft ab. Die Ergebnisse dienen der Emissionsbank zur Festlegung eines möglichen Ausgabepreises für die zu emittierenden Aktien und für die Abfassung des Emissionsprospektes, in dem i.d.R. detailliert zur Vermögens-, Finanz- und Ertragslage Stellung genommen wird.[273]

Die Due-Diligence-Analyse unterscheidet sich von der klassischen Jahresabschlußprüfung hinsichtlich ihres breiteren Umfanges und der Tatsache, daß zu den festgestellten Sachverhalten (Istobjekte) nicht immer ein Sollobjekt

---

273 Ein Prospekt wird nach deutschem Recht lediglich für eine Zulassung von Aktien zum Handel in den Marktsegmenten „Amtlicher Handel“ und „Neuer Markt“ verlangt. Das Emissionsprospekt dient der Information von Finanzanalysten sowie privaten und institutionellen Investoren zur Entscheidung, ob Anlagen im Unternehmen getätigt werden sollen. Vgl. Förschle/Helmschrott: „Neuer Markt“ an der Frankfurter Wertpapierbörse, Frankfurt 1997, S. 9.

existiert (z.B. zur Feststellung, daß das Fachwissen im wesentlichen ausschließlich bei den Geschäftsführern vorhanden ist oder z.B. daß ein langfristiger Abnahmevertrag besteht). Ein weiteres Merkmal besteht darin, daß der Inhalt der Prüfung ausschließlich von den Vertragsparteien mit Bezug auf die beabsichtigte Transaktion festgelegt wird. In der Praxis hat sich eine Unterteilung in nachfolgende Bereiche bewährt:[274]

- Commercial Due-Diligence (Aussagen zu Märkten, Produkten, Anbietern und Nachfragern),
- Financial Due-Diligence (Analyse der Vermögens-, Finanz- und Ertragslage),
- Tax/Fiscal Due-Diligence (Analyse steuerlich relevanter Sachverhalte),
- Legal Due-Diligence (Feststellung der rechtlichen Rahmenbedingungen: z.B. vertragliche Verpflichtungen, laufende Rechtsstreitigkeiten) und
- Environmental Due-Diligence (Feststellung von Umwelthaftungstatbeständen, Altlasten).[275]

---

274 Vgl. Wagner: Due-Diligence-Analyse, in: Frankfurter Allgemeine Zeitung vom 22.4.1997.

275 Vgl. Coopers & Lybrand Umwelt (Hrsg.): Nachhaltiges Management, Frankfurt 1997; Pföhler/Hermann: Grundsätze zur Durchführung von Umwelt-Due-Diligence, in: WPg 1997, S. 628-635.

3. Die Prüfungshandlungen zur Aufdeckung von Unterschlagungen und Manipulationen

Zur Aufgabe des Wirtschaftsprüfers im Rahmen einer Jahresabschlußprüfung gehört es nicht, Gesetzesverstöße, Fehlleistungen von Mitarbeitern oder der Geschäftsführung oder sonstige Unregelmäßigkeiten aufzudekken.[276] Diese Aufgaben werden von der Polizei, der Staatsanwaltschaft oder der internen Revision wahrgenommen. Im Rahmen seiner stichprobenweisen Prüfung ist es jedoch nicht auszuschließen, daß der Prüfer auf solche Unregelmäßigkeiten stößt. In diesen Fällen hat es sich ein genaues Bild vom Sachverhalt zu machen und in Abhängigkeit von der Schwere des Falles ggf. unverzüglich an die Geschäftsleitung zu berichten.[277] Besteht der Verdacht, daß gesetzliche Vertreter an den Verstößen mitgewirkt haben, hat der Abschlußprüfer das Aufsichtsorgan des Unternehmens zu unterrichten (z.B. den Aufsichtsrat).[278]

Eine Nichtaufdeckung solcher Tatbestände hat der Abschlußprüfer nur dann zu vertreten, wenn er sie im Rahmen der Jahresabschlußprüfung bei ordnungsmäßiger Prüfungsdurchführung hätte feststellen müssen.[279] Eine gezielte Aufdeckung verlangt nach einem besonderen Prüfungsansatz, der auf einem über die berufliche Skepsis hinausgehenden Mißtrauen basiert.[280]

---

276 Bei Veruntreuung, Betrug und Unterschlagungen im Unternehmensbereich wird von Vertrauensschäden gesprochen. Die Hermes Kreditversicherungs-AG erwartet für das Jahr 1997 bei deutschen Unternehmen rund 800.000 solcher Vertrauensschäden, die einen betriebswirtschaftlichen Schaden von DM 10 Milliarden verursachen werden. Vgl. O.V.: Vertrauensschäden: Zahl der Fälle steigt auf 800.000, in: Blick durch die Wirtschaft vom 10.7.1997.

277 Vgl. IDW FG 1/88 Abschnitt C ,1 Anm. 3.

278 Vgl. IDW: Entwurf einer Verlautbarung: Zur Aufdeckung von Fehlern, Täuschungen, Vermögensschädigungen und sonstigen Gesetzesverstößen im Rahmen der Abschlußprüfung, in: WPg 1996, S. 480.

279 Vgl. IDW: Wirtschaftsprüferhandbuch 1996, Band I, 11. Aufl. Düsseldorf 1996, S. 1301.

280 Vgl. IDW: Entwurf einer Verlautbarung: Zur Aufdeckung von Fehlern, Täuschungen, Vermögensschädigungen und sonstigen Gesetzesverstößen im Rahmen der Abschlußprüfung, in: WPg 1996, S. 477.

In diesem Zusammenhang wird nachfolgend zuerst auf die Durchführung von **Unterschlagungsprüfungen** und später auf **Manipulationen im Unternehmensbereich** und die zugehörigen Prüfungsmethoden eingegangen.

Grundsätzlich werden Veruntreuungs- oder **Unterschlagungssprüfungen** als freiwillige Sonderprüfungen zur Aufdeckung von Veruntreuungen oder Unterschlagungen durchgeführt.[281]

Bei derartigen Prüfungen werden die oben beschriebenen grundlegenden Prüfungstechniken in der Regel kombiniert, es kann aber auch erforderlich sein, in Prüfungsbereichen ausschließlich mit Nachweisprüfungshandlungen zu arbeiten. Risikoanalysen werden durchgeführt, um Risikobereiche identifizieren zu können und das konkrete Gefährdungspotential zu bestimmen. Prüfungen des internen Kontrollsystem erbringen meist keinen direkten Beitrag zum Prüfungsziel, führen aber zu Erkenntnisse über Systemmängel und Unterschlagungsmöglichkeiten. In diesen Bereichen könnte dann möglicherweise mit der Prüfung begonnen werden. Ergebnisorientierte Prüfungshandlungen werden in demjenigen Bereich angewendet, in dem die Unterschlagung bzw. Veruntreuung festgestellt oder vermutet wurde. Das Prüfungsvorgehen ist spezifisch auf die vorliegende Sachlage auszurichten und wird von der Wirksamkeit der jeweiligen Prüfungstechnik mitbestimmt.

Die Planung von Unterschlagungs- und Veruntreuungsprüfungen muß unter der Beachtung der Verdachtsmomente situationsabhängig erfolgen, da Verdächtige in der Regel bemüht sind, Verdachtsmomente zu verschleiern und Beweise zu vernichten. Verdächtige Personen sollten deshalb während der

---

281 Zu Unterschlagungsprüfungen und zum nachfolgenden siehe: Hoffmann: Unterschlagungsprophylaxe und Unterschlagungsprüfung, Berlin 1990; Schedlbauer: Sonderprüfungen, Stuttgart, 1984; Nieman: Prüfungstechnik, in: Beck'sches Steuerberater-Handbuch 1996/97, München 1996, S. 679-681; Meyer zu Lösebeck: Unterschlagungs- und Veruntreuungsprüfung in: Handwörterbuch der Revision, hrsg. von Coenenberg/v. Wysocki, 2. Aufl. Stuttgart 1992, Sp. 2003-2014.

Prüfungsduchführung von ihren Tätigkeiten vorübergehend entbunden werden. Überraschende Prüfungen sollten möglicherweise getarnt, z.B. als Zwischenprüfung, geplant und durchgeführt werden.[282]

Bei der Prüfung von Bestandskonten können Inventuren durchgeführt sowie Saldenbestätigungen eingeholt werden. Bei nicht erklärbaren Veränderungen von Bestands- oder Erfolgskonten sollte der Kontensaldo restlos aufgegliedert werden. Möglicherweise sind alle Kontenbewegungen lückenlos zu untersuchen. Gleichfalls ist die Glaubhaftigkeit und Echtheit von externen und internen Belegen zu würdigen. Interne Befragungen sind bei der Prüfungsdurchführung von Bedeutung, um bereits vorliegende Informationen und Sachverhalte zu bestätigen sowie Unklarheiten bzw. Widersprüche aufzuklären. Diese Besprechungen sollten vom Prüfer durch Gesprächsprotokolle dokumentiert werden.

Prüfungsziel bei Unterschlagungs- und Veruntreuungsprüfungen ist in der Regel die zahlenmäßige Bestimmung des Fehlers zur Durchsetzung von Schadensersatzansprüchen. Weiter sind die Grundlagen für eine mögliche strafrechtliche und arbeitsrechtliche Sanktionierung des Fehlverhaltens herzustellen und zukünftige Schädigungen durch Installation von entsprechenden Kontrollmechanismen zu verhindern.[283] Damit sind an die Nachweispflichten bei Unterschlagungsprüfungen erhöhte Anforderungen zu stellen, da die Unterlagen der Geschäftsleitung für ihr Gespräch mit den betreffenden Personen dienen, so daß Feststellungen erforderlich sind, die gegebenenfalls bei einem Gerichtsverfahren als sichere Beweise gelten.

---

282 Vgl. Meyer zu Lösebeck: Unterschlagungs- und Veruntreuungsprüfung in: Handwörterbuch der Revision, hrsg. von Coenenberg/v. Wysocki, 2. Aufl. Stuttgart 1992, Sp. 2013.

283 Vgl. Meyer zu Lösebeck: Unterschlagungs- und Veruntreuungsprüfung in: Handwörterbuch der Revision, hrsg. von Coenenberg/v. Wysocki, 2. Aufl. Stuttgart 1992, Sp. 2006.

Der Prüfer hat nach Beendigung der Unterschlagungs- und Veruntreuungsprüfungen einen Prüfungsbericht vorzulegen, der seine Prüfungsdurchführung und sein Prüfungsergebnis dem Unternehmen mitteilt. Auch im Rahmen einer reinen Abschlußprüfung hat der Prüfer über festgestellte Verstöße zu berichten, wenn diese nicht zutreffend im Abschluß berücksichtigt wurden und als wesentlich anzusehen sind. Ferner ist eine Berichterstattung geboten, wenn sie für die Berichtsempfänger von Bedeutung sind, auf Schwächen im Rechnungswesen oder im Internen Kontrollsystem hindeuten, eine abschließende Beurteilung durch den Prüfer nicht möglich ist oder die Redepflicht nach § 321 Absatz 2 HGB ausgeübt werden mußte. Konsequenzen für die Erteilung eines Bestätigungsvermerkes sind nur dann zu prüfen, wenn der Sachverhalt im Abschluß unzutreffend dargestellt ist oder wenn der Prüfer an der Untersuchung möglicher Fehler gehindert wird.[284]

Die Bedeutung der Unterschlagung und sonstiger Manipulationen für den Fortgang des Unternehmens und möglicher Klagen des Unternehmens oder von Aktionären gegen den Abschlußprüfer aufgrund des erlittenen Schadens wird von Untersuchungen zum US-Prüfungsmarkt bestätigt.[285] Inzwischen werden diese Fragen auch im deutschsprachigen Schrifttum intensiver diskutiert. Einen Überblick zu den möglichen Risikobereichen gibt die nachstehende Aufzählung von Beispielen zu betrügerischen **Manipulationen** bei Unternehmen, die in der Praxis bereits vorgekommen sind und die im Rahmen der Berufstätigkeit des Prüfers aufgedeckt wurden.[286]

Im Vorratsbereich wurden nachstehende Manipulationen zur Beeinflussung des Ansatzes in der Bilanz ausgemacht:

---

284 Vgl. IDW: Entwurf einer Verlautbarung: Zur Aufdeckung von Fehlern, Täuschungen, Vermögensschädigungen und sonstigen Gesetzesverstößen im Rahmen der Abschlußprüfung, in: WPg 1996, S. 480.

285 Vgl. Palmrose: Who got sued? In: Journal of Accountancy, März 1997, S. 68.

286 Vgl. Langenbucher/Blaum: Die Aufdeckung von Fehlern, dolosen Handlungen und sonstigen Gesetzesverstößen im Rahmen der Abschlußprüfung, in: DB 1997, S. 439.

- Ausweis von Vorräten in der Bilanz, die nicht im (wirtschaftlichen) Eigentum des Bilanzierenden stehen,
- Ausweis von nicht existenten Vorräten,
- Manipulation von Inventur-Erfassungsbelegen,
- Manipulation durch mehrfache Erfassung von Vorräten in verschiedenen Lägern zu verschiedenen Zeitpunkten,
- Manipulationen von Meßinstrumenten oder EDV-Programmen

Die Bewertung des Vorratsbereichs in der Bilanz wird z.B. durch nachstehende Manipulationen beeinflußt:

- Fehlerhafter Fertigstellungsgrad,
- Unsachgemäße Zuordnung von Kosten zu einzelnen Aufträgen,
- Unterlassen von Gängigkeitsabschreibungen, Angabe falscher zu erwartender Erlöse oder Nichtberücksichtigung von niedrigeren Wiederbeschaffungskosten,

Das wahre Bild der Unternehmenslage in der Bilanz und der Gewinn- und Verlustrechnung kann verfälscht werden durch

- Umsatzrealisation bei Waren, die lediglich in einer Spedition gelagert werden, an fiktive Kunden verkauft wurden, an Kunden unter Vereinbarung einer Rücklieferung im neuen Geschäftsjahr geliefert wurden oder
- zugleich unter den Vorräten in der Bilanz erfaßt sind.

Die Beispiele ließen sich nahezu unendlich fortsetzen. Es läßt sich jedoch erkennen, daß eine Aufdeckung eher zufällig als planmäßig erfolgt. Daher ist es nach der Auffassung des Berufsstandes erforderlich, daß sich der Prüfer überlegt, ob eine Situation gegeben ist bzw. Anhaltspunkte dafür bestehen, die das Auftreten von Manipulationen begünstigt.

Als solche Anhaltspunkte werden vom Berufsstand genannt:[287]

- Zweifel an der Integrität der Geschäftsleitung,
- kritische Unternehmenssituationen,
- ungewöhnliche Geschäfte,
- Schwierigkeiten in der Erlangung von Prüfungsnachweisen oder
- sonstige Umstände.

Oben genannte Sachverhalte hat der Prüfer vor der eigentlichen Prüfung im Rahmen der Prüfungsplanung einzubeziehen und den Ablauf der Prüfung entsprechend auszugestalten. Während der Prüfung selbst können weitere Erkenntnisse hinzutreten, die Anhaltspunkt für Manipulationen sein können. Hierzu rechnen nach der Auffassung des Berufsstandes:[288]

- behördliche Untersuchungen sowie Straf- und Bußgeldbescheide,
- Zahlungen für nicht spezifizierte Dienstleistungen,
- Zahlungen an nahestehende Personen oder Mitarbeiter,
- außergewöhnliche Einkaufs- oder Verkaufspreise, hohe Provisionen,
- ungewöhnliche Zahlungen in bar,
- außergewöhnliche Geschäfte mit Unternehmen in Niedrigsteuerländern,
- Zahlungen an einen Empfänger in einem Land, das nicht zugleich das Ursprungsland der bezogenen Waren oder Dienstleistungen ist,
- nicht autorisierte oder ungenügend dokumentierte Geschäfte oder
- nachteilige Presseberichterstattungen.

---

287 Zu den Anhaltspunkte im einzelnen: siehe IDW: Entwurf einer Verlautbarung: Zur Aufdeckung von Fehlern, Täuschungen, Vermögensschädigungen und sonstigen Gesetzesverstößen im Rahmen der Abschlußprüfung, in: WPg 1996, S. 478f.

288 Vgl. IDW, aaO, S. 478f.

D. Vom Studenten zum Wirtschaftsprüfer

1. Das Anforderungsprofil an einen Berufseinsteiger in der Wirtschaftsprüferbranche

„Das Lesen von Bilanzen, Interesse am Wirtschaftsgeschehen und keine Angst vor dem Leben aus dem Koffer - das sind einige Voraussetzungen, die man mitbringen muß, wenn man Wirtschaftsprüfer werden will“.[289]

Das **Anforderungsprofil an Berufsanfänger** in der Wirtschaftsprüferbranche wird im wesentlichen durch die drei Faktoren

- theoretisches (akademisches) Wissen,
- praktische Fertigkeiten und
- persönlichen Eigenschaften

bestimmt. Theoretisches Wissen ist wegen der komplexen Sachverhalte, mit denen der Wirtschaftsprüfer in seiner Tätigkeit konfrontiert wird, und dem letztlich akademisch ausgerichteten Wirtschaftsprüferexamen gefordert. Praktische Fähigkeiten sind von ausschlaggebender Bedeutung, da der Wirtschaftsprüferberuf neben aller Theoriebezogenheit letztendlich immer auf die Wirtschaftspraxis bezogen ist. Wegen dem ständigen Mandantenkontakt, den der Dienstleistungsberuf Wirtschaftsprüfung mit sich bringt, der Zusammen-

---

289 Aussage eines unbenannten Wirtschaftsprüfers

arbeit mit Kollegen und Vorgesetzten sowie den Arbeitsbedingungen sind die persönlichen Eigenschaften von großer Bedeutung.

Wie diese Anforderungen an den akademischen Berufsnachwuchs von Wirtschaftsprüfungsgesellschaften in der Vergangenheit gewichtet wurden, zeigt nachstehende Übersicht, welche die wesentlichen Ergebnisse einer Umfrage aus dem Jahre 1979 wiedergibt.[290]

Besonders wichtige Eigenschaften		**Weniger wichtige Eigenschaften**		**Nicht wichtige Eigenschaften**	
Kriterien	**Nennungen in %**	**Kriterien**	**Nennungen in %**	**Kriterien**	**Nennungen in %**
Persönliche Flexibilität	93	Alter des Bewerbers	69	Doppelstudium	51
Praktika	77	Familienstand	60	Promotion	60
Studienrichtung	75	Thema der Diplomarbeit	59	außeruniversitäres Engagement	69
Abgeschlossene Lehre	68	Fremdsprachenkenntnisse	56	Managementschule	69
Fächerkombination	68	Kurze Studiendauer	56	Assistententätigkeit an der Universität	75
Sonstige Berufserfahrung	62	Hochschulort	53		
Gute Examensnote	51	Geschlecht	50		
Bereitschaft zur Mobilität	48				

Abbildung 18: Anforderungsprofil an den Berufsnachwuchs

Das dargestellte Anforderungsprofil der Wirtschaftsprüfungsgesellschaften an den akademischen Berufsnachwuchs besitzt auch heute seine Relevanz, was 1990 durch ein Vorstandsmitglied der Wirtschaftsprüferkammer bestätigt

---

290 Vgl. Sieben/Hunger: Der akademische Berufsnachwuchs und die Anforderungen der Wirtschaftsprüfer. Ergebnisse einer Umfrage, in: WPg 1979, S. 227.

wurde[291] und sich mit der Einschätzung der Verfasser weitgehend deckt. Kurz zusammengefaßt, werden an theoretischen Kenntnissen von einem Hochschulabsolventen heute umfangreiche Vorkenntnisse im Finanz- und Rechnungswesen gefordert und eine breite betriebswirtschaftliche Ausbildung sowie EDV- und zumindest Englischkenntnisse erwartet.

Bei genannter Untersuchung wurden als Kontrollgruppe Studenten befragt, was ihrer Einschätzung nach die Wirtschaftspraxis von ihnen als zukünftigen Stellenbewerbern erwartet. Hierbei zeigte sich bei den Studenten eine im wesentlichen ausgeprägte Kenntnis von der Praxis, da sich ihre Vermutungen weitgehend mit dem oben gezeigten Anforderungsprofil der Wirtschaftsprüfungsgesellschaften deckte. Wesentliche Unterschiede ergaben sich allerdings auf zwei Gebieten. So unterschätzten die Studenten die grundsätzliche Bedeutung von abgeschlossener Lehre bzw. absolvierten Praktika und überschätzten die Wichtigkeit von universitären Zusatzqualifikationen wie Promotion, Doppelstudium, außeruniversitärem Engagement bzw. dem Besuch von Managementschulen.[292] Nach den subjektiven Erfahrungen der Verfasser haben sich bis heute diese studentischen Einschätzungen nicht wesentlich geändert.

Bei der Einstellung von Hochschulabsolventen bevorzugen Wirtschaftsprüfer und Wirtschaftsprüfungsgesellschaften solche Studenten, die bereits praktische Erfahrungen im Wirtschaftsleben gesammelt haben. Deshalb sollten Studenten, die vor dem Studium keine Lehre absolviert haben, die vorlesungsfreie Zeit nutzen, um diesen Mangel durch ein Praktikum, am besten bei einem Wirtschaftsprüfer, abzubauen. Vorteilhaft ist, daß sich der Praktikant darüber klar werden kann, ob das von ihm angestrebte Berufsziel seinen Vorstellungen und Wünschen entspricht. Als Begleiterscheinung kann dies, bei Bewährung des Praktikanten, in den meisten Fällen zu einer Anstellung

---

291 Vgl. Brönner: Anforderungen der Praxis an den akademischen Berufsnachwuchs, in: WPK-Mitteilungen 1990, S. 78.

bei einem Wirtschaftsprüfer führen. Für Wirtschaftsprüfer bzw. für Wirtschaftsprüfungsgesellschaften ist das Anbieten von Praktikantenplätzen im Hinblick auf zukünftige Einstellungen von Bedeutung, denn häufig sind die guten Praktikanten von heute die geschätzten Mitarbeiter von morgen.

Die Anforderungen an das **theoretische Wissen** der Berufsanfänger wird vor allem durch die eigentliche Berufstätigkeit bestimmt. Um im Bereich der Jahresabschlußprüfung, Steuerberatung oder betriebswirtschaftlichen Beratung eingesetzt werden zu können, erwarten die Unternehmen von dem Berufseinsteiger den Abschluß eines betriebswirtschaftlichen bzw. wirtschaftswissenschaftlichen Studiums. In der Vergangenheit gab es daher eindeutige Präferenzen für Bewerber, die das Examen zum Diplom-Kaufmann abgelegt haben.[293] In der Gegenwart werden immer noch vorwiegend Universitätsabsolventen betriebswirtschaftlicher Studiengänge von den Prüfungsfirmen eingestellt, wobei aber zunehmend Wirtschaftsinformatiker, Wirtschaftsingenieure oder Fachhochschul- und Berufsakademieabsolventen eine Chance erhalten. Neben den genannten Wirtschaftswissenschaftlern haben wegen dem stark durch die Rechtswissenschaft geprägten Tätigkeitsgebiet des Wirtschaftsprüfers auch Juristen bei Einzelwirtschaftsprüfern oder größeren Wirtschaftsprüfungsgesellschaften Anstellungsaussichten.

Bei den Studienschwerpunkten bevorzugen Wirtschaftsprüfer solche Kandidaten, die ihre Studienschwerpunkte zielgerichtet und klar berufsorientiert gewählt haben. Gesucht sind daher Studenten mit den Vertiefungsfächern Wirtschaftsprüfung, Steuerlehre und Steuerrecht. In der Vergangenheit wurde für kleinere Wirtschaftsprüferkanzleien festgestellt, daß für sie das Fach Steuerlehre größere Wichtigkeit als das Fach Wirtschaftsprüfung besitzt.[294]

---

292 Vgl. Sieben/Hunger: Der akademische Berufsnachwuchs und die Anforderungen der Wirtschaftsprüfer. Ergebnisse einer Umfrage, in: WPg 1979, S. 226f.

293 Vgl. Sieben/Hunger: Der akademische Berufsnachwuchs und die Anforderungen der Wirtschaftsprüfer. Ergebnisse einer Umfrage, in: WPg 1979, S. 229.

294 Vgl. Sieben/Hunger: Der akademische Berufsnachwuchs und die Anforderungen der Wirtschaftsprüfer. Ergebnisse einer Umfrage, in: WPg 1979, S. 229.

Hingegen kann es bei größeren Wirtschaftsprüfungsgesellschaften Bedarf an solchen Absolventen geben, die sich neben dem berufsspezifischen Fach Wirtschaftsprüfung in anderen Wahlfächer wie z.B. Unternehmensrechnung, Industriebetriebslehre, Bankbetriebslehre, Versicherungsbetriebslehre, Wirtschaftsinformatik oder Statistik spezialisiert haben. Diese Fächer können damit auch sinnvolle Kombinationsmöglichkeiten sein.

An theoretischem Wissen werden von den Bewerbern als Grundvoraussetzung besondere Kenntnisse im betrieblichen Rechnungswesen, d.h. in Buchhaltung, Bilanz- und Erfolgsrechnung sowie Kosten- und Leistungsrechnung, erwartet. Gleichfalls werden Kenntnisse in den Bereichen Prüfungstechnik, Unternehmensbewertung sowie betriebswirtschaftliche Planung und Begutachtung gefordert, die der Berufsanfänger aber mit dem Fach Wirtschaftsprüfung abdecken kann. Daneben ist bei den Bewerbern eine solide betriebswirtschaftliche Ausbildung gefragt, die meist durch gute Leistungen im Fach Allgemeine Betriebswirtschaftslehre nachgewiesen werden. Ergänzend sollte ein Berufseinsteiger EDV-Grundkenntnisse besitzen und über Wissen in dem Bereich des Steuer-, Handels - und Gesellschaftsrechtes verfügen. Obiges Anforderungsprofil zeigt, daß bei den Wirtschaftsprüfern das Diplomarbeitsthema eine mittlere Bedeutung besitzt, wobei es unter dem Gesichtspunkt höherer Einstellungschancen nicht allzu theoretisch sein sollte. Dieses Kriterium relativert sich angesichts der überfüllten Universitäten heute etwas, da vielerorts berücksichtigt wird, daß die Einwirkungsmöglichkeiten der Studenten auf die Themenstellung doch gering sind. Als letzte Kriterien, die mit theoretischem Wissen in Verbindung stehen, sind gute Examensnoten und kurze Studienzeiten zu nennen, die von großer bzw. mittlerer Bedeutung bei der Einstellung sind. Als Zeichen der intellektuellen Leistungsfähigkeit werden von den Bewerbern gute Examensnoten erwartet, wobei idealerweise ein Prädikatsexamen abgelegt werden sollte. Diesem Einstellungskriterium kommt bei den wachsenden Bewerberzahlen eine immer größere Bedeutung zu. Daneben ist die Studienzeit der Bewerber von Interesse, da die Erfahrung gezeigt hat, daß kurze Studienzeiten in einem gewissen Maße gute Examensnoten begünstigen. Kurze Studienzeiten sind für die Bewerber auch im Hinblick auf die später zu absolvierenden Berufsexamina von persönlichem Nutzen, da er diese Examina nach Erfüllung der praktischen Tätigkeit im Beruf entsprechend früher ablegen kann.

Bei den **persönlichen Eigenschaften** des Berufseinsteigers besitzen Flexibilität und räumliche Mobilität eine hohe Bedeutung für den potentiellen Arbeitgeber. Diese erwarten von den Bewerbern die Bereitschaft, häufiger zu reisen und in Hotels zu übernachten oder sogar die Bereitschaft zum Umzug aus beruflichen Gründen. Daneben werden von den Berufseinsteigern gewisse persönliche Fähigkeiten gefordert: Vermögen zur Teamarbeit, Kombinationsgabe, Genauigkeit, Unbestechlichkeit des Urteils, Verschwiegenheit, Einsatzbereitschaft, Ausdauervermögen, Zielstrebigkeit sowie Phantasie und Vorstellungskraft. Wichtig sind ferner die Fähigkeiten, Gedanken klar und eindeutig auszudrücken sowie komplizierte Sachverhalte zu überblicken und darzustellen.[295] Bei den Persönlichkeitseigenschaften ist ferner zu berücksichtigen, daß die Wirtschaftsprüfungsbranche eine Dienstleistungsbranche ist, in der Ergebnisse nicht nur produziert werden, sondern auch verkauft werden müssen. Dies bedeutet, daß der potentielle Mitarbeiter eine ausbalancierte Mischung aus höflichem und selbstbewußtem Auftreten zeigen sollte.[296]

Jeder Interessent am Beruf des Wirtschaftsprüfers sollte sich die Bedeutung der oft in Stellenanzeigen genannten Anforderungskriterien 'Belastbarkeit' und 'Fleiß' vergegenwärtigen. In der Prüfungssaison wird man kaum mit ei-

---

295 Vgl. Forster: Revisions- und Treuhandbetriebe, in: Handwörterbuch der Betriebswirtschaft, Band 3, Stuttgart 1976, Sp. 3440; Freidank: Revisions- und Treuhandbetriebe, in: Handwörterbuch der Betriebswirtschaft, Band 3, Stuttgart 1993, Sp. 3780.

296 Zu den Besonderheiten des deutschen Geschäftslebens hinsichtlich der Bedeutung des pünktlichen Erscheinens, der frühzeitigen Absprache von Terminen, der korrekten Anrede, Arbeitszeiten, Geschenke u.a. aus der Sicht eines „Ausländers", vgl. Murdoch: It´s a serious business, in: Accountancy, International Edition, Juni 1997, S. 39.

ner vierzig-Stundenwoche auskommen, so daß eine 37,5 oder 35 Stundenwoche eine reine Wunschvorstellung bleiben muß. Neben der praktischen Berufstätigkeit des Berufseinsteigers verlangen die Vorbereitung auf das Steuerberater- und später auf das Wirtschaftsprüferexamen viel zusätzlichen Fleiß nach Feierabend und am Wochenende. Der Bewerber sollte nicht älter als ca. 28 bis 30 Jahre sein, da der Berufseinsteiger bis zur Ablegung der Berufsexamina mindestens drei bzw. vier Jahre praktischer Tätigkeit absolvieren muß. Da die Einstiegsgehälter in der Wirtschaftsprüferbranche unter denen der Industrie liegen, läßt sich die Situation der angehenden Wirtschaftsprüfer mit der Devise umschreiben: 'Eher Dienen als Verdienen.'

In der Zukunft ist damit zu rechnen, daß durch die zunehmende Globalisierung der Unternehmen auch die Prüfungstätigkeit internationalisiert wird. Dem Berufsanwärter erwächst daraus die Notwendigkeit, die berufspezifischen Entwicklungen in fremden Ländern zu verfolgen und seine Fremdsprachenkenntnisse frühzeitig zu verbessern. Von Berufseinsteigern werden idealerweise Englischkenntnisse erwartet und u.U. Französischkenntnisse gern gesehen, wobei Englisch deutlich wichtiger ist. Unerlässlich zur Verbesserung der Sprachkenntnisse sind ein Auslandsaufenthalt während des Studiums, ein Auslandspraktikum oder die Anfertigung der Diplomarbeit mit einem internationalen Themenbezug. Grundsätzlich hängt die Fähigkeit fremde Sprachen zu sprechen viel mit einer entsprechenden Begabung zusammen. Für den Erfolg sind daneben aber Motivation, Fleiß und Selbstdisziplin zu kontinuierlichem Arbeiten von sehr großer Bedeutung. Mit der weiter zunehmender Internationalisierung der Wirtschaft wird die Bedeutung der Fremdsprachenkenntnisse entsprechend steigen.

Zum Abschluß der Ausführungen zum Anforderungsprofil an Berufseinsteiger sei noch auf Gegebenheiten eingegangen, die den späteren Berufsweg beeinflussen können. In einer einer US-amerikanischen Studie wurden Erfolgsfaktoren für den späteren Berufsaufstieg in Wirtschaftsprüfungsgesellschaften identifiziert. Demnach sind

- Sachkenntnis,
- Ausdrucksfähigkeit,
- Führungsqualität und Teamfähigkeit,
- Organisationstalent und
- Berufserfahrung

besonders wichtig, um im Beruf erfolgreich zu sein.[297] Diese Kenntnisse und Fähigkeiten, die teilweise explizit in Stellenanzeigen von Wirtschaftsprüfungsgesellschaften zu finden sind, dürften auch für angehende deutsche Wirtschaftsprüfer nützlich sein. In Deutschland hat sich bei der beruflichen Entwicklung von Berufseinsteigern gezeigt, daß die in der Anfangsstellung im Vergleich zu anderen Wirtschaftsbereichen wenig honorierte Promotion sich für den späteren Berufsweg durchaus als nützlich erweisen kann.

---

[297] Vgl. Bhamornsiri/Guinn: The Road to Partnership in the „Big Six" Firms: Implications for Accounting Education, in: Issues in Accounting Education, Frühjahr 1991, S. 19 und 23.

2. Die Ausbildung an Universitäten, Fachhochschulen und Berufsakademien

In Deutschland kann an ca. 50 Universitäten das Fach 'Wirtschaftsprüfung/Revision- und Treuhandwesen' studiert werden, [298] wobei allerdings an manchen Universitäten das Fach in Kombination mit Steuerlehre bzw. Steuerrecht, Unternehmensberatung oder Controlling/Rechnungswesen angeboten wird. Nachfolgend hierzu eine Übersicht der betreffenden Universitäten:[299]

Augsburg (U)	Bamberg (U)
Bayreuth (U)	Berlin (FU)
Berlin (HU)	Berlin (TU)
Bochum(U)	Bonn (U)
Chemnitz-Zwickau (TU)	Darmstadt (TH)
Düsseldorf (U)	Dresden (TU)
Duisburg (U/GH)	Erlangen-Nürnberg (U)
Essen (U/GH)	Frankfurt/Main (U)
Frankfurt/Oder (U)	Gießen (U)
Göttingen (U)	Greifswald (U)
Halle-Wittenberg (U)	Hamburg (U)
Hamburg-Harburg (U/FH)	Hamburg-Harbg. (TU)
Hannover (U)	Hohenheim (U)
Jena (U)	Köln (U)
Leipzig (U/HH)	Mainz (U)
Mannheim (U)	Marburg (U)
München (U)	Münster (U)
Oestrich-Winkel (EBS)	Oldenburg (U)
Osnabrück (U)	Paderborn (U/GH)

298 Für die Entwicklung des Faches vgl. Wysocki: Betriebswirtschaftliche Prüfungslehre: Ein Rückblick auf die Entwicklung in drei Jahrzehnten, in: Rechnungswesen und Controlling, Festschrift Egger, hrsg. von Bertl/Mandl, Wien 1997, S. 53-71.

299 Vgl. Staufenbiel/Stephan/Ferring: Die wirtschaftswissenschaftlichen Fakultäten, 9. Aufl. Köln 1995, S. 92.

Passau (U)
Regensburg (U)
Siegen (U/GH)
Trier (U)
Würzburg (U)
Potsdam (U)
Saarbrücken (U)
Tübingen (U)
Witten/Herdecke (U)
Wuppertal (U/GH)

Nachstehend angeführte Fachhochschulen bieten Ausbildungsgänge an, die eine Vertiefung im Bereich Wirtschaftsprüfung/Revision ermöglichen:[300]

Anhalt, Köthen (FH)
Dortmund (ISM)
Frankfurt (FH)
Lahr/ Schwarzwald (AKAD, FH)
FH Nordostniedersachsen, Lüneburg
Rheinische FH Köln
FH Rheinland-Pfalz (Abteilung LU)
Stuttgart (FH)
Wilhelmshaven (FH)
Deggendorf (FH)
Eberswalde (FH)
Gießen-Friedberg (FH)
Leipzig (AKAD, FH)
Paderborn (FHW)
Osnabrück (FH)
Schmalkalden (FH)
Wiesbaden (FH)
HTW Zwickau (FH)

An baden-württembergischen Berufsakademien kann der Bereich Steuern und Prüfungswesen in folgenden Städten[301] studiert werden:

Karlsruhe
Villingen-Schwenningen
Mannheim
Stuttgart

---

300 Staufenbiel/Stephan/Ferring: Die wirtschaftswissenschaftlichen Fakultäten, 9. Aufl. Köln 1995, S. 97.

301 Vgl Berufsakademie Baden-Württemberg: Informationen über einen wissenschaftsbezogenen und praxisorientierten Bildungsgang für Abiturienten, hrsg, Ministerium für Wissenschaft und Forschung, Stuttgart Dezember 1993 sowie eigene Recherchen.

In Österreich wird das Fach an folgenden Universitäten vertreten:

Graz	Innsbruck
Linz	Wien (WU)

Die Inhalte der Ausbildung an deutschen Hochschulen werden im Bereich des Prüfungswesens seit dem Jahre 1985 in einem Anforderungsprofil für die Hochschulausbildung umrissen, das die Fachkommission für Ausbildungsfragen im Bereich des Prüfungswesens der Schmalenbach-Gesellschaft - Deutsche Gesellschaft für Betriebswirtschaft e.V. erstellt hat.[302] Der Anforderungskatalog soll den Hochschullehrern Hinweis für das bereitzustellende Ausbildungsangebot sein und den Studierenden als Leitlinie für den Studienaufbau sowie der Wirtschaftspraxis als Maßstab für die Mitarbeiterauswahl dienen. Nach Auffassung dieser Kommission hat das berufsspezifische Studium primär die Aufgabe, die Studierenden mit den Möglichkeiten der wissenschaftlichen Durchdringung ihres Studiengebietes vertraut zu machen, wobei besonderer Wert auf die Schulung des ökonomischen Denkvermögens zu legen ist. Ausbildungsziel ist die Befähigung des Studenten, die während des Studiums erworbenen (theoretischen) Kenntnisse unter Berücksichtigung gegebener Zusammenhänge auf das (konkrete) Geschehen in die Praxis zu übertragen und anzuwenden.[303] Das Hochschulstudium hat damit die Berufsfähigkeit und nicht die Berufsfertigkeit der Absolventen zum Ziel.

In dem Anforderungskatalog wird unterschieden zwischen einem Grundlagenstudium, dies umfaßt die Studiengegenstände für alle Studierenden im Grund- und Hauptstudium, und einem Spezialstudium, welches die Bereiche

302 Vgl. Schmalenbach-Gesellschaft - Deutsche Gesellschaft für Betriebswirtschaft: Anforderungsprofil für die Hochschulausbildung im Bereich des Prüfungswesens, in: ZfbF 1985, S. 154-161.

303 Vgl. Schmalenbach-Gesellschaft - Deutsche Gesellschaft für Betriebswirtschaft: aaO, S. 154.

des Vertiefungsstudiums des Prüfungswesens beinhaltet. Der Anforderungskatalog[304] wird nachfolgend abgebildet.

Studiengebiet	Grundlagenstudium (= Studiengegenstände für alle Studierenden im Rahmen des Grund- und Hauptstudiums)	Spezialstudium (= Gegenstandsbereiche im Spezialstudium des Prüfungswesens)
Grundbegriffe des Rechnungswesens	Einnahmen, Ausgaben; Einzahlungen, Auszahlungen; Aufwand, Ertrag; Kosten, Leistung; Vermögen, Verbindlichkeiten; finanzmathematische Grundbegriffe	
Buchführung, Abschlußtechnik und Organisation des Rechnungswesens	Buchführung und Abschlußtechnik (Buchführungsarten; Kontenrahmen und Kontenplan; Zusammenhänge zwischen Finanz- und Betriebsbuchhaltung)	Organisation des Rechnungswesens (Aufbau- und Ablauforganisation; Automatisierung)
Theorie des Rechnungswesens	Die wichtigsten Bilanztheorien; Theorien der Kostenrechnung; Wirtschaftlichkeitsrechnung; Ziel- und Entscheidungsbezug des Rechnungswesens; Zusammenhänge zwischen den verschiedenen Zweigen des Rechnungswesens	
Jahresabschlüsse	Handelsrechtlicher Jahresabschluß, Steuerbilanz (Grundsätze ordnungsmäßiger Buchführung; Bilanzierungspflichten und Bilanzierungsverbote; Bewertungsprinzipien, Wertkategorien im Handels- und Steuerrecht; Buchführungs- und Rechnungslegungsvorschriften des Handels- und Steuerrechts)	Einzel- und Konzernabschluß sowie Berichterstattung des Unternehmens (Einzel- und Konzernabschlüsse nach nationalen handelsrechtlichen Vorschriften und nach internationalen Richtlinien; externe Berichterstattung einschl. Geschäftsberichte, Zwischenberichte, Segmentberichte und Sozialberichte; Jahresabschlußanalyse; Jahresabschlußpolitik)

304 Vgl. Schmalenbach-Gesellschaft - Deutsche Gesellschaft für Betriebswirtschaft: aaO, S. 159-161.

Studiengebiet	Grundlagenstudium	Spezialstudium
1. *Grundlagen, Aufbau und Anwendung der Kosten- und Leistungsrechnung*	*Grundlagen der Kosten- und Leistungsrechnung* (Kostenarten, Kostenstellen, Kostenträger; Kostenkategorien; Leistungsverrechnung; Grundzüge der Kalkulation)	*Kosten- und Leistungsrechnung* (Systeme der Kosten- und Leistungsrechnung einschl. Plankostenrechnung; Auftrags- und Anlagenabrechnung; innerbetriebliche Leistungsverrechnung; kostenrechnerische Grundlagen der Preisbildung; kurzfristige Erfolgsrechnung)
Planungsrechnung	Allgemeine Probleme der Planungsrechnung	Rechnungswesen als Planungs- und Kontrollrechnung (Inhalte der Planungsrechnung; Planungsrechnung im System der operativen Planung; Aufwands- und Ertragsplanung; Finanzplanung; Planbilanzen; Abweichungskontrolle und -analyse; Planungsrisiken)
Methodik der elektronischen Datenverarbeitung	Grundwissen über Anwendungsgebiete und Anforderungen beim Einsatz der elektronischen Datenverarbeitung im Rechnungswesen	
Prüfungsobjekte Ordnungsmäßigkeitsprüfungen		Objekte von Ordnungsmäßigkeitsprüfungen (Einzel- und Konzernabschlüsse sowie Berichterstattung von Unternehmen, Organisation des Rechungswesens, insbes. Ablauf- und Kontrollsysteme, Sonderbilanzen, insbes. Gründungs-, Fusions-, Liquidations- und Auseinandersetzungsbilanzen)

Prüfungsobjekte Wirtschaftlichkeits- und Zweckmäßigkeitsprüfungen		Objekte von Wirtschaftlichkeits- und Zweckmäßigkeitsprüfungen (Geschäftsführung, allgemein; Aufwands-, (Kosten-) und Ertragslage; Liquiditäts- und Finanzlage, insbes. Liquidität, Cash-Flow, Kapitalflußrechnung, Bewegungs- und Veränderungsbilanzen, Projekt- und Veränderungsbilanzen, Projekt- und Auftragsfinanzierung; Investitionsrechnung, insbes. Investitionsrechnungsverfahren, Investitionsbudgets, Risikoanalyse; Unternehmensbewertung, insbes. Bewertungsanlässe, Bewertungszwecke und Bewertungsverfahren; Haushalts- und Wirtschaftsführung öffentlich-rechtlicher Körperschaften und Anstalten)
Prüfungsobjekte Prognosen und Planungsrechnungen		*Prognosen und Planungsrechnungen als Prüfungsobjekte* (z.B. Kapitalanlageprospekte; Planungsrechnungen)
Prüfungshandlungen Bestimmung des Prüfungs-Solls		*Bestimmung des Prüfungs-Solls* (Ableitung der Soll-Objekte aus gesetzlichen Vorschriften, Verträgen [Prüfungsauftrag] und Berufsgrundsätzen u.a.)
Prüfungshandlungen Prüfungsverfahren		*Prüfungsverfahren* (z.B. Systemprüfung, Einzelfallprüfung, Stichprobenprüfungen, indirekte Prüfungen etc.; Prüfungsplanung und Prüfungsorganisation)

Prüfungshandlungen Auswertung von Prüfungsergebnissen		*Auswertung von Prüfungsergebnissen* (z.B. Bildung von Einzel- und Gesamturteilen, Prüfungserinnerungen, Prüfungsmitteilungen, Beratung auf der Grundlage von Prüfungsergebnissen)
Prüfungshandlungen Berichterstattung		*Berichterstattung über Prüfungsergebnisse* (z.B. allgemeine Berichtstechnik, Prüfungsbericht, Bestätigungsvermerk, Prüfungsbescheinigung, Prüfungsbemerkung, Schlußbesprechung, Gutachten u.ä.)
Prüfungsorgane Interne Revision		*Organe der internen Prüfung* (wirtschaftliche, organisatorische und rechtliche Fragen der Revisionsstellen sowie der Konzernrevision)
Prüfungsorgane externe Prüfungsorgane		*Organe der externen Prüfung* (wirtschaftliche, organisatorische und rechtliche Fragen bei freiberuflichen Prüfern, bei Prüfergemeinschaften, bei Prüfungsgesellschaften und bei Prüfungsverbänden)
Prüfungsorgane öffentlich-rechtliche Prüfungsorgane		Prüfungsorgane öffentlich-rechtlicher Körperschaften (wirtschaftliche, organisatorische und rechtliche Fragen der Rechnungshöfe, der Rechnungsprüfungsämter, der Vorprüfungsstellen und der Organe der [steuerlichen] Außenprüfung)

Abbildung 19: Anforderungskatalog für die Hochschulausbildung

Inwieweit dieser Anforderungskatalog an den Universitäten beachtet wird, zeigt eine empirische Untersuchung des Lehrangebotes an deutschsprachigen

Hochschulen auf dem Gebiet des Prüfungswesens aus dem Jahre 1992. Demnach werden die nachfolgenden Schwerpunkte gelehrt:[305]

- Pflichtprüfungen des Wirtschaftsprüfers,
- Treuhandwesen,
- Interne Revision und Controlling,
- Prüfungstechnik und Prüfungstheorie und
- Unternehmensbewertung.

Zunehmend wird in den Veranstaltungen auf internationale Aspekte der Rechnungslegung, der Prüfungstätigkeit sowie auf die Harmonisierung der Rechnungslegung eingegangen. Einzelne Lehrstühle arbeiten mit ausländischen Hochschulen zusammen oder führen interdisziplinäre Veranstaltungen mit Lehrstühlen der Steuerlehre, der Wirtschaftsinformatik oder juristischen Lehrstühlen durch.

Nach der Untersuchung werden bei allen Lehrstühlen Veranstaltungen von Praktikern in das Lehrangebot einbezogen. Diese Praktikerveranstaltungen werden zumeist von Wirtschaftsprüfern oder aber von Steuerberatern, Unternehmensberatern oder anderen Rechnungslegungspraktikern gehalten. Einige Lehrstühle führen Exkursionen zu Wirtschaftsprüfungsgesellschaften oder zu großen Unternehmen durch oder vermitteln ihren Studenten Praktika oder Diplomarbeiten, die mit Unterstützung von Wirtschaftsprüfungsgesellschaften angefertigt werden.[306]

Bei der Frage, in welchem Verhältnis bei der Hochschulausbildung im Fach 'Prüfungswesen' die Gewichtung zwischen der Vermittlung theoretischer Grundlagen und der praxisbezogenen Ausbildung stehen sollte, zeigte sich

---

305 Vgl. Peemöller/Kaindl/Nordhausen: Das Fach Prüfungswesen an deutschsprachigen Hochschulen: Eine empirische Erhebung, in: WPg 1993, S. 374-383.

306 Vgl. Peemöller/Kaindl/Nordhausen: Das Fach Prüfungswesen an deutschsprachigen Hochschulen: Eine empirische Erhebung, in: WPg 1993, S. 381f.

bei einer früheren Untersuchung eine weitgehende Übereinstimmung zwischen Hochschullehrern und Praktikern.[307] Kritisiert wurde von den Praktikern allerdings die nicht ausreichende theoretische Ausbildung in bestimmten für die Prüfungstätigkeit besonders relevanten Fächern, wie Rechnungslegung, Kostenrechnung, Prüfungstechnik u.ä.[308]

Im Vergleich der Anforderungen der Wirtschaftsprüfer an ihren Berufsnachwuchs zur in Deutschland durchgeführten Hochschulausbildung fällt auf, daß neben der reinen Wissensvermittlung nicht auf kommunikative Fähigkeiten oder andere persönliche Fertigkeiten eingangen wird. Denkbar wäre die Ergänzung des wissenschaftlichen Studiums durch Veranstaltungen zur Stärkung der Teamfähigkeit- und -bereitschaft, zur praktischen Menschenführung, zu Präsentationstechniken oder zu Methoden der Verhandlungsführung. Dies wird bereits heute teilweise im Studienfach 'Anwendungsbezogene Theorie' an den baden-württembergischen Berufsakademien gelehrt. Sofern dieses Veranstaltungen nicht in das Studienangebot integriert sind wäre es daher empfehlenswert, sich selbst z.B. durch Besuch von entsprechenden Lehrveranstaltungen oder dem Studium von Fachliteratur dieses Wissen anzueignen.

Für die Lehre im Fach Prüfungswesen läßt sich insgesamt eine starke praxisorientierte Ausrichtung in der Fachausbildung an deutschen Hochschulen feststellen. Um den Bedürfnissen der Wirtschaftspraxis zu genügen, wäre das Lehrangebot zumindest um Veranstaltungen zur Stärkung der kommunikativen Fähigkeiten zu ergänzen.

---

307 Vgl. Lück/Schönbrunn: Wirtschaftsprüfung und Treuhandwesen: Ergebnisse einer empirischen Untersuchung zur Studiengestaltung, in: Die Betriebswirtschaft 1984, S. 420f.

308 Vgl. Lück/Schönbrunn: Wirtschaftsprüfung und Treuhandwesen: Ergebnisse einer empirischen Untersuchung zur Studiengestaltung, in: Die Betriebswirtschaft 1984, S. 416.

Als Fazit ist festzustellen, daß für den Beruf des Wirtschaftsprüfers ein wirtschaftswissenschaftliches Studium mit dem Schwerpunkt Prüfungswesen eine sinnvolle Vorbereitung darstellt. Dennoch kann dies nicht als 'Berufsausbildung' angesehen werden, denn der Berufseinstieg erfordert wesentliche, über das betriebswirtschaftliche Prüfungswesen hinausgehende Kenntnisse.[309]

3. Empirische Untersuchungen zur Studienwahl und zum Berufseinstieg

Mit der Veröffentlichung des ersten Zwischenergebnisses der Absolventenbefragung 1993 der Hochschul-Informations-System GmbH liegen umfassende, zeitnahe und wissenschaftlich fundierte empirische Erkenntnisse über die Ausbildung an Hochschulen in Deutschland sowie die Erfahrungen der Absolventen beim Berufseinstieg vor.[310]

Für die Gruppe der Wirtschaftswissenschaftler konnte festgestellt werden, daß 89 % der befragten Universitätsabsolventen (FH: 87 %) wieder ein Studium aufnehmen würden. Dasselbe Fach würden 70 % der Universitätsabsolventen (FH: 68 %) wählen. Dieser Anteil ist verhältnismäßig hoch und dürfte nicht zuletzt auf die verhältnismäßig guten Berufsaussichten zurückzuführen sein.[311]

Während die Entscheidung für ein Studium der Wirtschaftswissenschaften von den Absolventen mit großer Zufriedenheit betrachtet wird, kann das für die Wahl der Universität bzw. Fachhochschule keineswegs behauptet werden. Am selben Studienort würden gerade einmal 54 % der Befragten er-

309 Vgl. Peemöller/Kaindl/Nordhausen: Das Fach Prüfungswesen an deutschsprachigen Hochschulen: Eine empirische Erhebung, in: WPg 1993, S. 382.

310 Vgl. Handelsblatt vom 23.5.1997; Rundschreiben der Hochschul-Informations-System GmbH.

311 Vgl. Rundschreiben der Hochschul-Informations-System GmbH, S. 3.

neut studieren. Die Absolventen von Fachhochschulen urteilen über ihre Ausbildung wenig anders. Mit 55 % Zustimmung zu ihrem **Studienort** ist gleichfalls ein großer Teil der Absolventen eher unzufrieden mit der gewählten Fachhochschule. Einschränkend sei angemerkt, daß diese Aussage nicht allein das Studium der Wirtschaftswissenschaften betrifft. Der Gesamtdurchschnitt aller Studienrichtungen beträgt für Uni-Absolventen 48 % (FH: 48 %). Damit sind die Absolventen der Wirtschaftswissenschaften mit ihrer Studienortwahl im Durchschnitt zufriedener als der Durchschnitt.

Verhältnismäßig viele Absolventen beurteilten den Abschluß einer **Berufsausbildung** vor Aufnahme ihres Studiums positiv. Universitätsabsolventen befürworteten dies zu 46 %, FH-Absolventen zu 79 %.

Als **Defizit der Hochschulausbildung** wird in der Untersuchung speziell für die wirtschaftswissenschaftliche Ausbildung genannt, daß zahlreiche für den späteren Beruf wichtige Fähigkeiten und Kenntnisse nicht vermittelt werden. Hierzu zählen die mangelnde Vermittlung von:

- Praxis- und Berufserfahrung (58 % der Absolventen von Universitäten, FH: 46%),
- Kommunikationsfähigkeiten (Uni: 59 %, FH: 56 %),
- fachübergreifendem Denken (Uni: 65 %, FH: 55 %),
- Kooperationsfähigkeit (Uni: 53 %, FH: 47 %),
- breitem Grundlagenwissen (Uni: 54 %, FH: 30 %),
- Organisationsfähigkeit (Uni: 41 %, FH: 38 %),

- der Fähigkeit, diszipliniert zu arbeiten (Uni: 39 %, FH: 31 %),
- Verhandlungsgeschick (Uni: 30 %, FH: 44 %),
- speziellem Fachwissen (Uni: 7 %, FH: 16%).

In Übereinstimmung mit den Ergebnissen der vorangehenden Abschnitte kann daher betont werden, daß die Studienwahl und insbesondere der Studienort für die persönliche Zufriedenheit im Hinblick auf das Studium und den Berufseinstieg von entscheidender Bedeutung sind. Dabei dürfte dem Lehrangebot der Hochschule sicherlich eine besondere - wenn natürlich keine ausschließliche - Bedeutung beizumessen sein. Erstaunlich ist jedoch das Untersuchungsergebnis, daß die Fachhochschulen hinsichtlich ihrer Praxisorientierung kaum besser als die Hochschulen abschneiden.

Mit den "Defiziten der Hochschulausbildung" werden die Wünsche der Studenten und wohl auch der Praxis wiedergegeben. Ob die Hochschulen bzw. Fachhochschulen und Berufsakademien stets der optimale Ort sind, solche Kenntnisse und Fähigkeiten anzulegen und auszubauen, ist umstritten. Es kann an dieser Stelle auch keine Aussage darüber getroffen werden, inwieweit bestimmte Fähigkeiten, z.B. Kooperationsfähigkeit, erlernbar sind. Offen muß gleichfalls die Frage bleiben, wieviele der Studenten von einem erweiterten Angebot Gebrauch machen würden. Festzustellen ist aber, daß zahlreiche Hochschulen mit einem freiwilligen Angebot an Kursen in Rhetorik und Präsentationstechnik sowie in Fremdsprachen die Möglichkeit zum Erwerb solcher Kenntnisse bieten. Erfahrungen in teamorientiertem Arbeiten und in berufspraktischen Fähigkeiten kann der Student in entsprechenden Organisationen und Vereinen innerhalb und außerhalb der Hochschule sowie in Berufspraktika erwerben.

Die zahlreichen Umfragen und Rankings von Hochschulen sind u.E. kein Grund, nur die Hochschulen zu wählen, die in Umfragen besonders erfolgreich abgeschnitten haben. An einzelnen Hochschulen mögen die Voraussetzungen zur Ausbildung unterschiedlich gut sein; letztendlich kommt es auf den einzelnen an, was er daraus macht. Der Student kann schon früh durch Eigenintiative zeigen, daß er mit der Zeit und dem Geld, das er in seine Ausbildung investiert, verantwortungsvoll umgeht.

4. Die Bewerbung

4.1. Die Vorbereitung der Bewerbung

Durch die jüngste verhaltene wirtschaftliche Entwicklung und die zunehmende (auch Akademiker-)Arbeitslosigkeit ist bei den Arbeitgebern die Bewerberauswahl immer strenger geworden, wobei die fachlichen und persönlichen Anforderungen an die potentiellen Mitarbeiter immer mehr gestiegen sind. Das Hochschulstudium und selbst gute Examensnoten reichen oft nicht mehr aus, um den Berufseinstieg problemlos zu meistern. Zudem erwartet der potentielle Arbeitgeber persönliche und fachliche Zusatzqualifikationen.

In dieser Situation sollte planvoll bei der Bewerbung vorgegangen werden; dies gilt umso mehr bei Aspiranten für die Prüfungstätigkeit, die im Berufsleben durchdacht und wirtschaftlich handeln sollen. Allgemein läßt sich das Bewerbungsverfahren in verschiedene Phasen einteilen. In der ersten Phase soll der Bewerber seine Ausgangssituation bestimmen und seine Bewerbungsziele klar definieren. In der zweiten Phase sind die Bewerbungsunterlagen vorzubereiten, anzufertigen und abzuschicken. In der dritten Phase findet das Bewerbungsgespräch statt. Bei Wirtschaftsprüfern bzw. bei Wirtschaftsprüfungsgesellschaften sind Auswahlverfahren wie Persönlichkeitstests oder Assessment Center eher unüblich, so daß normalerweise das Bewerbungsverfahren mit dem Bewerbungsgespräch abgeschlossen ist. Auf diese drei Phasen wird im nachfolgenden näher eingegangen.

In der ersten Bewerbungsphase muß der Bewerber eine persönliche Selbstanalyse vornehmen, sich Informationen über den Arbeitsmarkt verschaffen und mögliche Bewerbungsschwerpunkte bestimmen. Für die persönliche Selbstanalyse wurden ausgefeilte Fragebögen und Analysetechniken (z.B. Kräftefeldanalyse, IWU-Matrix, SWOT-Analyse) entwickelt. Diese werden hier nicht dargestellt, sondern können bei Bedarf in der einschlägigen Bewerbungsliteratur nachgelesen werden.[312] Stattdessen sei eine kurze Checkliste vorgestellt,[313] die anhand von Fragen in die Analyse der Stärken und Schwächen bzw. der Wünsche und Ziele des Bewerbers einführt und als Anregung für Berufsanfänger dienen soll.

Stärkenanalyse:

- Habe ich besondere Stärken?
- Wo bin ich besser als andere?
- Wo habe ich besondere Erfahrungen gesammelt, die ich nutzen kann?
- Wo habe ich herausragende Erfolge erzielt?

---

312 Vgl. z.B. Reichel: Bewerbungsstrategien: Erfolgreiche Konzepte für Beruf und Karriere, Niederhausen 1992, S. 18ff.; JOB-FIT: PR in eigener Sache, herausgegeben vom FORUM Verlag, Konstanz 1994, S. 159ff.; JOB-FIT: Aktive Stellensuche & Schriftliche Bewerbung, herausgegeben vom FORUM-Verlag, Konstanz und St. Gallen 1994, S. 11ff.; Stratemann: Einschätzung in eigener Sache, in: Studium, Karriere, Beruf, herausgegeben von Baldus, Wiesbaden 1994, S. 36ff.

313 Vgl. JOB-FIT: Aktive Stellensuche & Schriftliche Bewerbung, herausgegeben vom FORUM-Verlag, Konstanz und St. Gallen 1994, S. 28f; JOB-FIT: Sich gut verkaufen im Vorstellungsgespräch, Band 2, Konstanz und St. Gallen 1993, S. 89f.

Schwächenanalyse:

- In welchen Bereichen muß ich noch an mir arbeiten?
- Wo kann ich besser werden?
- In welchem Bereich kann ich noch erfolgreicher sein?

Analyse der Wünsche und Ziele:

- Was hat mir in meinem Studium, in der Lehre bzw. Praktikum am meisten Spaß gemacht?
- Gibt es Dinge, die ich niemals beruflich machen würde (z.B. Vertrieb)?
- Wie würde realistisch und inhaltlich die Position aussehen, die meinem „Traumjob" am nächsten kommt?
- Wo möchte ich in drei bis fünf Jahren beruflich stehen?
- Wie stelle ich mir mein privates Umfeld (Partner, Freunde, Familie, Kinder etc.) vor?
- Welchen Stellenwert hat meine Freizeit und mein Einkommen für ein zufriedenes und ausgefülltes Leben?
- An welchem Ort und in welchem Land möchte ich leben?

Es sollte versucht werden, für die Fragen schriftliche Schlüsselantworten zu entwickeln, welche die angesprochen Sachverhalte kurz und prägnant beantworten. Gleichfalls sollte für diese Zielvorstellungen eine Rangfolge entwickelt werden, um Prioritäten zu erkennen bzw. Schwerpunkte zu bilden.

Parallel zu dieser persönlichen Selbstanalyse sollten Informationen über den Arbeitsmarkt im allgemeinen und über potentielle Arbeitgeber im besonderen gesammelt werden. Potentielle Arbeitgeber können beispielsweise über Stellenanzeigen in überregionalen Zeitungen oder Fachzeitschriften, über das Wirtschaftsprüfer-Verzeichnis[314] oder das Branchentelefonbuch identifiziert werden. Auch können Gespräche mit Dritten, d.h. mit Bekannten, Freunden, Studienkollegen oder Wirtschaftsprüfern, sehr hilfreich sein, da diese möglicherweise über entsprechende Kenntnisse verfügen oder dem Bewerber noch nicht beachtete Denkanstöße vermitteln können.

Für den Bewerber kommen als Bewerbungsschwerpunkte grundsätzlich große bzw. mittelgroße Wirtschaftsprüfungsgesellschaften oder Einzelprüferpraxen in Frage.

Große Wirtschaftsprüfungsgesellschaften bieten ihrer teils internationalen Mandantschaft ein breit gefächertes und hoch spezialisiertes Leistungsprogramm an, weshalb sich für den Bewerber interessante und anspruchsvolle Tätigkeitsfelder ergeben. In derartigen Prüfungsfirmen ist allerdings eine weitgehende Arbeitsteilung, z.B. in Prüfungsabteilung, Steuerabteilung, Corporate Finance, Unternehmensberatung, anzutreffen, so daß bereichsübergreifende Tätigkeiten oder Bereichswechsel eher die Ausnahme bilden. Große Wirtschaftsprüfungsgesellschaften haben ihre Niederlassungen meist nur in Ballungszentren und unter den Mitarbeitern besteht eine gewisse Gefahr der Anonymität.

Mittelständische Wirtschaftsprüfungsgesellschaften sind meist in den großen Städten oder Regionalzentren anzutreffen. Sie besitzen in der Regel ein regionales Klientel aus dem Mittelstand, für das aus einer Hand Wirtschaftsprüfung und Steuerberatung angeboten wird. Hier wird der Mitarbeiter bereichsübergreifend gefordert, er kann sich zum „Allrounder" entwickeln, hat aber meist nicht die Spezialprobleme von Großunternehmen. Kleine Einzel-

---

314 Das Wirtschaftsprüfer-Verzeichnis enthält - nach Städten sortiert - verschiedene Wirtschaftsprüferkanzleien bzw. Wirtschaftsprüfergesellschaften. Durch die Angabe der dort beschäftigten Wirtschaftsprüfer kann auf die Größe der Prüfungsfirma geschlossen werden. Das Wirtschaftsprüfer-Verzeichnis wird von der Wirtschaftsprüferkammer herausgegeben. Vgl. WPK (Hrsg.): WP Verzeichnis 1996, 14. Aufl. Düsseldorf 1996.

wirtschaftsprüferpraxen gibt es nicht nur in den großen oder mittleren Städten, sondern fast überall. Bei ihnen besitzt neben der klassischen Jahresabschlußprüfung die Jahresabschlußerstellung und die Steuerberatung einen großen Stellenwert, so daß von den Berufsanfängern besonders Buchführungskenntnisse und Steuerrechtswissen verlangt werden. Durch die Betriebsgröße besteht in der Regel ein enger Kontakt zum Vorgesetzten bzw. Praxisinhaber, was in den größeren Prüfungsfirmen eher selten ist.

Bei den Einzelwirtschaftsprüfern bietet die tägliche Arbeit i.d.R. wenig Bezug zum Ausland und Tätigkeitswechel innerhalb der Praxis sind wegen der geringen Betriebsgröße tendenziell schwierig. In derartigen Büros hat normalerweise jeder Mitarbeiter einen Überblick über alle Arbeitsabläufe und kennt die Mandantschaft fast vollständig. In der Abhängigkeit von der Mandantenstruktur können alle klassischen Tätigkeiten eines Wirtschaftsprüfers, wie z.B. Jahresabschlußprüfung, Jahresabschlußerstellung, Steuerberatung, betriebswirtschaftliche Beratung, anfallen.

Empfehlungen für die eine oder andere Formen der Berufsausübung sollen an dieser Stelle nicht abgegeben werden, da diese nur auf den individuellen Zielvorstellungen des Einzelnen basieren können. Der Bewerber sollte sich überlegen, inwieweit er prüfend und/oder steuerberatend bzw. allgemein beratend tätig sein will, ob er regional mobil ist und ob er sich für spezielle Branchen interessiert. In einer früheren Studie zeigten Studenten Präferenzen für mittelgroße Wirtschaftsprüfungsgesellschaften,[315] welche aber kaum das entsprechende Stellenangebot zur Verfügung stellen können. Große Wirtschaftsprüfungsgesellschaften haben einen erheblichen Bedarf an Berufseinsteigern und verfügen über zahlreiche Niederlassungen mit unterschiedlicher Mandantenstruktur, weshalb es sinnvoll sein kann, sich bei derselben Wirtschaftsprüfungsgesellschaft in verschiedenen Städten zu bewerben.

---

[315] Vgl. Sieben/Hunger: Der akademische Berufsnachwuchs und die Anforderungen der Wirtschaftsprüfer. Ergebnisse einer Umfrage, in: WPg 1979, S. 224.

4.2. Die Bewerbungsunterlagen

Nach dem in Abschnitt D.1. dargestellten Anforderungsprofils an einen Berufseinsteiger interessiert die Prüfungsfirmen an erster Stelle die Persönlichkeit des Bewerbers, dann seine Praxiserfahrung und schließlich sind gewisse Studienmerkmale von Bedeutung. Die praktische Erfahrung zeigt, daß der Auswahlprozeß meist an gewissen formalen Kriterien wie Bewerbungsschreiben, Zeugnissen und Lebenslauf ansetzt und sich später auf persönliche Kriterien konzentriert. Diese Anforderungen haben Auswirkungen auf das Vorgehen bei der Anfertigung und die Gestaltung der Bewerbungsunterlagen.

Die Bewerbungsunterlagen sollten ordentlich und ohne äußerliche Unzulänglichkeiten sein. Die Güte der Unterlagen wird als eine erste Kostprobe der Arbeitsqualität des Bewerbers gesehen und gibt darüber Auskunft, mit welchem Anspruch und welcher Sorgfalt die eigenen Ziele vertreten werden. Ein Bewerber kann aufgrund der „Papierform" abgelehnt werden, obwohl er das Potential für die gestellten Anforderungen besitzt. Insbesondere gilt, daß Schreibfehler in den Bewerbungsunterlagen keinen guten ersten Eindruck hinterlassen.

An dieser Stelle sei auf eine wahrnehmungspsychologische Tücke hingewiesen: Unebenheiten oder kleinere Fehler in Text und Gestaltung, die man als Verfasser gerne übersieht, springen dem Empfänger sofort ins Auge. Jeder Bewerber sollte daher seine Unterlagen von bewerbungserfahrenen Freunden oder Bekannten auf äußere Mängel durchsehen lassen. Es ist ferner davon abzuraten, die Bewerbungsunterlagen zu sehr mit Daten und Urkundenkopien zu überfrachten, die einzelnen Unterlagen in Prospekthüllen getrennt abzuheften oder die Unterlagen geknickt in einem kleinen Umschlag zu verschikken. Ferner sollte von zu aufwendigen „Spielereien" mit dcm Computer bei der Erstellung der Unterlagen abgesehen werden, da es für die Verwendung verschiedener Farben oder unterschiedlicher Gestaltungselemente keinen sachlichen Grund gibt und es sich nicht um die Bewerbung für eine Stelle als Grafik-Designer handelt.

Bei den Bewerbungsunterlagen besitzt das Anschreiben eine große Bedeutung. Aus ihm wird häufig geschlossen, ob es lohnenswert erscheint, sich mit der Bewerbung weiter zu beschäftigen. Generell sollte das Bewerbungsschreiben auf das Unternehmen und die angestrebte Stelle ausgerichtet sein, nicht den Lebenslauf vorwegnehmen und nicht länger als eine Seite sein. Im Anschreiben sollte das Interesse des potentiellen Arbeitgebers am Bewerber geweckt werden, weshalb der Hinweis auf vorhandene berufspraktische Erfahrungen bzw. Spezialkenntnisse selbstverständlich ist. Weiter bietet sich ein Verweis auf die Diplomarbeit an, wenn sie fachspezifisch ist. Der Student kann dem Adressaten bei richtiger Themenwahl zeigen, daß er auf bestimmten Gebieten spezielle Kenntnisse besitzt, die er mit wissenschaftlichen Methoden bearbeitet hat. Mißglückt sind Anschreiben, die auf alle möglichen Stellenbeschreibungen passen, mit schwülstigen Worten verfaßt sind oder minimalistisch als „Dreizeiler“ abgehandelt werden.

Inhaltlich sollte sich der Bewerber fragen, was eine Prüfungsgesellschaft besonders interessieren könnte. Sachverhalte, aus denen der Leser erkennen kann, daß der Kandidat teamfähig, belastbar, ausdauernd, zuverlässig, fleißig, kreativ usw. ist, sind sicherlich wichtiger als z.B. Details zu musikalischen Begabungen. Ein absolutes Muß ist es daher, die entscheidenden Faktoren wie die Kenntnisse im Handels- und Steuerrecht sowie die Anzahl und den Beherrschungsgrad von Fremdsprachen genau wiederzugeben. Sofern sich aus dem bisherigen Lebenslauf erkennen läßt, daß der Bewerber soziale Kompetenz besitzt bzw. von einem Verantwortungsbewußtsein für sein Handeln und das seiner Kollegen geprägt ist, sollte auch dies entsprechend dargestellt werden.

An dieser Stelle können nicht alle formalen und inhaltlichen Gesichtspunkte der Gestaltung von Bewerbungsunterlagen angesprochen werden. Es sei vielmehr auf die umfangreiche Literatur für diesen Themenbereich verwiesen. Abschließend werden noch einige wesentliche Punkte genannt, die bei der Anfertigung und dem Versand der Bewerbungsunterlagen beachtet werden sollten:[316]

- Sind die Unterlagen vollständig? (Anschreiben, Lebenslauf, Paßfoto, Zeugnisse)
- Ist alles Überflüssige aussortiert? (Abstimmung der Bewerbungsunterlagen mit den in der Stellenanzeige genannten Anforderungen)
- Ist für jede im Lebenslauf angegebene Entwicklungsstation ein schriftlicher Nachweis beigefügt?
- Sind die Unterlagen in der Bewerbungsmappe so befestigt, daß sie nicht auseinanderfallen?
- Sind die Kopien sauber und in einheitlichem Format? (DIN A 4)
- Sind die Dokumente chronologisch geordnet?
- Sind die einzelnen Blätter so geordnet, daß man sie mühelos einsehen kann?
- Ist das Paßfoto so befestigt, daß es nicht herausfallen kann?
- Ist der Briefumschlag groß genug, um die Unterlagen nicht knikken zu müssen?
- Sind Anschrift und Absender auf dem Umschlag aktuell, korrekt und vollständig?
- Sind alle wichtigen Unterlagen im Umschlag?
- Ist der Briefumschlag ausreichend frankiert?

[316] Vgl. JOB-FIT: Aktive Stellensuche & schriftliche Bewerbung, herausgegeben vom FORUM-Verlag, 2. Aufl. Konstanz und St. Gallen 1994, S. 162.

4.3. Das Bewerbungsgespräch

Mit der Einladung zum Vorstellungsgespräch hat der Bewerber bereits die schwierigste Hürde genommen. Das Gespräch selbst dient dazu, die Erkenntnisse aus den Bewerbungsunterlagen zu festigen und mögliche zukünftige Einsatzgebiete festzulegen. I.d.R. wird das Gespräch von einem Wirtschaftsprüfer geführt, der sich von dem Bewerber einen persönlichen Eindruck verschaffen möchte. Oftmals nimmt auch der zukünftige Prüfungsleiter des Teams am Bewerbungsgespräch teil, für das ein Mitarbeiter gesucht wird. In seltenen Fällen sind Mitarbeiter der Personalabteilung bei den Gesprächen anwesend.

Das Bewerbungsgespräch bei Wirtschaftsprüfungsgesellschaften unterscheidet sich nur unwesentlich von Gesprächen bei Unternehmen aus anderen Branchen. Deshalb sei an dieser Stelle auf die einschlägige Literatur verwiesen.[317] Im folgenden wird schwerpunktmäßig nur auf spezifische Sachverhalte eingegangen, die für eine spätere Tätigkeit bei einem Wirtschaftsprüfer bzw. einer Wirtschaftsprüfungsgesellschaft von Bedeutung sind.

Der Bewerber kann davon ausgehen, daß über einzelne Aspekte seines Ausbildungs- und Berufsweges gesprochen wird, die in Bezug zu seiner geplanten Berufstätigkeit stehen. Wenn er nicht über eine gewisses Maß an Berufserfahrung, z.B. durch eine abgeschlossene Lehre oder absolvierte Praktika, verfügt, so kann dies zu Schwierigkeiten im Einstellungsgespräch führen. Hat der Bewerber keine solchen Erfahrungen, so sollte er sich detailliert vorbereiten und begründen können, weshalb er trotz mangelnder Berufserfahrung der geeignete Kandidat für die Stelle ist, d.h. man muß die vorhandenen Schwä-

[317] Vgl. z.B. Ibelgaufts: Das überzeugende Vorstellungsgespräch: Erfolgreiche Strategien für den ersten Eindruck, Niederhausen 1992; JOB-FIT : Sich gut verkaufen im Vorstellungsgespräch, Band 2, herausgegeben vom FORUM-Verlag, Konstanz und St. Gallen 1993.

chen mit anderen persönlichen oder fachlichen Stärken kompensieren können.

In dem Vorstellungsgespräch sollten von Arbeitgeberseite, falls dies nicht geschieht von dem Bewerber selbst, zumindest folgende Fragen angesprochen werden, die für die berufliche Tätigkeit in der Wirtschaftsprüfung von Bedeutung sind:

- Aus welchen Branchen setzt sich die Mandantschaft zusammen? So treten bei Industrie- und Handelsunternehmen in erster Linie bilanzielle Fragen aus den Bereichen Produktion und Absatz auf. In der Branche der Finanzdienstleistungsunternehmen (z.B. Kreditinstitute, Leasinggesellschaften und Versicherungsunternehmen) stellen sich spezifische Bilanzierungsfragen und besondere Berichtserfordernisse nach dem Kreditwesengesetz oder dem Versicherungsaufsichtsgesetz. Gleiches gilt für wohnungswirtschaftliche Unternehmen, die in einen umfassenden rechtlichen Rahmen eingebunden sind, der sich auf die Prüfungstätigkeit auswirkt. Bei öffentlichen Unternehmen (z.B. Stadtwerke) sind spezifische Vorschriften (Haushaltsgrundsätzegesetz, Landesverordnungen) zu beachten.

- Wie setzt sich die Größenstruktur der Mandantschaft zusammen? Handelt es sich um eine Vielzahl kleinerer Unternehmen, so kann der Bewerber davon ausgehen, daß er häufiger mit dem Auto unterwegs sein wird, verschiedene Branchen kennenlernt und oft mit Fragen der Beratung in steuerlichen Angelegenheiten konfrontiert wird und in betriebswirtschaftlichen Fragen Stellung beziehen muß. Der Prüfungseinsatz bei einem Großunternehmen hingegen kann im Extremfall bedeuten, daß der Mitarbeiter der Wirtschaftsprüfungsgesellschaft das ganze Jahr über im Mandantenunternehmen prüft. Über das Arbeitsspektrum kann hier keine Aussage getroffen werden. Einerseits ist es denkbar, daß sich der Mitarbeiter spezialisiert, andererseits treten in Großunternehmen besondere fachliche Fragen auf, die sich nur dort stellen z.B. aufgrund der stärkeren internationalen Verflechtung, oder nur dort hinreichend gehäuft vorkommen, so daß sich eine eingehendere Untersuchung lohnt.

- In welchem geographischen Umkreis liegen die Mandanten? Von besonderem Interesse ist, wieviel Wochen/Monate im Jahr sog. Übernachtungsprüfungen vorliegen, bei denen der Prüfer in einem Hotel am Ort des Mandanten übernachtet.

- Wie werden Dienstreisen behandelt? Von Bedeutung ist, wie häufig sie stattfinden, in welchem Umkreis sie erfolgen, ob sie ein- oder mehrtägig, ggf. mehrwöchig oder mehrmonatig sind, in welchem Umfang die Reisezeit als Arbeitszeit anerkannt wird und ob die Erstattungssätze für Fahrt, Unterkunft und Verpflegung die tatsächlich anfallenden Kosten decken bzw. diese über- oder unterschreiten.

- Wie verhält es sich mit Überstunden? Von Interesse ist, in welchem Umfang und wann Überstunden anfallen, ob Überstunden finanziell entsprechend vergütet werden oder schon im Gehalt mit eingeschlossen sind und ob sie zur Vorbereitung auf die Berufsexamina angesammelt werden können.

- Wie ist die Aus- und Fortbildung organisiert? Besprochen werden sollte, ob und in welchem Umfang es Aus- und Fortbildungsveranstaltungen gibt, wieviel Tage der bezahlten/unbezahlten Freistellung von der Arbeit für die Vorbereitung auf die Berufsexamina gewährt werden und ob es hierfür gesonderte finanzielle Unterstützung gibt. Dieser Sachverhalt ist wichtig, denn eine gute Ausbildung ist eine unabdingbare Voraussetzung für den Erfolg im Prüfungsunternehmen wie auch für einen späteren Wechsel in ein Industrieunternehmen, in ein anderes Prüfungsunternehmen oder in die berufliche Selbständigkeit.

- Wie war bislang die Situation von Berufseinsteigern bzw. Examenskandidaten? Inwieweit wurden in der Vergangenheit neu eingestellte Berufsanfänger nach Ablauf der Probezeit auch übernommen? Wie erfolgreich waren die Mitarbeiter, die in früheren Jahren zum Steuerberater- bzw. zum Wirtschaftsprüferexamen angetreten sind?

Abschließend ist zu ergänzen, daß sich nicht nur der Bewerber beim Unternehmen bewirbt, sondern auch das Unternehmen um gute Bewerber werben muß. Diesem Ziel dienen auch die Übernahme von Lehraufträgen an Universitäten, (Fach-)Hochschulen und Berufsakademien durch Berufsangehörige. Das beim Bewerber erzeugte Bild vom Unternehmen und seinen Mitarbeitern wird dieser mit seinen ersten Eindrücken aus dem bisherigen Schriftwechsel und Telefonaten zu einem Gesamtbild verbinden. Dies stellt die Grundlage des Bewerbers dar, ob er sich für dieses oder ein anderes Unternehmen entscheidet. Unternehmen ist dringend abzuraten, allein ihre eigenen Informationsbedürfnisse zu decken oder zu unterstellen, daß der Bewerber auf jeden Fall einen angebotenen Arbeitsplatz annehmen wird.[318]

---

318 Hervorzuheben wäre an dieser Stelle noch die Bedeutung eines planvollen Vorgehens bei der Ausgestaltung des Bewerbungsgespräches. Gleichfalls sollte es Standard sein, auf Anfragen des Bewerbers innerhalb einer angemessenen Zeitspanne zu reagieren und dem Kandidaten adäquate Gesprächspartner im Vorstellungsgespräch zur Verfügung zu stellen, damit dem Kandidaten ein zutreffender Eindruck von der Gesellschaft und ihrer Tätigkeit vermittelt werden kann.

5. Der Berufseinstieg

5.1. Die vom Arbeitgeber zur Verfügung gestellte Ausrüstung

Der neue Mitarbeiter kann davon ausgehen, daß er einen tragbaren Computer, gegebenenfalls mit Drucker, erhält, mit dem er von Prüfung zu Prüfung reist. Teilweise wird dem Mitarbeiter zusätzlich ein Modem mitgegeben, damit er immer mit seinem Büro in Kontakt bleiben kann. Zur Standardausrüstung gehören ferner: ein Tischrechner, ein Gesetzbuch, ein Nachschlagewerk zur Bilanzierung, die Richtlinien der Prüfungsgesellschaft zur Durchführung von Prüfungen nebst Formularhandbuch (sofern dieses nicht als Datei im PC hinterlegt ist). Um all die Geräte und Bücher unterzubringen, stellt die Gesellschaft i.d.R. einen sog. Prüferkoffer (Pilotenkoffer) zur Verfügung.[319]

5.2. Kleidung des neuen Mitarbeiters

Der neue Mitarbeiter ist gegenüber dem Mandanten ein Repräsentant der Prüfungsfirma. Die Prüfungsfirma bietet ihren Auftraggebern professionelle Dienstleistungen an, weshalb von den Mitarbeitern im Prüfungsdienst im Berufsalltag, sowohl von der Prüfungsfirma wie vom Mandanten, professionelle Kleidung und ein gepflegtes Äußeres erwartet werden. Diese Anforderungen werden nachfolgend zur Verdeutlichung leicht überzeichnet skizziert.

Bei den **Damen** sind das Business-Kostüm, das „kleine Graue“ oder Kombinationen von Rock und Bluse sehr beliebt. In der Vergangenheit waren bei weiblichen Mitarbeitern Hosen oder Hosenanzüge verpönt, doch heute sind diesbezüglich die Bedenken geringer geworden. Weiterhin gilt aber, daß im

---

[319] Einige Hilfsmittel sind auch als CD-Rom verfügbar, so z.B. Zeitschriftenaufsätze, der Kommentar Adler/Düring/Schmaltz sowie Lernprogramme zu Buchführung und Jahresabschluß, vgl. Ferstl/Kupsch: Buchführung, Stuttgart 1996; Ferstl/Kupsch: Jahresabschluß, Stuttgart 1996.

Geschäftsleben zu kurze Röcke, hohe Absätze und grelle Farben vermieden werden sollten. Dennoch gibt es für die Damen immer noch die Möglichkeit, durch kleine Accessoires wie Brille, Brosche, Halstuch, Schal oder Schmuck gewisse individuelle Akzente zu setzen.

Für **Herren** gilt, daß in der Regel der Anzug die angemessene Geschäftskleidung darstellt, wobei aber auch Kombinationen aus Hose mit passendem Jakkett getragen werden können. Für alle männlichen Beteiligten im Wirtschaftsleben bildet i.d.R. die Krawatte einen Pflichtbestandteil ihrer persönlichen Garderobe. Vermieden werden sollten: weiße Socken zur Geschäftskleidung, zu helle Schuhe oder zu grelle Farbkombinationen bei den Krawatten oder Hemden. Weiter ist darauf zu achten, daß die Schuhe gepflegt und in einem guten Zustand sind. Schuhe mit Ledersohlen sind professioneller, während Lederschuhe mit Gummisohlen den erhöhten Anforderungen im Außendienst besser gerecht werden. Allein an diesem Beispiel zeigt sich, daß es keine detaillierten Empfehlungen zur Kleidung des Mitarbeiters geben kann, sondern nur generelle Grundanforderungen aufgezeigt werden können.

Von diesen Grundempfehlungen kann es aber Abweichungen geben. So ist im allgemeinen im Büro, wenn kein direkter Kontakt zu den Mandanten gegeben ist, eine etwas legerere Kleidung möglich.[320] Vor Ort beim Mandanten ist etwas strapazierfähigere Kleidung angebracht, wenn zur Inaugscheinnahme Baustellen, Werkhallen oder ähnliches besucht werden. Gleichfalls sollte bei Inventurbeobeachtungen im Winter festes Schuhwerk bzw. warme und robuste Sachen wie bspw. Jeans, Pullover und Anorak getragen werden, da die von den Mitarbeitern des Unternehmens zu zählenden Bestände sowohl im Lager wie auch im Freien lagern können. Inventurbeobachtungen können ferner unter erschwerten Verhältnissen stattfinden, so z.B. bei Schneefall und Außentemperaturen unter Null Grad im Freien oder bei schwierigen Licht-

---

320 Der in den USA übliche „Casual Friday", d.h. am Freitag nicht im Business-Outfit, sondern in gepflegter Freizeitkleidung zur Arbeit zu erscheinen, ist in Deutschland noch unüblich.

verhältnissen im Untertagebergbau. In der Regel stellt der Mandant für Inventurbeobachtungen die erforderliche Schutzkleidung oder -vorrichtung, z.B. Gummistiefel, Helm, Schutzbrille oder Atemschutzmaske, zur Verfügung.

5.3. Der praktische Einsatz als Prüfungsassistent

Im Regelfall wird der Mitarbeiter einem **Team** fest zugeteilt und wird zusammen mit dem Team beim gleichen Mandanten über mehrere Jahre hinweg prüfen. Zusammen mit seinen Teamkollegen ist er verantwortlich für die Durchführung der Prüfungsaufträge. Wenn der Prüfungsauftrag den Mitarbeiter nicht das ganze Jahr beschäftigt, ist er weiteren Teams zugeordnet. Da die Prüfungseinsätze um das Jahresende stark zunehmen, finden Beratungsprojekte sowie Schulungen der Mitarbeiter vorwiegend in den Sommermonaten statt. Ursache hierfür ist, daß die meisten Unternehmen als Geschäftsjahr den Zeitraum 1.1. - 31.12. gewählt haben, so daß in diesen Fällen nach § 264 Abs. 1 HGB der Jahresabschluß bis zum 31.3. erstellt sein muß.[321] Daran schließt sich die Prüfung des Jahresabschlusses an, die so bald wie möglich abgeschlossen sein sollte, damit der Vorstand den geprüften Jahreabschluß seinen Aktionären und Gläubigern präsentieren und fristgemäß veröffentlichen kann.

Der Mitarbeiter fährt i.d.R. im eigenen **Auto** zum Mandanten. Daher sollte das Fahrzeug in besonderem Maße verkehrssicher und wintertauglich sein, da die Hauptreisezeit im Winter liegt. Ein großer Kofferraum erlaubt dem Mitarbeiter, sein persönliches Gepäck und die Kisten mit den Akten ohne größere Anstrengung zu be- und entladen. Aus diesem Grund sollte der Prüfer von der Anschaffung eines Cabrios Abstand nehmen oder es eher als Zweitauto fürs Wochenende nutzen.

321 Diese Regelung gilt speziell für Kapitalgesellschaften (z.B. Aktiengesellschaft, Gesellschaft mit beschränkter Haftung), die eine Bilanzsumme von mehr als 5,310 Mio DM, einen Umsatz von mehr als 10,620 Mio DM haben und mehr als fünfzig Arbeitnehmer beschäftigen.

Da der Prüfer auf sein Auto angewiesen ist, sollte er trotz seiner knappen Zeit nicht zu schnell oder unvorsichtig fahren, um Gefahren und lästige gebührenpflichtige Ermahnungen zu vermeiden.

Die hohe zeitliche und räumliche Flexibilität des Prüferberufs führt im übrigen dazu, daß das sog. **Homebanking**, d.h. die Erteilung von Überweisungen, Daueraufträgen usw. an die bankkontoführende Stelle per Computer recht beliebt ist. Gleichfalls kann die Nutzung von tragbaren Telefonen (**Handy**) sinnvoll sein, um eine jederzeitige und sofortige Erreichbarkeit zu gewährleisten.

Eine weitere praktische Notwendigkeit ist der Besitz einer - oder mehrerer - **Kreditkarten**. Mit diesen lassen sich z.B. die Hotelrechnungen bezahlen, die der Prüfer i.d.R. vorstreckt und die sich bei Preisen von mehr als 100 DM/Nacht zu beträchtlichen Summen addieren. Die Abrechnung mit der Prüfungsgesellschaft erfolgt gewöhnlich wochenweise. Mit der Nutzung einer Kreditkarte sollte es möglich sein, daß die Abbuchung der Hotelrechnung via Kartengesellschaft nicht vor der Erstattung eben dieser Aufwendungen durch die Prüfungsgesellschaft erfolgt. Einige Prüfungsgesellschaften statten ihre Mitarbeiter mit firmeneigenen Kreditkarten aus, bei denen die Belastung der Ausgaben auf dem Firmenkonto erfolgt.

In einer etwa einjährigen Einarbeitungszeit macht sich der Berufsanfänger mit der Mandantschaft, mit der prüferischen Arbeitsweise und mit der Büroorganisation der Prüfungsfirma vertraut. Daneben lernt er den Arbeitsablauf bei Jahresabschlußprüfungen, die notwendigen Prüfungshandlungen, das Erstellen von Arbeitspapieren sowie die entsprechende Berichterstattung kennen. Der Arbeitseinsatz des Prüfungsassistenten erfolgt unter intensiver Anleitung und Überwachung. Dabei führt er Prüfungshandlungen durch, wie sie in Prüfungsprogrammen bzw. Prüfungshandbüchern oder von erfahrenen Kollegen vorgegeben worden sind. Er lernt Arbeitspapiere zu erstellen, die gemäß berufsständischen Anforderungen die Prüfungsdurchführung und die

Prüfungsergebnisse verständlich und aussagekräftig beschreiben. Weiterhin erkennt der neue Mitarbeiter die Notwendigkeit, sich mit den Systemen und den Arbeitsabläufen des Mandanten vertraut zu machen und sich für das unternehmerische Umfeld und die Branchensituation zu interessieren. Der Prüfungsassistent lernt dieses Wissen bei der täglichen Arbeit anzuwenden und beginnt, Probleme im unternehmerischen Umfeld des Mandanten zu erkennen.

5.4. Arbeitszeit

Die Tätigkeit bei einer Wirtschaftsprüfungsgesellschaft zeichnet sich nicht nur durch eine Überauslastung in der Hauptsaison (November bis März) aus, sondern auch durch Wochenarbeitszeiten, die regelmäßig mehr als 40 Stunden die Woche betragen. Aus dem US-amerikanischen Schrifttum liegen Studien vor, daß der einfache Mitarbeiter (Staff) im Jahresdurchschnitt 218 Überstunden, der erfahrene Prüfer (Senior) 328 Überstunden und der geschäftsführende Partner (Manager) 374 Überstunden leistet. Mit diesem Trend, der sicherlich prinzipiell auch für Deutschland gilt, wird die allgemeine Entwicklung bestätigt, daß eine Reduzierung von Arbeitszeiten bei hochqualifizierten Tätigkeiten nur schwer möglich ist.[322]

Für die Honorierung der Überstunden gibt es unterschiedliche Möglichkeiten. So können Überstunden generell mit dem Gehalt abgedeckt sein. Eine solche Regelung findet sich überwiegend bei Mitarbeitern, die größere Verantwortung tragen, wie z.B. bei Steuerberatern und Wirtschaftsprüfern. Möglich ist auch, daß Überstunden pauschal mit einer bestimmten Anzahl von freien Tagen abgegolten werden. I.d.R. werden Berufsanfängern die Überstunden aufgeschrieben und später entweder ausgezahlt oder durch Freizeit ausgeglichen.

---

322 Vgl. Bhamornsiri/Guinn: The Road to Partnership in the „Big Six“ Firms: Implications for Accounting Education, in: Issues in Accounting Education, Frühjahr 1991, S. 18.

Diese Abgeltung von Überstunden durch freie Tage wird normalerweise von Prüfungsfirma und Mitarbeiter präferiert, da sie dem Arbeitnehmer die Gelegenheit zu einer intensiveren Vorbereitung auf die Berufsexamina geben.

5.5. Gehalt

In scheinbarem Widerspruch zu den hohen Ansprüchen, die eine Prüfungsgesellschaft i.d.R. an die fachlichen und persönlichen Voraussetzungen des Mitarbeiters stellt, steht das Gehalt, das sich mit den Gehältern, die in Industrie- und Finanzunternehmen gezahlt werden, keineswegs vergleichen lassen kann.[323] Für Mitarbeiter von Wirtschaftsprüfern oder Wirtschaftsprüfungsgesellschaften besteht kein Tarifvertrag. Das Einstiegsgehalt eines Assistenten mit akademischer Vorbildung, der seine erste Arbeitsstelle antritt, dürfte nach Schätzungen der Kammer der Wirtschaftsprüfer bei ca. DM 5.000,-- pro Monat liegen (Stand 1997). Das Gehalt eines angestellten Wirtschaftsprüfers differiert nach Leistung, Erfahrung und Verantwortung. Für einen Wirtschaftsprüfer nach Ablegung des Berufsexamens könnte das Jahresgehalt bei etwa 100.000,-- DM liegen (Schätzung der Wirtschaftsprüferkammer Stand 1997).[324] Neben dem Gehalt erhält der Prüfer Spesenersatz für Fahrten mit dem eigenen PKW zum Mandanten sowie Zuschüsse für Verpflegung und Sonstiges bei auswärtigem Einsatz und Hotelübernachtung. Ferner erschöpfen sich die Leistungen der Gesellschaft nicht allein im Gehalt, sondern umfassen auch die Aus- und Fortbildungsleistungen der Gesellschaft.

Eine Übersicht auf jeweils aktuellem Stand zu den Einstiegsgehältern für Akademiker bietet die Beilage „WISU-Firmenguide für Bewerber“ der Zeitschrift WISU (Das Wirtschaftsstudium). Die Beilage ist auch im Internet un-

---

323 Vgl. die jeweiligen Übersichten in der Zeitschrift ‘WISU Das Wirtschaftsstudium’ bzw. http://www.wisu.de.

324 Vgl. WPK: Der Wirtschaftsprüferberuf, Düsseldorf 1997, S. 32.

ter http://www.wisu.de abrufbar und enthält Querverweise (Links) zu den entsprechenden Informationsangeboten der Firmen im Internet.

Neben den materiellen sind die immateriellen Bedingungen wie z.B. die Attraktivität des Aufgabengebietes, die Entwicklungsmöglichkeiten innerhalb und außerhalb der Prüfungsgesellschaft und das Arbeitsklima zu berücksichtigen. In der Zukunft wird davon auszugehen sein, daß der anhaltende Druck auf die Erlöse im klassischen Prüfungsgeschäft sowie das große Angebot an Hochschulabsolventen keine wesentliche Steigerung der Einstiegsgehälter erwarten läßt.

Im Gegensatz zu den wenig veränderten Einstiegsgehältern stehen die teilweise starken Gehaltssteigerungen nachfolgender Berufsjahre. Diese können als Erhöhung des monatlichen Grundgehaltes, aber auch als jährliche leistungs- und erfolgsorientierte Einmalzahlung ausgestaltet sein.

5.6. Berufsbegleitende Aus- und Fortbildung

> „Die Mitarbeiter sind das größte Kapital und gleichzeitig der wichtigste Kostenfaktor in der Dienstleistungsbranche Wirtschaftsprüfung.“[325]

Mit einem umfangreichen Schulungsangebot begegnen das Institut der Wirtschaftsprüfer und die Wirtschaftsprüfungsgesellschaften der teilweise nicht hinreichend an den Bedürfnissen der Praxis ausgerichteten universitären Ausbildung. Innerhalb der ersten drei bis fünf Jahre werden den Berufsanfängern Grund- und Spezialkenntnisse vermittelt, die mit der Arbeit des Wirtschaftsprüfers eng verbunden sind. Zugleich stellt dies den Einstieg in das le-

---

325 Sieben/Hunger: Der akademische Berufsnachwuchs und die Anforderungen der Wirtschaftsprüfer. Ergebnisse einer Umfrage, in: WPg 1979, S. 222.

benslange Lernen dar, das vom Wirtschaftsprüfer verlangt wird, um den sich ständig verändernden betriebswirtschaftlichen und (steuer)rechtlichen Anforderungen gerecht zu werden. Der Aus- und Fortbildung wächst in Zeiten sich immer schneller verändernder Märkte eine ständig zunehmende Bedeutung zu.

Das Institut der Wirtschaftsprüfer (IDW) bietet mit seinem Programm der „Berufsbegleitenden Ausbildung“ den Institutsmitgliedern die Möglichkeit, ihre Mitarbeiter fachgerecht und unabhängig vom jeweiligen Praxiszuschnitt auszubilden. Der Teilnehmerkreis setzt sich aus den Mitarbeitern verschiedener Prüfungsfirmen zusammen, so daß diese einen Eindruck von der Bandbreite des Berufsstandes bekommen. Das Gesamtausbildungsangebot umfaßt die Teilbereiche Prüfungswesen, Steuern, Betriebswirtschaft und Wirtschaftsrecht. Die Teilnahme an diesen Kursen ist für Mitarbeiter von Institutsmitgliedern zur Zeit kostenlos, wobei aber die Ausgaben für das Tagungshotel selbst getragen werden müssen.[326]

Parallel zu diesem Ausbildungsangebot des Berufsstandes führen größere Wirtschaftsprüfungsgesellschaften ihr eigenes Fortbildungsprogramm durch. Dabei werden die Berufsanfänger nicht nur fachlich weitergebildet, sondern erhalten häufig auch verhaltensorientierte Unterweisungen. Die Teilnehmer werden zur Anwendung firmeninterner Standards angeleitet, damit innerhalb der Prüfungsfirma die Berufstätigkeit nach einheitlichen Kriterien ausgeführt wird. Weiterhin werden die Teilnehmer über die jeweilige Unternehmensgruppe, ihre einzelnen Mitgliedsfirmen und ihr zugehöriges Leistungsangebot informiert. Regelmäßig setzt sich der Teilnehmerkreis aus Mitarbeitern verschiedener Niederlassungen mit teilweise unterschiedlichen Arbeitsgebieten und Vorkenntnissen zusammen. Mit dieser Vorgehensweise streben die Wirtschaftsprüfungsgesellschaften nicht zuletzt eine Stärkung des Wir-Gefühls (Corporate Identity) an. Die Schulungen finden je nach Art und

---

[326] Zur Aus- und Fortbildung durch das IDW gibt es eine Informationsbroschüre, die beim Institut der Wirtschaftsprüfer in Düsseldorf bezogen werden kann.

Zweck in abgeschiedenen Tagungshotels, eigenen Trainingszentren im In- und Ausland oder in Unterrichtsräumen einer Niederlassung statt.

Bei den Fortbildungskursen wurde bislang häufig traditionell nach der Frontalmethode (ein Referent steht vorn und alle hören zu) unterrichtet, die allen Teilnehmern aus ihrer Studienzeit noch bekannt ist. Zunehmend werden moderne Formen der Aus- und Fortbildung eingesetzt, wie z.B. die Gruppen- und Projektarbeit oder Fallstudien. Besonders erwähnenswert ist der Einsatz von speziellen Lehrfilmen, die dem Berufsnachwuchs noch mehr Praxiseindrücke vermitteln sollen, als dies die praxiserfahrenen Referenten bereits tun. Daneben verspricht auch der Einsatz der Neuen Medien (Multimedia, CD-ROM) eine Chance auf eine weitere Verbesserung der Qualität der Ausbildung. Für diese Ausbildungsmehode hat sich die Bezeichnung CBT (computer based training) durchgesetzt. Durch einen Einsatz des Computers bereits in der Ausbildung werden Berührungsängste - sofern überhaupt vorhanden - mit der neuen Technik frühzeitig abgebaut. Zugleich erhält der Mitarbeiter anstatt eines i.d.R. mehrbändigen Schulungsordners entsprechende Dateien, die er auf seinem tragbaren Computer immer bei sich führen kann und damit stets griffbereit vorliegen hat.[327]

Im Regelfall sind die Schulungen mehrtägig, dauern aber nur selten länger als zwei Wochen. Je nach Konzeption des Kurses wird der Teilnehmer in Berufs- oder in Freizeitkleidung erwartet.

---

327 Zu den Chancen und Risiken des Einsatzes neuer Medien bei der Ausbildung von Prüfungsassistenten und den Anforderungen an eine solche Ausbildung siehe Butler/Mautz: Multimedia Presentations and Learning: A Laboratory Experiment, in: Issues in Accounting Education 1996, S. 259-280.

6. Der Weg vom Prüfungsassistenten zum Wirtschaftsprüfer

Berufseinsteiger haben noch einen langen Weg bis zum Wirtschaftsprüferexamen vor sich. Nach einer etwas älteren Untersuchung wird von Wirtschaftsprüfungsgesellschaften geschätzt, daß nicht einmal einer von drei Berufsanfängern (28%) bis zum Wirtschaftsprüferexamen durchhält, wobei anscheinend mehr Kandidaten von Wirtschaftsprüfern, die ihre Tätigkeit in eigener Praxis ausüben das Berufsexamen erreichen als solche von großen Wirtschaftsprüfungsgesellschaften.[328]

Auf dem Weg zum Ablegen des Wirtschaftsprüferexamens stellt das Steuerberaterexamen in der Regel die Zwischenstation dar. Verursacht ist dies durch die Prüfungserleichterung für Steuerberater im Wirtschaftsprüferexamen, wonach diesen die zwei Steuerrechtsklausuren erlassen werden. Es sei aber vor einer Unterschätzung des Steuerberaterexamens gewarnt, denn es ist sehr anspruchsvoll und die Durchfallquoten sind sehr hoch (1995/96 ca. 61 % im Bundesdurchschnitt).[329] Zulassungsvoraussetzung für die Steuerberaterprüfung ist gem. § 36 StBerG eine mindestens dreijährige hauptberufliche praktische Tätigkeit auf dem Gebiet der von Bund und Ländern verwalteten Steuern. In der Regel stellt die Mitwirkung von Prüfungsassistenten bei handelsrechtlichen Jahresabschlußprüfungen eine solche praktische Tätigkeit dar. Dies liegt an der Bedeutung steuerrechtlicher Vorschriften für die handelsrechtliche Jahresabschlußprüfung und die zugehörige Buchführung sowie der Tatsache, daß der Aufgabenbereich des Wirtschaftsprüfers auch die Steuerberatung in vollem Umfang einschließt. Folgende (nicht vollständigen) Beispiele mögen belegen, daß sich Prüfungsassistenten bei Jahresabschlußprüfungen

---

328 Vgl. Sieben/Hunger: Der akademische Berufsnachwuchs und die Anforderungen der Wirtschaftsprüfer. Ergebnisse einer Umfrage, in: WPg 1979, S. 232.

329 Vgl. Jestädt: Vorbereitung auf die Steuerberater-Prüfung: Aber richtig! In: Der Steuerberater 1997, S. 160.

mit wesentlichen steuerrechtlichen Vorschriften in erheblichen Umfang zu befassen haben:[330]

- Anwendung der Abschreibungsregelungen der §§ 7 ff. EStG, insbesondere die Prüfung von angesetzten Nutzungsdauern bei abschreibbaren Wirtschaftsgütern unter Hinzuziehung der amtlichen AfA-Tabellen,

- Behandlung des anschaffungsnahen Aufwands entsprechend den steuerrechtlichen Vorschriften,

- Inanspruchnahme von Sonderabschreibungen entsprechend den steuerrechtlichen Regelungen,

- Prüfung des Sonderpostens mit Rücklagenanteil; dabei ist die Einhaltung der steuerlichen Vorschriften über die Bildung und Abwicklung dieser Rücklagen (z.B. § 6 b EStG) zu überprüfen und zu beurteilen. Darüber hinaus ist die Berechnung selbst nachzuvollziehen,

- Verzicht auf Zuschreibung aus steuerlichen Gründen und die Angabe des entsprechenden (auf steuerlichen Regelungen beruhenden) Betrags im Anhang,

- Anwendung von steuerrechtlich verankerten Vereinfachungsregeln (z.B. Halbjahres-AfA, AfA auf nachträgliche Anschaffungs- oder Herstellungskosten),

- Anwendung der Leasing-Erlasse der Finanzverwaltung im Rahmen der handelsrechtlichen Bilanzierung,

---

[330] Vgl. IDW: Zulassungsvoraussetzungen zur Steuerberaterprüfung, in: IDW-FN 1997, S. 106-107.

- Prüfung der latenten Steuern (§ 274 HGB); bei der Frage, ob permanente Differenzen vorliegen, ist eine Berücksichtigung der entsprechenden steuerrechtlichen Vorschriften über nicht abziehbare Aufwendungen und steuerfreie Erträge notwendig,

- Prüfung der Rückstellungen, insbesondere der Pensionsrückstellungen nach § 6 a EStG,

- Prüfung von Steuerrückstellungen (z.B. Körperschaftsteuerrückstellungen, Gewerbesteuerrückstellungen), Prüfung der Auswirkungen von steuerlichen Betriebsprüfungen auf die Handelsbilanz,

- Prüfung der Umsatzerlöse und der Vorsteuern (insbesondere auch der innergemeinschaftlichen Umsätze und der zusammenfassenden Meldungen nach § 18 a UStG),

- Prüfung des Personalaufwandes einschließlich der zutreffenden Ermittlung der Abzüge für Lohnsteuer; hierbei ist u.a. zu prüfen, ob Frei- und Pauschbeträge sowie die Pauschalierungsvorschriften zutreffend angewandt und ob die entsprechenden Berechnungen, z.B. Nettolohnversteuerung, richtig vorgenommen wurden.

In einem BMF-Schreiben vom 3. März 1997 wurde eindeutig klargestellt, daß die Prüfung der handelsrechtlichen Jahresabschlüsse eine praktische Tätigkeit auf dem Gebiet des Steuerwesens darstellt, wobei allerdings weiterhin individualisierte Nachweise über Art und Umfang der Tätigkeit des Bewerbers vorzulegen sind. Zu beachten ist, daß andere betriebswirtschaftliche Prüfungen (z.B. Depotprüfung, Makler- und Bauträgerprüfung) oder Tätigkeiten (z.B. Unternehmensbewertungen, Gutachtertätigkeit) für die Zulassung zum Steuerberaterexamen nicht angerechnet werden können.

Wenn ersichtlich ist, daß die erforderliche praktische Tätigkeit nachgewiesen werden kann, wird der Kandidat für das Steuerberaterexamen mit den entsprechenden Vorbereitungen beginnen. Erfahrungen haben gezeigt, daß in der Regel dazu ein bis zwei Jahre Vorbereitungszeit - teils parallel zur Berufstätigkeit, teils im aus Überstunden erdienten Examensurlaub, teils aus unbezahltem oder bezahltem Sonderurlaub - notwendig ist. Als Vorbereitungsmöglichkeit gibt es das selbständige Literaturstudium und von privaten Studieneinrichtungen angebotene Fern- bzw. Präsenzkurse. Hinweise auf derartige private Studieneinrichtungen zur Examensvorbereitung finden sich in den einschlägigen Fachzeitschriften.

Bei der eigentlichen Vorbereitung soll die folgende Reihenfolge eingehalten werden:[331]

- Erarbeitung der Grundzüge des Zivilrechtes, da Steuerrecht ein Teil der Rechtswissenschaft ist und es auf dem allgemeinen Zivilrecht (BGB, HGB, AktG, GmbHG) aufbaut.
- Aneignung fundierter bis beachtlicher Steuerrechtskenntnisse. Dazu zählt insbesondere das Wissen um die Besteuerung von Personen- und Kapitalgesellschaften einschließlich der damit zusammenhängenden Bilanzierungsprobleme sowie fundierte Kenntnisse in der Beurteilung grenzüberschreitender Sachverhalte. Dies gilt sowohl für die Umsatzsteuer, Einkommensteuer, Körperschaftsteuer als auch das Bilanzsteuerrecht.
- Einarbeiten in die Fächer Abgabenordnung und Finanzgerichtsordnung nachdem ausreichende Kenntnisse aus den Einzelsteuergesetzen vorhanden sind, damit die Probleme weniger abstrakt und verständlicher sind.
- Wiederholung und Vertiefung der Lerninhalte sowie Erarbeitung von Spezialproblemen und Erlangung des restlichen Examenswissens.
- Einübung der Klausurtechnik und Klausurtaktik durch Klausurschreiben und Besprechung korrigierter Arbeiten.

---

[331] Vgl. Jestädt: Vorbereitung auf die Steuerberater-Prüfung: Aber richtig! In: Der Steuerberater 1997, S. 160-162.

Prüfungsgebiete sind gemäß § 37a Steuerberatungsgesetz die Fächer Steuerliches Verfahrensrecht, Steuern vom Einkommen und Ertrag, Bewertungsrecht und einheitswertabhängige Steuern, Verbrauch- und Verkehrsteuern, Grundzüge des Zollrechts und der Finanzmonopole, Grundzüge des Bürgerlichen Rechts und des Wirtschaftsrechts, Betriebswirtschaft und Rechnungswesen, Volkswirtschaft und das Berufsrecht.

Nach dem Ablegen des Steuerberaterexamens wird von den Mitarbeitern im Prüfungsdienst erwartet, daß sie das Wirtschaftsprüferexamen anstreben. Die formalen Zulassungsvoraussetzungen, die Zulassungsstellen, die Prüfungsfächer sowie der technische Ablauf in schriftlicher und mündlicher Prüfung werden im nächsten Abschnitt behandelt, so daß hier kurz auf die notwendigen Vorbereitungen zum Wirtschaftsprüferexamen eingegangen wird.

Grundsätzlich ist zu entscheiden, ob die Vorbereitung durch ein Selbststudium, in kleinen selbst organisierten Arbeitsgruppen oder in Vorbereitungskursen von Seminarveranstaltern erfolgen soll. Jeder der Wege kann zum Erfolg führen, so daß der Examensaspirant sich aufgrund seiner persönlichen Situation und Eigenschaften, des Umfeldes und des Kursangebotes (Fernkurs oder Präsenzkurs) für eine Variante oder ggfs. für eine Kombination entscheiden muß.

Zum Beginn der Vorbereitung wird empfohlen,[332] sich umfassendes Basiswissen in den verschiedenen Examensgebieten zu erwerben:

- Im Prüfungsgebiet des wirtschaftlichen Prüfungswesens ist es notwendig, die IDW-Fachgutachten über die Durchführung und Berichterstattung von Abschlußprüfungen sowie die Erteilung von Bestätigungsvermerken bis ins Detail zu beherrschen. Weiterhin sollten die wesentlichen

---

332 Vgl. Suerbaum: Wenn Zeit zur Mangelware wird, in: Berufsstart Steuern und WP, hrsg. v. FORUM, Konstanz 1997, S. 118.

Punkte der wichtigsten HFA-Stellungnahmen bekannt sein. Wichtig ist, sich die allgemeinen Bewertungsgrundsätze und andere Grundlagen der handelsrechtlichen Rechnungslegung nochmals zu erarbeiten.

- Im Gebiet der Betriebswirtschaft und Volkswirtschaft sollte das universitäre Grundwissen durch die Lektüre zumindest eines Lehrbuches zur allgemeinen Betriebswirtschaftslehre aufgefrischt werden (z.B. Wöhe, Bea/Dichtl/Schweitzer o.ä.).
- Im Examensfach Wirtschaftsrecht ist es für Nicht-Juristen schwieriger, sich die speziellen fachlichen und methodischen Grundlagen dieses Prüfungsgebietes zu erarbeiten. Es existieren hierzu zahlreiche Bücher (Kallwass u.a.) und es kann empfehlenswert sein, einen entsprechenden Vorbereitungskurs zu besuchen.

Mit einem derartigen Basiswissen sollte man in der Lage sein, zu den meisten Themen die Grundlagen im schriftlichen und mündlichen Examen zu bringen, um völlig unbrauchbare Leistungen zu vermeiden. Das Basiswissen ist im Rahmen der Vorbereitung durch die Erarbeitung von Aufbauwissen abzurunden. Um den im Wirtschaftsprüferexamen häufig geprüften aktuellen Themen des Berufsstandes und der Betriebswirtschaftslehre Rechnung zu tragen sollten nach *Suerbaum* die folgenden Punkte bei der zweiten Stufe der Vorbereitung berücksichtigt werden:

- Für das Fach wirtschaftliches Prüfungswesen sollte die Verlautbarung von aktuellen fachlichen IDW-Stellungnahmen bzw. deren Entwürfe verfolgt werden. Es ist sehr ratsam den letzten und aktuellen Jahrgang der Zeitschrift „Die Wirtschaftsprüfung“ zu lesen und die Themen aktueller IDW-Fachtagungen zu beachten.
- Für das Prüfungsgebiet Volkswirtschaft/Betriebswirtschaft sollten die Inhalte von typischen Fragestellungen aus dem Wirtschaftsprüferexamen (Unternehmensbewertung, Kostenrechnung, Finanzierung sowie Investitionsrechnung) geübt und die aktuelle betriebswirtschaftliche Fachdiskussion verfolgt werden.

- Für den Bereich des Wirtschaftsrechtes empfiehlt es sich durch das Schreiben von Übungsklausuren die juristische Arbeitsweise besser anzueignen und veröffentlichte Gerichtsurteile zu lesen.[333]
- Ratsam ist gleichfalls, die Prüfungssituation im mündlichen Wirtschaftsprüferexamens durch Probevorträge zu üben.

In der Regel wird sowohl das Ablegen des Steuerberater- wie des Wirtschaftsprüferexamens durch den Arbeitgeber unterstützt. Dies geschieht durch die Gewährung von Sonderurlaubstagen zur Vorbereitung oder durch finanzielle Unterstützung oder Darlehensvergabe zur Teilnahme an den verschiedenen Vorbereitungskursen. Dennoch kann nicht übersehen werden, daß für die Prüfungskandidaten die Examensvorbereitungen eine große zeitliche, finanzielle und persönliche Belastung darstellen.

Generell kann aber die Aussage gemacht werden, daß ohne das Ablegen der Berufsexamina der dauerhafte Verbleib im Fachdienst einer Prüfungsgesellschaft eher die Ausnahme darstellt. Für den beruflichen Werdegang in der Wirtschaftsprüferbranche stellt damit die Absolvierung der Berufsexamina die entscheidende Voraussetzung dar.

Da dieser Weg zum Steuerberater- und/oder Wirtschaftsprüferexamen lang und beschwerlich ist, scheiden viele Mitarbeiter vorher aus. Als Gründe für das Ausscheiden von Prüfungsassistenten werden in einer Untersuchung genannt:[334]

333 Vgl. Suerbaum, aaO, S. 118f.

334 Vgl. Sieben/Hunger: Der akademische Berufsnachwuchs und die Anforderungen der Wirtschaftsprüfer. Ergebnisse einer Umfrage, in: WPg 1979, S. 232.

1. Der Wechsel der Mitarbeiter in die Industrie oder in andere Bereiche der Wirtschaft (oft zu Mandanten der Prüfungsfirmen), wobei häufig die Tätigkeit bei der Wirtschaftsprüfungsgesellschaft als Ausgangspunkt für eine Industriekarriere gesehen wurde;

2. die vergleichsweise höheren Gehälter außerhalb der Wirtschaftsprüferbranche, und dies bereits schon vor dem Ablegen des Wirtschaftsprüferexamen;

3. der bequemere Berufsweg in der sonstigen freien Wirtschaft und der Wegfall der Belastung durch das Wirtschaftsprüferexamen;

4. der Schwierigkeitsgrad des Wirtschaftsprüferexamens;

5. die mangelnde Ausdauer, die Überbeanspruchung und zu hohe Anforderungen an das Durchhaltevermögen der Mitarbeiter;

6. das Streben nach einer selbständigen Tätigkeit außerhalb der Wirtschaftsprüferberufs;

7. sonstige persönliche und familiäre Gründe.

Diese Gründe gelten wohl auch heute noch weitgehend unverändert.

7. Die Prüfung zum Wirtschaftsprüfer

Aufgrund der besonderen Aufgaben und der besonderen Verantwortung des Berufes erfolgt die Zulassung zum Beruf des Wirtschaftsprüfers in einem Zulassungs- und Prüfungsverfahren, in dem der angehende Wirtschaftsprüfer auf seine persönliche und fachliche Eignung geprüft wird.

Die Zulassung zur Prüfung setzt bei Absolventen von **Hochschulen** voraus, daß der Bewerber ein wirtschaftswissenschaftliches, rechtswissenschaftliches, technisches oder landwirtschaftliches Studium abgeschlossen hat. Nach der Prüfung muß der Bewerber mindestens vier Jahre praktische Prüfungserfahrung gesammelt haben. Von diesen vier Jahren muß er mindestens zwei Jahre bei einem Wirtschaftsprüfer, einer Wirtschaftsprüfungsgesellschaft, einem vereidigten Buchprüfer einer Buchprüfungsgesellschaft oder einem genossenschaftlichen Prüfungsverband an Prüfungen teilgenommen und bei der Abfassung von Prüfungsberichten mitgewirkt haben (§ 9 WPO).

Bei **Fachhochschulabsolventen** ist eine zehnjährige Tätigkeit im Prüfungswesen erforderlich. Auf diese Zeit wird jedoch die festgelegte Mindeststudienzeit einschließlich Berufspraktikum angerechnet. Dabei muß der Bewerber mindestens in den letzten vier Jahren praktische Prüfungserfahrung gesammelt haben. Im Falle der Fachhochschule Ludwigshafen, die eine Mindeststudiendauer von 8 Semester und eine praktische Tätigkeit von 8 Monaten fordert,[335] ergibt sich z.B. nach obiger Regel das Erfordernis einer praktischen Tätigkeit von 5 Jahren und 4 Monaten, um zum Wirtschaftsprüferexamen zugelassen zu werden.

335 Vgl. Fachhochschule Ludwigshafen, Informationsblatt für den Fachbereich BW IV: Finanz-, Prüfungs- und Steuerwesen, Stand Juni 1995.

Die Zulassung ist auch ohne ein abgeschlossenes Hochschulstudium möglich (§ 8 Abs. 2 u. 3 WPO). Von dieser Möglichkeit machen ca. 10 % der Bewerber Gebrauch.[336]

In der Wirtschaftsprüferordnung nicht geregelt ist die Frage, in welchem Umfang **Absolventen von Berufsakademien** ihre praktische Tätigkeit nachweisen müssen. Diese haben kein Universitäts- oder Fachhochschulstudium absolviert, so daß 10 Jahre praktischer Tätigkeit erforderlich wären, ohne daß dabei die dreijährige Studienzeit anrechenbar wäre. Allerdings gibt es in Baden-Württemberg einen Erlaß des Kultusministeriums,[337] der die Gleichstellung des Berufsakademiestudiums mit dem Fachhochschulstudium festlegt, so daß die 3-jährige Studienzeit auf die 10 Jahre Praxis angerechnet werden kann.

Die Zulassungsvoraussetzungen müssen zum Zeitpunkt der Antragstellung, spätestens zum Zeitpunkt der Entscheidung des Zulassungsausschusses erfüllt sein.[338] Da in den einzelnen Bundesländern die Prüfungen zum Wirtschaftsprüfer nur an bestimmten Terminen stattfinden, kann die Prüfung daher im Regelfall nicht unmittelbar mit dem Erfüllen der Zulassungsvoraussetzungen abgelegt werden.

Antragsformulare für eine Zulassung zum WP-Examen sind bei den zuständigen Zulassungsausschüssen erhältlich.

Sächsisches Staatsministerium für Wirtschaft und Arbeit
Postfach 120937, 01008 Dresden
Budapester Str. 5, 01069 Dresden

---

336 Vgl. IDW: Der Wirtschaftsprüfer, Düsseldorf 1995, S. 3.

337 Vgl. Amtsblatt Wissenschaft und Kunst Nr. 6 vom 12. Juni 1989, S. 202 sowie der Beschluß der Kultusministerkonferenz der Länder vom 28/29.9.1995.

338 Vgl. IDW: Wirtschaftsprüferhandbuch 1996, Band I, 11. Aufl. Düsseldorf 1996, S. 13.

Senatsverwaltung für Wirtschaft und Technologie
Postfach, 10820 Berlin
Martin-Luther-Str. 105, 10825 Berlin

Freie und Hansestadt Hamburg Wirtschaftsbehörde
(Gemeinsame Antragsstelle für die Bundesländer Bremen, Hamburg, Mecklenburg-Vorpommern, Niedersachsen und Schleswig-Holstein)
Postfach 112109, 20421 Hamburg
Alter Steinweg 4, 20459 Hamburg

Ministerium für Wirtschaft, Technologie und Verkehr des Landes Sachsen-Anhalt
Postfach 3480, 39043 Magdeburg
Domplatz 2/3, 39116 Magdeburg

Ministerium für Wirtschaft, Mittelstand und Technologie des Landes Nordrhein-Westfalen
Postfach 101144, 40190 Düsseldorf
Haroldstr. 4, 40213 Düsseldorf

Hessisches Ministerium für Wirtschaft, Verkehr und Technologie
(Gemeinsame Antragsstelle für die Bundesländer Hessen, Rheinland-Pfalz, Saarland und Thüringen)
Postfach 3129, 65021 Wiesbaden
Kaiser-Friedrich-Ring 75, 65185 Wiesbaden

Ministerium für Wirtschaft, Mittelstand und Technologie Baden-Württemberg
Postfach 10 34 51, 70029 Stuttgart
Theodor-Heuss-Str. 4, 70174 Stuttgart

Bayerisches Staatsministerium für Wirtschaft und Verkehr
Postfach, 80525 München
Prinzregentenstr. 28, 80538 München

Für das Jahr 1997/1998 galten nachstehend angeführte Termine, die jedoch in jedem Jahr ähnlich liegen.[339]

	Herbst 1997		Frühjahr 1998	
Prüfungsausschuß	Zulassung	Prüfung	Zulassung	Prüfung
Baden-Württemberg	15.5.	2. Hälfte Oktober	15.12.	2. Hälfte März
Bayern	30.4.	2. Hälfte Oktober oder 1. Hälfte Dezember	31.10.	2. Hälfte März
Berlin/Brandenburg	31.3.	2. Hälfte August	n.a.	n.a.
Bremen/Hamburg/Niedersachsen/Mecklenburg-Vorpommern/Schleswig-Holstein	1.4.	1. Hälfte Oktober	n.a.	n.a.
Hessen/Rheinland-Pfalz/Saarland/Thüringen	31.3.	1. Hälfte September	31.10.	1. Hälfte März
Nordrhein-Westfalen	31.12.	August	31.5.	Februar
Sachsen	30.4.	Oktober	n.a.	n.a.
Sachsen-Anhalt	30.4.	1. Hälfte Oktober	n.a.	n.a.

Bewerber sollten ferner berücksichtigen, daß nicht zu jedem Zeitpunkt Vollexamen zum Wirtschaftsprüfer (einschließlich des Prüfungsgebietes Steuerrecht) angeboten werden. In bestimmten Bundesländern (Baden-Württemberg, Bayern, Berlin, Brandenburg, Sachsen und Sachsen-Anhalt schreiben Examenskandidaten zum Wirtschaftsprüferexamen die ersten zwei der insgesamt drei Klausuren zum Steuerberaterexamen mit (vgl. § 16 Abs. 2 DVStB).[340]

---

339 Vgl. Suerbaum: Wenn Zeit zur Mangelware wird, in: Berufsstart Steuern und WP, hrsg. von FORUM, Konstanz 1997, S. 115.

340 Vgl. Suerbaum: Wenn Zeit zur Mangelware wird, in: Berufsstart Steuern und WP, hrsg. v. FORUM, Konstanz 1997, S. 115.

Ein Vergleich der Examensergebnisse des Jahres 1996/1997 der Länder Baden-Württemberg, Berlin, Brandenburg, Sachsen und Sachsen-Anhalt ergibt aufgrund der verhältnismäßig geringen Teilnehmerzahl (zwischen 8 und 124 Teilnehmern) ein uneinheitliches Bild.[341] Im Durchschnitt läßt sich jedoch feststellen, daß nur ca. 5 % der Kandidaten eine Vollprüfung angehen. Der Teilnehmerkreis setzt sich durchschnittlich aus Kandidaten zusammen, die bereits Steuerberater (ca. 66 %) oder vereidigter Buchprüfer (ca. 14 %) sind. Ca. 15 % der Teilnehmer nehmen an einer Ergänzungsprüfung teil. Die Erfolgsquote im Examen lag im betrachteten Untersuchungszeitraum in diesen Ländern im Schnitt bei ca. 54 % innnerhalb eines Intervalles, das von 25 % bis 65 % reichte. Daneben hatten im Schnitt ca. 17 % der Teilnehmer die Möglichkeit, das Examen mit einer Ergänzungsprüfung dennoch mit Erfolg abzuschließen (Bandbreite: ca. 9 % - 32 %). Lediglich ca. 14 % der Teilnehmer sind in der untersuchten Teilnehmergruppe durchgefallen (Bandbreite: 9 % - 26 %).

Zur Vorbereitung auf das Wirtschaftsprüferexamen bieten zahlreiche Veranstalter Vorbereitungskurse an. Nähere Auskünfte sind bei der Wirtschaftsprüferkammer erhältlich oder den Inseraten der Veranstalter (z.B. in der Zeitschrift Deutsches Steuerrecht, Der Betrieb usw.) zu entnehmen.

Die Prüfung selbst besteht aus einem schriftlichen und mündlichen Teil. Sie umfaßt die Gebiete Wirtschaftliches Prüfungswesen (zwei Aufgaben), Betriebs- und Volkswirtschaftslehre (zwei Aufgaben), Wirtschaftsrecht (eine Aufgabe), Steuerrecht (zwei Aufgaben). An jedem Tag der Prüfung wird eine Aufgabe bearbeitet, so daß sich der schriftliche Teil der Prüfung auf insgesamt sieben Tage mit je vier- bis sechsstündigen Klausuren erstreckt. Für Bewerber, die bereits die Berufsqualifikation Steuerberater erworben haben, entfällt die schriftliche und mündliche Prüfung im Fach Steuerrecht. Da von dieser Möglichkeit im Jahre 1994 ca. 94 % der Bewerber Gebrauch gemacht

---

341 Vgl. Mitteilungen der WPK in den Jahren 1996 und 1997.

haben, ist diese Ausnahmeregelung zum Regelfall geworden.[342] Vereidigte Buchprüfer, die zusätzlich Steuerberater sind, brauchen keine Klausuren in den Fächern Betriebswirtschaftslehre, Volkswirtschaftslehre und Steuerrecht zu schreiben. Bei vereidigten Buchprüfern, die zugleich Rechtsanwälte sind, verkürzt sich die Prüfung um die Gebiete Wirtschaftsrecht, Betriebswirtschaft und Volkswirtschaft (§§ 13, 13a WPO).

Die schriftliche Prüfung wird durch eine mündliche Prüfung ergänzt, die bis zu zwei Stunden je Bewerber dauern kann. In der nachfolgenden Abbildung werden die Prüfungsgebiete und die Anzahl der Klausuren im schriftlichen Wirtschaftsprüferexamen dargestellt.

Wirtschaftliches Prüfungswesen (2 Klausuren)	**Betriebs- und Volkswirtschaft (2 Klausuren)**	**Wirtschafts-recht (1 Klausur)**	**Steuerrecht (2 Klausuren)**
1. Rechnungslegung a) Buchführung, Jahresabschluß und Lagebericht, b) Konzernabschluß und Konzernlagebericht, c) Bericht über die Beziehungen zu verbundenen Unternehmen, d) Grundzüge der Sonderrechnungslegungsvorschriften für bestimmte Unternehmensformen, einschließlich der rechtlichen Vorschriften; 2. Abschlußprüfungen a) Prüfung des Jahresabschlusses und des Lageberichts	1. Betriebswirtschaft a) Allgemeine Betriebswirtschaftslehre, b) Rechnungswesen, insbesondere Kostenrechnung, kurzfristige Erfolgsrechnung, Investitionsrechnung und Grundzüge der betrieblichen Statistik c) Unternehmensorganisation, insbesondere Organisationsstruktur, Organisation des Rechnungswesens, Datenverarbeitung, interne Kontrolle, d) Grundzüge der Unternehmensfinanzierung und des Zah-	1. Grundzüge des Bürgerlichen Rechts unter besonderer Berücksichtigung des Rechts der Schuldverhältnisse und des Sachenrechts; 2. Handelsrecht unter besonderer Berücksichtigung des Rechts der Personenhandelsgesellschaften; 3. Recht der Kapitalgesellschaften und der Unternehmensverbindungen; 4. Genossenschaftsrecht; 5. Grundzüge des	1. Abgabenordnung und Nebengesetze, Finanzgerichtsordnung; 2. Recht der Steuerarten, insbesondere a) Einkommen- und Körperschaftsteuer b) Bewertungsgesetz, Vermögensteuer, Erbschaftsteuer, Gewerbesteuer, Grundsteuer, c) Umsatzsteuer, Kapitalverkehrsteuer, Grunderwerbsteuer; 3. Grundzüge des Außensteuerrechts. *Entfällt für StB*

342 Vgl. IDW: Der Wirtschaftsprüfer, Düsseldorf 1995, S. 3.

Wirtschaftliches Prüfungswesen (2 Klausuren)	**Betriebs- und Volkswirtschaft (2 Klausuren)**	**Wirtschafts-recht (1 Klausur)**	**Steuerrecht (2 Klausuren)**
von Kapitalgesellschaften und von Unternehmen, die unter das Gesetz über die Rechnungslegung von bestimmten Unternehmen und Konzernen fallen, einschließlich des Konzernabschlusses: rechtliche Vorschriften, Prüfungsauftrag, Prüfungsgrundsätze, Prüfungstechnik, Prüfungsbericht und Bestätigungsvermerk, b) Besonderheiten bei der Prüfung von Genossenschaften, Kreditinstituten, Versicherungsunternehmen, Eigenbetrieben und von sonstigen der Pflichtprüfung unterliegenden Unternehmen; 3. Sonstige Prüfungen, insbesondere gesetzlich vorgeschriebene Prüfungen und Sonderprüfungen, Kreditwürdigkeitsprüfungen, Unterschlagungsprüfungen	lungsverkehrs, e) Bewertung von Unternehmen und von Unternehmensanteilen; 2. Volkswirtschaft a) Grundzüge der Volkswirtschaftslehre und Volkswirtschaftspolitik, b) Grundzüge der Finanzwissenschaft *Entfällt für vBP, die StB oder RA sind*	Wechsel- und Scheckrechts; 6. Grundzüge des Wettbewerbsrechts; 7. Konkurs- und Vergleichsrecht; 8. Grundzüge des Zivilprozeßrechts einschließlich des Rechts der Zwangsvollstrekung; 9. Recht der treuhänderischen Tätigkeit; 10. Grundzüge des Arbeitsrechts, des Privatversicherungsrechts, des Sozialversicherungsrechts und des Rechts der Preisbildung bei öffentlichen Aufträgen; 11. Recht der Eigenbetriebe; 12. Berufsrecht der Wirtschaftsprüfer. *Entfällt für vBP, die RA sind*	

Abbildung 20: Übersicht zu den Inhalten der einzelnen Prüfungsgebiete nach § 5 der Prüfungsordnung für Wirtschaftsprüfer

Einen Einblick in die Prüfungsanforderungen vermitteln die in den Büchern „Themen der Aufsichtsarbeiten für die WP-Examen ...-...“ jeweils zusammengestellten Klausuren der vergangenen Jahre. Das Buch kann von der Wirtschaftsprüferkammer bezogen werden oder in Bibliotheken entsprechender Fachrichtung eingesehen werden.

Zur mündlichen Prüfung wird zugelassen, wer im schriftlichen Teil insgesamt mindestens die Gesamtnote 5,00 erreicht hat und in den Klausuren zum Wirtschaftlichen Prüfungswesen mindestens die Note 5,00 erzielt hat (§ 12 Abs. 2 u. 3 PO).

Die mündliche Prüfung beginnt mit einem Vortrag zu einem Thema aus der Berufspraxis des Kandidaten. Zur Auswahl werden ihm eine halbe Stunde vorher drei Themen gestellt, aus denen er eines auswählen muß. Die Dauer des Vortrags soll 10 Minuten nicht überschreiten. Im Anschluß sind Fragen aus den Prüfungsgebieten der schriftlichen Prüfung zu beantworten, die im Zusammenhang mit der Berufstätigkeit eines Wirtschaftsprüfers stehen. Bei Bewerbern, die beantragt haben, auf dem Gebiet des genossenschaftlichen Prüfungswesens besonders geprüft zu werden, ist dieses Gebiet besonders zu berücksichtigen. Die Dauer der Prüfung soll für den einzelnen Bewerber zwei Stunden nicht überschreiten.

Die Prüfung wird vor einem Prüfungsausschuß abgelegt, der sich gemäß § 3 Prüfungsordnung aus folgenden Mitgliedern zusammensetzt:

- ein Vertreter des Ministeriums (Vorsitzer),
- ein Hochschullehrer der Betriebswirtschaftslehre,
- ein Mitglied mit der Befähigung zum Richteramt,
- ein Vertreter der Finanzverwaltung,
- ein Vertreter der Wirtschaft,
- zwei Wirtschaftsprüfer.

Wird eine verkürzte Prüfung abgelegt, so verringert sich die Zahl der teilnehmenden Prüfer. Entfällt beispielsweise die Prüfung im Fach Steuerrecht, nimmt der Vertreter der Finanzverwaltung nicht an der Prüfung teil. Hat ein Bewerber beantragt, auf dem Gebiet des genossenschaftlichen Prüfungswesens besonders geprüft zu werden, muß einer der Wirtschaftsprüfer im Prüfungsausschuß im genossenschaftlichen Prüfungswesen erfahren sein (§ 3 Prüfungsordnung).

Das Ergebnis der mündlichen Prüfung geht mit einer Gewichtung von 40 %, das Ergebnis der schriftlichen Prüfung geht mit einer Gewichtung von 60 % in die Gesamtnote ein. Die Prüfung ist bestanden, wenn der Kandidat mindestens die Note 4,00 erreicht hat.

Sofern die Prüfung als nicht bestanden gewertet ist, kann unter den Voraussetzungen des § 18 PO eine Nachprüfung (Ergänzungsprüfung) innerhalb eines Jahres in den Prüfungsfächern erfolgen, die nicht bestanden wurden. Diese Möglichkeit steht jedoch nur Kandidaten offen, die nicht bereits vereidigter Buchprüfer sind und sich nur einer Prüfung in einzelnen Prüfungsfächern unterzogen haben.

Die Prüfung kann zweimal wiederholt werden. Ein Rücktritt von der Prüfung, eine Nichtteilnahme an Prüfungsteilen oder das nicht rechtzeitige Rückmelden zur Ablegung einer Ergänzungsprüfung gelten als Fehlversuch, sofern nicht ein wichtiger Grund vorliegt (z.B. Krankheit).

Abschließend ist festzustellen, daß das Examen zum Wirtschaftsprüfer zu den schwierigsten Prüfungen im Bereich der Wirtschaftswissenschaften gerechnet wird, wenn es nicht das schwierigste ist. Ursache dürfte hierbei mehr die Breite als die Tiefe des verlangten Fachwissens sein.

8. Die Bestellung zum Wirtschaftsprüfer

Hat der Kandidat die Prüfung bestanden, so kann er vom Wirtschaftsministerium durch Aushändigung einer Bestellungsurkunde als Wirtschaftsprüfer bestellt werden. Zuvor hat er jedoch den Berufseid zu leisten (§§ 15, 17 Abs. 1 WPO).

Der Berufseid lautet:

> „Ich schwöre bei Gott dem Allmächtigen und Allwissenden, daß ich die Pflichten eines Wirtschaftsprüfers verantwortungsbewußt und sorgfältig erfüllen, insbesondere Verschwiegenheit bewahren und Prüfungsberichte und Gutachten gewissenhaft und unparteiisch erstatten werde, so wahr mir Gott helfe".

Der Eid kann auch ohne religiöse Beteuerung geleistet werden. Mitglieder von Religionsgesellschaften, die an Stelle des Eides andere Beteuerungsformeln gebrauchen, können unter Umständen diese Beteuerungsformel verwenden (§ 17 Abs. 3 WPO).

E. Die Perspektiven in der Wirtschaftsprüferbranche

1. *Die globalen Aussichten*

Während viele Unternehmen, unabhängig von der Branche, den Konjunkturzyklen mehr oder weniger unterworfen sind, erfreuen sich die Prüfungsgesellschaften (und Einzelprüfer) einer mehr oder minder konjunkturunabhängigen Nachfrage nach ihren Tätigkeiten. Die Vielseitigkeit und hohe Qualität der Ausbildung der Prüfer und ihrer Mitarbeiter befähigt sie, nicht nur als Prüfer, sondern in verschiedensten Unternehmensphasen auch als Berater in Fragen außerhalb des Rechnungswesens zur Verfügung zu stehen. Diese Dienstleistungen (z.B. freiwillige Prüfungen, Sondergutachten, Beratungen in wertorientierter Unternehmensführung, Steuerberatung u.ä.) unterliegen gewissen Schwankungen, die aber nicht so stark wie die Konjunkturzyklen sind. Die konjunkturelle Situation wirkt sich jedoch ggf. auf die Fluktuationsrate der Mitarbeiter von Wirtschaftsprüfungsunternehmen und die Möglichkeiten der Personalbeschaffung im Bereich der Wirtschaftsprüfung aus.

Es spricht einiges dafür, daß der Beruf der Wirtschaftsprüfers auch in Zukunft eine Wachstumsbranche sein wird. Der Prüfungsbedarf wird in Zukunft quantitativ steigen, da bei den Unternehmensformen eine Tendenz zu den Rechtsformen der Kapitalgesellschaften festzustellen ist, die bereits bei Erreichen der in § 267 HGB festgelegten niedrigen Unternehmensgröße prüfungspflichtig sind. Gleichfalls nichtt die Bildung von größeren und damit prüfungspflichtigen Konzernen und grenzüberschreitenden Unternehmensverbindungen ebenfalls zu. Die qualitativen Anforderungen an die Prüfungstätigkeit als solche dürften steigen, was durch die zunehmende Komplexität des Wirtschaftsgeschehens und erhöhte gesetzliche Anforderungen an die Jahresabschlußprüfung bedingt ist.[343] Ein weiterer Faktor liegt im steigenden Bera-

343 Verwiesen sei auf das geplante Kapitalaufnahmeerleichterungsgesetz sowie auf das anstehende Gesetz zur Kontrolle und Transparenz im Unternehmensbereich. Zu den

tungsbedarf der Unternehmen bei der Planung und Gestaltung der steuerlichen Verhältnisse. Aufgrund der zunehmende Wirtschaftsdynamik und Umstrukturierung von Unternehmen, die zu Unternehmensverkäufen oder -zusammenschlüssen führen kann, erwächst gleichfalls Beratungsbedarf.[344]

2. Die Aussichten des Einzelnen

Der Berufsstart in der Wirtschaftsprüferbranche kann wegen den vielfältigen Entwicklungsmöglichkeiten als gut bezeichnet werden. Prinzipiell gibt es die Möglichkeiten, den Karriereweg innerhalb der Wirtschaftsprüfungsgesellschaft zu wählen, die Chance der Selbständigkeit zu nutzen oder nach einer gewissen Zeit in die Wirtschaft oder den öffentlichen Dienst zu wechseln.

Der Berufsweg innerhalb einer Wirtschaftsprüfungsgesellschaft führt idealerweise vom Prüfungsassistenten zum Partner. Dabei werden gewisse Zwischenstationen durchlaufen, in denen der Mitarbeiter in Relation zu seinem gewonnenen Erfahrungsschatz jeweils mehr Verantwortung übertragen bekommt. Diese Zunahme an Verantwortung steigt i.d.R. mit der Anzahl der Berufsjahre. Jedoch sind die beruflichen Fähigkeiten und nicht die Anzahl der Berufsjahre für eine Beförderung ausschlaggebend. Die nachfolgenden Beschreibungen können daher nur Anhaltspunkte und erste Eindrücke vermitteln.

Der Berufseinsteiger (sog. Prüfungsassistent) arbeitet unter Anleitung seiner erfahreneren Kollegen an Teilaufgaben. Sofern er nicht auf Prüfungseinsatz

sich daraus ergebenden Anforderungen an den Wirtschaftsprüfer vgl. Dörner/Schwegler: Anstehende Änderungen der externen Rechnungslegung sowie deren Prüfung durch den Wirtschaftsprüfer, in: DB 1997, S. 285-289.

344 Allerdings führt diese Entwicklung im Gegenzug zu einer Verringerung der Anzahl der prüfungspflichtigen Gesellschaften. Da sich eine große Gesellschaft wirtschaftlicher prüfen läßt als zahlreiche kleine Gesellschaften, verringert sich - selbst bei gleichbleibendem Mandantenstamm - die Menge der erforderlichen Prüfungsstunden und damit das Honorarvolumen.

ist, bearbeitet er steuerliche oder betriebswirtschaftliche Sachverhalte oder besucht Fortbildungskurse der Prüfungsgesellschaft, um seine Kenntnisse im Prüfungswesen auszubauen. Nach ca. einem Jahr wird der Prüfungsassistent genügend Erfahrung besitzen, um kleinere, abgeschlossene Prüffelder selbständig zu prüfen. Nach ca. drei Jahren Berufstätigkeit hat der Mitarbeiter die verschiedenen Fortbildungskurse durchlaufen und besitzt genügend praktische Erfahrung, um selbst kleinere Prüfungen zu leiten und ein Team zu führen. Gegebenenfalls wird der Mitarbeiter mit der Vorbereitung auf das Steuerberaterexamen beginnen oder nach einer weiteren Anzahl von Berufsjahren das Wirtschaftsprüferexamen anstreben. Mit der Ablegung des Wirtschaftsprüferexamens hat der Prüfer die Möglichkeit, unabhängig und eigenverantwortlich mit seinem Team Prüfungen durchzuführen bzw. seinen Mandanten in allen Fragen umfassend zu betreuen. Sofern der Prüfer Angestellter einer Kapitalgesellschaft ist, soll er zum Prokuristen ernannt werden und seine Prüfungsberichte mit ppa. (per procura) unterzeichnen.

Wirtschaftsprüfer können als Partner bzw. Gesellschafter in die Berufsgesellschaft aufgenommen werden, für die sie tätig sind. Als Partner tragen sie Verantwortung für die Betreuung ihres Mandantenkreises sowie für die Festlegung der Unternehmenspolitik der Prüfungsgesellschaft. In Abhängigkeit von der Größe der Prüfungsgesellschaft können ggf. verschiedene Verantwortungsstufen unterschieden werden.

Nach der Ablegung des Steuerberater- bzw. des Wirtschaftsprüferexamens bietet sich als zweite Entwicklungsmöglichkeit, den Weg in die Selbständigkeit zu gehen. Der examinierte Steuerberater und/oder Wirtschaftsprüfer kann entweder eine Einzelpraxis gründen, übernehmen (kaufen)[345] oder bei ande-

345 Zur Bewertung von Praxen der freien Berufe vgl. Englert: Die Bemessung von rechtlichen Abfindungsansprüchen bei Wirtschaftsprüfungs- und/oder Steuerberatungsgesellschaften, in: WPg 1997, S. 761-767; Englert: Die Bewertung von Wirtschaftsprüfer- und Steuerberaterpraxen, Düsseldorf 1996; Platz: Veräußerung und Übertragung von Steuerberater- und Wirtschaftsprüferpraxen, in: DStR 1997, S. 1465-1468. Vgl. auch Sieben: Unternehmensbewertung, in: Festschrift Haver-

ren Berufsangehörigen in eine Sozietät eintreten oder mit diesen eine solche gründen.

Als dritte Möglichkeit besteht der Weg in die sonstige freie Wirtschaft. Nach ca. zwei bis drei Jahren hat der Mitarbeiter das Rechnungswesen zahlreicher Unternehmen kennengelernt und eine gewisse Berufserfahrung gesammelt. Mit dieser Grundlage kann er als Mitarbeiter des mittleren Managements in den Bereichen der Internen Revision, des Controllings und des Finanz- und Rechnungswesens oder Assistent der Geschäftsleitung werden. Auch nach mehreren Jahren als Wirtschaftsprüfer ist ein Wechsel in die Führungsebene von Unternehmen möglich, so daß sich das Wirtschaftsprüferexamen als lukrativer 'Karriereumweg' erweisen kann.

Festzuhalten ist, daß die berufliche Entwicklung und der berufliche Erfolg eines jeden Berufseinsteigers von seinem persönlichen Engagement und seinen Leistungen bestimmt werden. Bei den verschiedenen Möglichkeiten, welche die Wirtschaftsprüferbranche eröffnet, ist einerseits eine konsequente Berufs- und Karriereplanung möglich. Andererseits bestehen aber ausreichend Alternativen, um auf Chancen oder Änderungen des beruflichen oder privaten Umfeldes reagieren zu können. So kann sich examinierten Steuerberatern die Gelegenheit eröffnen, auf Teilzeitarbeit in der Steuerberatung oder Wirtschaftsprüfung überzugehen. Dies ermöglicht ihnen, anspruchsvolle Tätigkeiten im Beruf mit Aufgaben in der Familie besser zu vereinbaren.

---

mann, Düsseldorf 1995, S. 713-738; Wagner/Rümmele: Ertragsteuern in der Unternehmensbewertung, in: WPg 1995, S. 433-441.

F. Schlußwort

Im Rahmen dieser komprimierten Darstellung wurde der interessierten Öffentlichkeit ein erster Überblick zum besseren Verständnis des Berufes des Wirtschaftsprüfers gegeben. Darüber hinaus wurde dem Berufsnachwuchs Informationen über erste praktische Tätigkeiten sowie die Anforderungen für die Berufsexamina vermittelt.

Bei den Ausführungen standen nicht allein theoretische Aspekte im Zentrum der Betrachtung, sondern auch die tatsächlich erlebte Wirklichkeit, wie sie Mitarbeiter eines Wirtschaftsprüfers bei typischen Prüfungshandlungen bzw. bei ihrem Berufseinstieg erleben. Wirklichkeitsnah wurde der Weg zum Wirtschaftsprüfer, seine Tätigkeiten, Grenzen und Rahmenbedingungen seiner Tätigkeit beschrieben. Insgesamt wurde deutlich, daß der Beruf des Wirtschaftsprüfers die eingefahrenen Geleise der Rechnungslegung verläßt und sich zu einem umfassenderen Betreuer des Mandanten hinentwickelt.

Nach unserer Auffassung läßt sich für den Berufsnachwuchs zusammenfassend feststellen, daß der Berufseinstieg in eine Wirtschaftsprüfungsgesellschaft bzw. Einzelpraxis eine echte berufliche Alternative zu einem Trainee-Programm oder einem Direkteinstieg bei Industrieunternehmen oder Kreditinstituten darstellt. Gleich, ob die Tätigkeit im Prüferberuf nur vorübergehend erfolgt oder ein dauerhafter Verbleib im Prüferberuf angestrebt wird, kann eine solche Tätigkeit den Horizont des Einzelnen erheblich weiten und sich fruchtbar auf den weiteren beruflichen Werdegang auswirken.

Der Bedarf einer Prüfungsgesellschaft an Mitarbeitern, die ein breites Spektrum von Fähigkeiten und Fertigkeiten abdecken, gewährleistet, daß der Berufseinsteiger Schwerpunkte seines Tätigkeitsfeld mitbestimmen kann (z.B. Prüfung bestimmter Branchen, Steuerberatung, Unternehmensbewertung usw.).

Das Berufsbild des Wirtschaftsprüfers als ärmelschonerbewehrten Revisor ist dem eines kreativen und kompetenten Prüfers und Beraters gewichen, der mehr bietet als die Testierung von Abschlüssen. Damit ist der Wirtschaftsprüferberuf zugleich einer der ältesten und jüngsten Dienstleistungsberufe. Über die Jahrhunderte hinweg ist nur eines im wesentlichen gleich geblieben: seine Bedeutung für das Funktionieren der Wirtschaft und damit nicht zuletzt eines der Fundamente, auf dem unser Gemeinwesen ruht.

Engagierte Studienabsolventen können sich mit dem Eintritt in eine Prüfungsgesellschaft bzw. Einzelpraxis dieser fachlichen und persönlichen Herausforderung stellen.

G. Anhang

1. Nützliche Adressen

IDW
Tersteegenstr. 14
40474 Düsseldorf
Tel. 0211 / 4561 - 0

Wirtschaftsprüferkammer
Tersteegenstr. 14
40474 Düsseldorf
Tel. 0211 / 4561 - 0

Nachstehend sind die Anschriften der 10 größten Prüfungsgesellschaften (in alphabetischer Reihenfolge) angeführt. Aufgrund ihrer zahlenmäßigen Größe sind sie in mehreren Städten vertreten und dürften damit für viele Absolventen von Interesse sein. Daneben ist jedoch zu berücksichtigen, daß Adressen weiterer Prüfungsgesellschaften den Telefonbüchern der jeweiligen Städte, dem Buch „Wirtschaftsprüfer Verzeichnis" der Wirtschaftsprüferkammer sowie den Announcen der Gesellschaften und Einzelwirtschaftsprüfer in den einschlägigen Fachzeitschriften entnommen werden können. Die Verfasser möchten den Eindruck vermeiden, daß bestimmte Wirtschaftsprüfungsgesellschaften für eine Bewerbung besser geeignet sind als andere.

Gesellschaft	Adresse	Telefon
Arthur Andersen	Mergenthaleralle 10-12, 65760 Eschborn/Frankfurt	06196-996-0
BDO Deutsche Warentreuhand	Ferdinandstr. 59 20095 Hamburg	040-302-930
C&L Deutsche Revision	Bockenheimer Anlage 15 60322 Frankfurt am Main	069-9585-0
Ebner, Stolz & Partner	Stiftstr. 5 70173 Stuttgart	0711-204-90
Haarmann, Hemmelrath & Partner	Maximilianstr. 35 80539 München	089-216-36-0
KPMG	Marie-Curie-Str. 30 60439 Frankfurt am Main	069-95871-118
Price Waterhouse	Gerviniusstr. 17 60322 Frankfurt am Main	069-152-04-0
Rödl & Partner	Äußere Sulzbacherstr. 100 90491 Nürnberg	0911-9193-600
Schitag, Ernst & Young	Mittlerer Pfad 15 70499 Stuttgart	0711-988-5206
Wollert-Elmendorff Deutsche Industrie-Treuhand	Isartorplatz 1 80331 München	089-290-360

Teilweise haben die Prüfungsgesellschaften eigene Informationsseiten im Internet (world-wide-web) eingerichtet. Die Wirtschaftsprüferkammer erwägt, die Internet-Adressen der Mitglieder - sofern dies vom jeweiligen Mitglied gewünscht wird - und die von Lehrstühlen aus dem Bereich der Rechnungslegung und Prüfung in einem Verzeichnis unter ihrer internet-Adresse (www.wpk.de) allen Interessierten zur Verfügung zu stellen.

2. Prüfungsarten

Die Vielfalt möglicher gesetzlich vorgeschriebener oder gesetzlich vorgesehener Prüfungen zeigt der nachstehende Überblick zu den Prüfungen bei Aktiengesellschaften und Gesellschaften mit beschränkter Haftung.[346]

Neben diesen Vorschriften existieren Prüfungsvorschriften für Bergrechtliche Gewerkschaften, Genossenschaften, rechtsfähige Vereine, Stiftungen, Kreditinstitute, Versicherungsunternehmen, bestimmte Wohnungsunternehmen, Krankenhäuser, Verwertungsgesellschaften, Börsenmakler, Kunsthändler und Versteigerer, Lagerhausanstalter, Rabattsparvereinigungen, Parteien, Baubetreuer, Bauträger, Makler, Darlehen- und Anlagevermittler, Bergbau, eisen- und stahlerzeugende Industrie, Beteiligungen des Bundes/ der Länder/ der Gemeinden oder eines Gemeindeverbandes, juristische Personen des öffentlichen Rechts des Bundes/ sonstiger Gebietskörperschaften/ der Sparkassen/ der Studentenwerke/ der Rundfunkanstalten; Wirtschaftsbetriebe ohne eigene Rechtspersönlichkeit der Länder/ Gemeinden/ Gemeindeverbände, für bestimmte Einrichtungen z.B. Kreditanstalt für Wiederaufbau, die Filmförderungsanstalt, des Erdölbevorratungsverbandes, der Pflichten der Alten- und Altenwohn- und Pflegeheime und der Werkstätten für Behinderte.

Prüfungen im Bereich der privaten Wirtschaft

- Prüfungsvorschriften für Betriebe bestimmter Rechtsformen

-- Aktiengesellschaften

---Abschlußprüfungen

Prüfung des Jahresabschlusses und des Lageberichts

Prüfung des Abhängigkeitsberichts

---

346 Entnommen und zusammengefaßt aus: IDW: Wirtschaftsprüferhandbuch 1996, Band I, 11. Aufl. Düsseldorf 1996, S. 137-147.

Prüfung des Jahresabschlusses kleiner Gesellschaften im Sinne des § 267 HGB sowie Prüfung der Einhaltung der Vorschriften des Unternehmensbeteiligungsgesetzes

Prüfung des Konzern- und Teilkonzernabschlusses sowie des -lageberichts

Prüfung der Eröffnungsbilanz und des Erläuterungsberichts sowie des Jahresabschlusses und des Lageberichts bei Abwicklung

Prüfung der einer Kapitalerhöhung aus Gesellschaftsmitteln zugrundegelegten Bilanz

Prüfung des Jahresabschlusses börsennotierter Unternehmen bei Befreiung von Meldepflichten über Stimmrechtsveränderungen gem. § 23 Wertpapierhandelsgesetz

--- *Prüfung besonderer Vorgänge*

Gründungsprüfung

Nachgründungsprüfung

Prüfung des Unternehmensvertrags

Prüfung des Verschmelzungsvertrags bei Verschmelzung durch Aufnahme

Gründungsprüfung bei Verschmelzung durch Neugründung

Prüfung der Barabfindung bei Umwandlung

Prüfung der Sacheinlage bei Verschmelzung oder Spaltung

Prüfung des Umtauschverhältnisses bei Spaltung

Gründungsprüfung bei Ausgliederung aus dem Vermögen eines Einzelkaufmanns

Gründungsprüfung bei Formwechsel

Prüfung der Sacheinlagen bei Kapitalbeschaffungsmaßnahmen

Sonderprüfung von Vorgängen bei der Gründung, von Vorgängen bei der Geschäftsführung, von Vorgängen bei Maßnahmen der Kapitalbeschaffung und Kapitalherabsetzung

Sonderprüfung wegen unzulässiger Unterbewertung, Unvollständigkeit des Anhangs

Sonderprüfung der Beziehungen zu verbundenen Unternehmen

-- *Gesellschaften mit beschränkter Haftung*

Prüfung des Jahresabschlusses und des Lageberichts

Prüfung des Konzernabschlusses bzw. Teilkonzernabschlusses und -lageberichts

Prüfung der Kapitalerhöhung aus Gesellschaftsmitteln zugrundegelegten Bilanz

Prüfung des Verschmelzungsvertrags

Prüfung des Umtauschverhältnisses bei Spaltung

Gründungsprüfung bei formwechselnder Umwandlung

Prüfung der Eröffnungsbilanz und des Erläuterungsberichts sowie des Jahresabschlusses und Lageberichts bei Liquidation

3. Weiterführende Literatur

Rechtsgrundlagen

- Handelsgesetzbuch
- IDW: Fachgutachten 1-3/1988
- Prüfungsordnung für Wirtschaftsprüfer
- WPK: Berufssatzung der Wirtschaftsprüferkammer, Düsseldorf 1996
- Wirtschaftsprüferordnung

Ausgewählte Kommentare zur Rechnungslegung

- Adler/Düring/Schmaltz: Rechnungslegung und Prüfung der Unternehmen, Kommentar, 6. Aufl. Stuttgart
- Beck´scher Bilanzkommentar: Der Jahresabschluß nach Handels- und Steuerrecht, 3. Aufl. München 1995
- IDW: Wirtschaftsprüferhandbuch 1996, Band I, Düsseldorf 1996
- Küting/Weber: Handbuch der Konzernrechnungslegung, Stuttgart 1989
- Küting/Weber: Handbuch der Rechnungslegung, 4. Aufl. Bd. Ia, Stuttgart 1995

Ausgewählte Lehrbücher zur Rechnungslegung

- Baetge: Bilanzen, 3. Aufl., Düsseldorf 1994
- Baetge: Konzernbilanzen, 2. Aufl., Düsseldorf 1995
- Bieg/Kußmaul: Externes Rechnungswesen, München 1996
- Buchner: Rechnungslegung und Prüfung der Kapitalgesellschaft, 3. Aufl. Stuttgart 1996
- Busse von Colbe/Ordelheide: Konzernabschlüsse, 6. Aufl. Wiesbaden 1993
- Coenenberg: Jahresabschluß und Jahresabschlußanalyse, 16. Aufl. Landsberg am Lech 1997
- Heinhold: Der Jahresabschluß, 4. Aufl. München 1996
- Moxter: Bilanzlehre, Bd. 1, 3. Aufl. Wiesbaden 1984
- Moxter: Bilanzlehre, Bd. 2, 3. Aufl. Wiesbaden 1986
- Schildbach: Der handelsrechtliche Konzernabschluß, 4. Aufl. München 1996
- Schildbach: Der handelsrechtliche Jahresabschluß, 5. Aufl. Herne 1997
- Streim: Grundzüge der handels- und steuerrechtlichen Bilanzierung, Stuttgart 1988
- Tanski/Kurras/Weitkamp: Der gesamte Jahresabschluß, 3. Aufl. München 1991

Ausgewählte Lehrbücher zum Prüfungswesen

- Buchner: Wirtschaftliches Prüfungswesen, 2. Aufl. München 1997
- Korndörfer/Peez: Einführung in das Prüfungs- und Revisionswesen, 3. Aufl. Wiesbaden 1993
- Leffson: Wirtschaftsprüfung, 4. Aufl. Wiesbaden 1988
- Lück: Jahresabschlußprüfung, Stuttgart 1993

- Lück: Wirtschaftspüfung und Treuhandwesen, 2. Aufl. Stuttgart 1991
- Selchert: Jahresabschlußprüfung der Kapitalgesellschaften, 2. Auflage, Wiesbaden 1996
- Wysocki, v.: Wirtschaftliches Prüfungswesen, Band I und II, München 1995

Satirisches & Unterhaltsames

Anders: Betriebswirtschaftslehre humoris causa, 2. Aufl. Wiesbaden 1991
Anders: Betriebswirtschaft non olet, Wiesbaden 1995
Hakelmacher: Vom Teen-Ager zum Man-Ager, 2. Aufl. Wiesbaden 1996
Trebeis (Hrsg.): Nationalökonomologie, 7. Aufl. Tübingen 1994

Ausgewählte Zeitschriften

- Der Betrieb
- Der Betriebs-Berater
- bilanz & buchhaltung
- Deutsches Steuerrecht
- Die Wirtschaftsprüfung
- Wirtschaftsprüferkammer-Mitteilungen

Weitere Beiträge der Verfasser

Zur Rechnungslegung

Buhleier: Harmonisierung der Rechnungslegung bei langfristiger Auftragsfertigung, Wiesbaden 1997

Helmschrott: Leasinggeschäfte in der Handels- und Steuerbilanz, Wiesbaden 1997

Buhleier/Helmschrott: Auf dem Weg zu den Weltstandards in der Konzernrechnungslegung? Zur Anwendbarkeit der IAS und US-GAAP, in: BB 1997, S. 775-779

Buhleier/Helmschrott: Die neue Strategie der EU zur Harmonisierung der Rechnungslegung und ihre möglichen Auswirkungen auf Deutschland, in: DStR 1996, S. 356-360

Zur Prüfungslehre

Helmschrott/Buhleier: Die Konsequenzen einer GoB-widrigen Anwendung internationaler Rechnungslegungsnormen aus der Perspektive des Handelsrechts und des Strafrechts, in: WPg 1997, S. 10-17

H. Literaturverzeichnis

Achleitner: Accounting Standard Setting im weltweiten Aufbruch, in: Schweizer Treuhänder 1996, S. 265-276

Adler/Düring/Schmaltz: Rechnungslegung und Prüfung der Unternehmen, Kommentar, 5. Aufl. Stuttgart

Adler/Düring/Schmaltz: Rechnungslegung und Prüfung der Unternehmen, Kommentar, 6. Aufl. Stuttgart

Anders: Betriebswirtschaftslehre humoris causa, Wiesbaden 1991

Baetge: Bilanzen, 3. Aufl. Düsseldorf 1994

Baetge: Konzernbilanzen, 2. Aufl. Düsseldorf 1995

Baetge: Der risikoorientierte Prüfungsansatz im internationalen Vergleich, in: Rechnungswesen und Controlling, Festschrift Egger, hrsg. von Bertl/Mandl, Wien 1997, S. 437-456

Ballwieser (Hrsg.): US-amerikanische Rechnungslegung, 2. Aufl. Stuttgart 1996

Barth: Das Rechnungswesen im vorbabylonischen Sumer Mesopotamiens vor viertausend Jahren, insbesondere die perfekte Fabrikbuchhaltung eines großen Textilbetriebs, in: WPg 1993, S. 428-437

Beck´scher Bilanzkommentar: Der Jahresabschluß nach Handels- und Steuerrecht, 3. Aufl. München 1995

Beisse: Wirtschaftsprüfer und vereidigte Buchprüfer als Vertreter vor Steuergerichten, WPK-Mitteilungen, Sonderheft Dezember 1995

Bertl/Mandl/Mandl (Hrsg.): Handbuch für Wirtschaftstreuhänder: Die Praxis des Steuerberaters, Buchprüfers und Wirtschaftsprüfers, Wien 1989

Bertl (Hrsg.): Der Beruf des Wirtschaftstreuhänders in der Praxis, Wien 1997

BGH: Urteil IX ZR 327/95 vom 19.12.1996, in: DStR-Entscheidungen 1997, S. 271f

BGH: Urteil II ZR 317/95 vom 21.4.1997 in: DStR-Entscheidungen 1997, S. 574-576

Bhamornsiri/Guinn: The Road to Partnership in the „Big Six" Firms: Implications for Accounting Education, in: Issues in Accounting Education, Frühjahr 1991, S. 9-25

Bhimani: Accounting enlightenment in the age of reason, in: European Accounting Review 1994, S. 399-442

Bieg/Kußmaul: Externes Rechnungswesen, München 1996

Bilsdorfer: Der Buchführungshelfer - Konkurrent für den Steuerberater, in: Blick durch die Wirtschaft vom 21.4.1997

Brase: Wirtschaftsprüfungsgesellschaften in Deutschland, in: WPK-Mitteilungen 1996, S. 315-323

Bräunig/Eichhorn: Konzeption und Kriterien der überörtlichen Prüfung kommunaler Körperschaften in Hessen, in: WPg 1996, S. 7-13, 42-50

Brönner: Anforderungen der Praxis an den akademischen Berufsnachwuchs, in: WPK-Mitteilungen 1990, S. 78

Brönner: Geschichte der Revision, in: Handwörterbuch der Revision, hrsg. von Coenenberg/v. Wysocki, 2. Aufl. Stuttgart 1992, Sp. 663-670.

Buchner: Buchführung und Jahresabschluß, 4. Aufl. München 1993

Buchner: Rechnungslegung und Prüfung der Kapitalgesellschaft, 3. Aufl. Stuttgart 1996

Buchner: Wirtschaftliches Prüfungswesen, 2. Aufl. München 1996

Buhleier: Harmonisierung der Rechnungslegung bei langfristiger Auftragsfertigung, Wiesbaden 1997

Buhleier/Helmschrott: Auf dem Weg zu den Weltstandards in der Konzernrechnungslegung? Zur Anwendbarkeit der IAS und US-GAAP, in: BB 1997, S. 775-779

Buhleier/Helmschrott: Die neue Strategie der EU zur Harmonisierung der Rechnungslegung und ihre möglichen Auswirkungen auf Deutschland, in: DStR 1996, S. 356-360

Busse von Colbe/Ordelheide: Konzernabschlüsse, 6. Aufl. Wiesbaden 1993

Butler/Mautz: Multimedia Presentations and Learning: A Laboratory Experiment, in: Issues in Accounting Education 1996, S. 259-280

C&L Deutsche Revision AG: The Company, Frankfurt 1994

Coenenberg: Jahresabschluß und Jahresabschlußanalyse, 16. Aufl. Landsberg am Lech 1997

Coopers & Lybrand Umwelt (Hrsg.): Nachhaltiges Management, Frankfurt 1997

Covil: Germany Survey - Boosting the bottom line, in: International Accounting Bulletin vom 13.5.1997; S. 6-11

Cypert: Following the Money, New York 1991

Diehl: Strukturiertes Prüfungsvorgehen durch risikoorientierte Abschlußprüfung, in: Aktuelle Fachbeiträge aus Wirtschaftsprüfung und Beratung, Festschrift für Hans Luik, Stuttgart 1991, S. 187-215.

DIHT: IHK-Weiterbildung, Geprüfter Bilanzbuchhalter, Bonn 1990

Dörner: Audit Risk, in: Handwörterbuch der Revision, hrsg. von Coenenberg u.a., 2. Aufl. Stuttgart 1992, Sp. 82-95

Dörner: Risikoorientierte Abschlußprüfung, in: Risiken erkennen, Risiken bewältigen. Eine Aufgabe für Unternehmen, Berater und Prüfer, Bericht über die IdW-Fachtagung vom 26.-28.10.1988 in Hamburg, Düsseldorf 1989, S. 339-350

Dörner/Schwegler: Anstehende Änderungen der externen Rechnungslegung sowie deren Prüfung durch den Wirtschaftsprüfer, in: DB 1997, S. 285-289

DVFA: Aus- und Weiterbildung, Dreieich 1997

DVFA: Jahresbericht 1995, Dreieich 1996

Ehrengericht: Beschluß vom 19.12.1952 zur Bedeutung der Fachgutachten des Instituts der Wirtschftsprüfer für die Berufsangehörigen, in: Die Rechtsprechung der Ehrengerichte, 2. Aufl. Düsseldorf 1957, Nr. A III 22

Englert: Die Bemessung von rechtlichen Abfindungsansprüchen bei Wirtschaftsprüfungs- und/oder Steuerberatungsgesellschaften, in: WPg 1997, S. 761-767

Englert: Die Bewertung von Wirtschaftsprüfer- und Steuerberaterpraxen, Düsseldorf 1996

Englert/Maul/Scholich: Wertorientierte Unternehmensführung, in: vision & money, Oktober 1997

Euler: Bilanzrechtstheorie und internationale Rechnungslegung, in: Festschrift Beisse, Düsseldorf 1997, S. 171-188